秦出土文獻編年續補

中國秦文研究會秦文研究所重點科研課題

王偉 孟憲斌 著

選堂

商務印書館
The Commercial Press
创于1897

圖書在版編目(CIP)數據

秦出土文獻編年續補 / 王偉，孟憲斌著. — 北京：商務印書館，2023
ISBN 978-7-100-21842-9

Ⅰ. ①秦… Ⅱ. ①王… ②孟… Ⅲ. ①出土文物－文獻－研究－中國－秦代 Ⅳ. ①K877.04

中國版本圖書館CIP數據核字（2022）第216434號

秦出土文獻編年續補
王偉　孟憲斌　著

商　務　印　書　館　出　版
（北京王府井大街36號　郵政編碼 100710）
商　務　印　書　館　發　行
三河市尚藝印裝有限公司印刷
ISBN 978－7－100－21842－9

2023年1月第1版　　開本 710×1000　1/16
2023年1月第1次印刷　　印張 21 1/2

定價：118.00元

總　序

陝西師範大學中國語言文學學科至今已經走過了七十多年的發展歷程。數代學人培桃育李、滋蘭樹蕙，在學科建設、人才培養、科學研究以及社會服務等方面取得了令人矚目的成就，涌現出了一批蜚聲海内外的碩學鴻儒，形成了“守正創新、嚴謹求實、尊重個性、相容并包”的學術傳統和“重基礎訓練、重理論素質、重學術規範、重人文教養、重社會實踐、重能力提高”的人才培養特色，鑄就了“揚葩振藻、繡虎雕龍”的學院精神。數十年來，全體師生篳路藍縷、弦歌不輟，獲得中國語言文學一級學科博士授予權，中國語言文學一級學科博士後科研流動站，中國古代文學學科也躋身於國家重點學科；建成“國家文科（中文）基礎學科人才培養和科學研究基地”，教育部、國家外國專家局“長安與絲路文化傳播學科創新引智基地”，教育部“2019 年全國普通高校中華優秀傳統文化傳承基地”“陝西師範大學語言資源開發研究中心”“陝西文化資源開發協同創新中心”等多個省部級科學研究平臺；漢語言文學專業爲教育部特色建設專業、陝西省名牌專業、入選陝西省“一流專業”建設項目，秘書學專業和漢語國際教育專業也入選陝西省“一流專業”培育項目；形成了從本科、碩士、博士到博士後完整的人才培養和科學研究體系，中國語言文學學科走上了穩健、持續發展的道路。

2017 年，中國語言文學學科被教育部列入“世界一流學科”建設學科，迎來了難得的發展機遇。中國語言文學學科全體師生深知“一流學科”建設不僅決定着我校中國語言文學學科能否在新時代開創新局面、取得新成就、達到新高度，更關乎陝西師範大學的整體發展。在學校的正確領導下，各有關部門同心協力，兄弟院校及合作機構鼎力支援，文學院同仁更是嘔心瀝血、發憤圖强，學科建設取得了顯著成效。爲了及時彙總建設成果，展示學術力量，擴大學術影響，更爲了請益於大方之家，與學界同仁加强交流，實現自我提高，我們彙集本學科師生的學術著作（譯作）、教材等，策劃出版“陝西師範大學中國語言文學世界一流學科建設成果”叢書和“長安與絲路文化研究”叢書，從不同的方面體現我們的研究特色。

叢書的出版得到了陝西師範大學學科建設處、社會科學處以及有關出版機構的大力支持，在此一并致謝！

作爲陸路絲綢之路的起點與絲路文化中心城市高校，我們既承載着歷史文化的傳統與重托，又承擔着新時代的使命與責任。作爲新時代的中國語言文學學科，既古老又年輕，既傳統又現代，包容廣博，涵蓋古今中外的語言與文學之學。即使是傳統的學術學科，也是一個當下命題，始終要融入時代的內涵。用一種人人參與、人人分享的形式，借助於具體可感的學術載體，傳播中華優秀傳統文化，發揚中華優秀傳統文化，彰顯中華現代文明，這是新時代人文社會科學工作者的重要使命。“士不可以不弘毅，任重而道遠。”“一流學科”建設永遠在路上，中華優秀文化的發揚光大永遠在路上。我們將不忘初心，不辱使命，努力前行！

陝西師範大學文學院院長 張新科

2019 年 10 月 30 日

序

王偉、孟憲斌所著《秦出土文獻編年續補》要出版了，我在這裏加以推薦，是義不容辭的責任。

我從 20 世紀 80 年代起，以秦文字整理研究作爲自己的工作重點。1990 年出版《秦銅器銘文編年集釋》，1999 年出版《秦文字集證》，其間也發表了多篇討論秦編磬、金文、石鼓文、璽印、封泥的論文，引起了同行的注目。1998 年，饒宗頤先生招我到香港中文大學，編寫《秦出土文獻編年》。此書作爲饒宗頤先生主編的《補資治通鑒史料長編》叢書之一，2000 年由台灣新文豐出版公司印行。書出之後，很多前輩和同行寫信給我，説把秦出土文獻加以彙集、簡略加以分析和編年，對秦史、秦文化研究，是有益的工作。此後，隨着新材料的不斷增加，研究工作的進一步深入，我與王偉共同編著的《秦出土文獻編年訂補》於 2014 年出版，受到學術界的好評。

《訂補》所收資料一般截止於 2012 年，但因種種原因，對此前資料仍有漏收。如《續補》5、6、7 所收甘肅省博物館藏秦公鼎 3 件；32 所收甘肅禮縣出土西祠器銅豆；42 所收寧夏固原縣出土咸陽鼎；43 所收上海博物館藏烏氏扁壺；51 所收私人藏器卲宫鼎；87 所收香港私人藏八年丞甬戈；119—129 所收吉林大學文物室藏、内蒙古赤峰蜘蛛山出土秦始皇詔書殘陶量；133 所收《貞松》12.38.1 著録之秦始皇詔書銅量；147—148 所收《善圖》171、170 著録秦始皇二十斤、二十四斤銅權；156 所收之陝西咸陽長陵車站出土秦始皇詔版；227 所收陝西華陰市出土左樂兩詔銅權；242 所收寧夏彭陽縣出土烏氏銅鼎；439—455 所收河北秦皇島市出土秦陶文多件；456—466 所收遼寧綏中縣出土秦陶文多件；887 所收陝西咸陽出土棘里王氏平陶缶等。這些都是對《訂補》一書的補充與完善，不無意義。

《續補》更多的是對 2012 年後秦新出土或新著資料的補充，其中不乏重要器物。30 所收秦伯喪戈五，銘文："秦政（正）白（伯）喪，戮整（政）西旁

（方），乍（作）窖（造）元戈喬黄，竈（肇）尃（撫）東旁（方），市鈜用逸宜。"《訂補》40已收録澳門蕭春源先生珍秦齋所藏伯喪戈4件，其銘文"戮整"之"整"作"政"，"東旁"之"旁"作"方"。《訂補》41又收珍秦齋藏伯喪矛2件，銘文："又（有）司白（伯）喪之車矛。""伯喪"董珊先生《珍秦齋藏秦伯喪戈矛考釋》（2005年）認爲是秦憲公時的執政大臣大庶長弗忌，2019年董先生作《秦子車戈考釋與秦伯喪戈矛再釋》聯繫2014年甘肅甘谷縣出土秦子車戈銘文，改認"伯喪"是秦穆公時大夫公孫支（字子桑），其後説近是。《續補》31也收入了秦公作子車戈。秦穆公在位39年，國勢强盛，但出土器物極少，現在空白終於得以填補。《續補》29收入的秦公及王姬鼎，董珊先生以爲是秦武公及其夫人爲其長女所作媵器，亦是。《續補》45收湖南衡陽市出土的十一年相邦緩戈，按語引吴良寶説，戈作於秦昭襄王十一年，"緩"即趙人樓緩。《續補》49收陝西考古研究院藏十九年蜀守斯離銅鑒，學者多以爲"斯離"即《史記·秦本紀》昭襄王二十三年提到的"尉斯離"，他曾"與三晉、燕伐齊，破之濟西"。此次伐齊者還有楚，六國聯合，秦軍主將爲斯離。《續補》75所收傳出湖南沅陵县的四十四年上郡守綰戈，也很值得注意。"綰"學者或以爲是《史記·范雎蔡澤列傳》提到的"五大夫綰"，當是。按《吕氏春秋·審應覽·應言》："秦王立帝，宜陽令許綰誕魏王。"又《戰國策·魏策三·秦敗魏於華魏王且入朝於秦》："秦敗魏於華，魏王且入朝於秦。周訢謂王曰：'……願王之有以易之，而以入朝爲後。'魏王曰：'子患寡人入而不出邪？許綰爲我祝曰："入而不出，請殉寡人以頭。"'周訢對曰：'……今秦不可知之國也。猶不測之淵也；而許綰之首，猶鼠首也。内王於不可知之秦，而殉王以鼠首，臣竊爲王不取也。'……王尚未聽也。支期曰：'王視楚王。……'王謂支期曰：'吾始已諾於應侯矣，今不行者欺之矣。'……支期説於長信侯曰……長信侯曰：'樓公將入矣，臣今從。'……長信侯曰：'王毋行矣！臣能得之於應侯，願王無憂。'""應侯"即范雎，"樓公"即樓緩，則"上郡守綰"必爲昭襄王臣許綰。許綰曾爲宜陽令，上郡守，奉昭王命出使魏國。據馬非百先生説（見《秦集史》第288—290頁）乃昭王四十九年至五十年間事，許綰"使於四方，不辱君命"，幹練之才，殊爲難得。《續補》76收入私藏四十六年上郡守陵戈。《史記·秦本紀》："（昭襄王四十八年）其十月，五大夫陵攻趙邯鄲。四十九年正月，益發卒佐陵。陵戰不善，免。王齕代將。”“陵”應即“五大夫陵”。看來，昭襄王四十四年時，上郡守爲許綰，四十六年時，上郡守已爲五大夫陵，而許綰則轉任宜陽令。宜陽雖爲秦三川郡縣，但因爲在軍事上的重要性，其地位幾乎與郡相當。《史記・樗里子甘茂列傳》：“（甘茂曰）宜陽，大縣也，上黨、南陽，積之久矣。名曰縣，其實郡也。……因大悉起兵，使甘茂擊之，斬首六萬，遂拔宜陽。”許綰轉任宜陽，并非降職，而是應對韓、魏的一種安排。《續補》216所收西安閻良發現的有銘刻石，記録了該石料的用途、編號、接收機構及其職官，讓我們知道秦始皇地宫内有石構宫室，其設計、施工、備料有嚴格程序，已有孫偉剛、董珊先生著文討論，極有價值。

《續補》對《訂補》的體例既有繼承，也有完善。繼承是每器或每條銘文皆列其藏地、圖文著録、釋文、簡要按語。完善一是增加了照片或摹本，便於讀者參驗；二是按語列各家説法，其出處該用脚注，而不再置於書末，這樣便於讀者了解。

按語雖然簡略，但也不乏己見。如《續補》4收入《銘續》0336私人藏秦公簋，原釋文：“秦（秦）卲乍（作）寶𣪕。”按語指出“卲”或是“公”字之訛，又引顧王樂説，疑爲僞器。《續補》40收飛諾藝術品工作室藏王八年内史操戈，銘文與《訂補》99—100所收王八年内史操戈同，工師名原隸作“屯”或“幸”，今改隸“屰”，是。《續補》93收甘肅省博物館藏二十一年少工銀釦，王多慶、柴略據銘文“正（？）四斤四兩十二朱（銖）”，不諱正字，定“二十一年”爲昭襄王紀年。按語引拙説“秦諱始皇稱帝前較疏，稱帝後較嚴”；又銘文云：“廿一年少工爲（？）”，“少工”是“少府工室”之省，而“没有證據顯示秦少府的設置會早到昭襄王時期”，王偉因定器作於秦王政二十一年。《續補》263所收河北省文物研究所藏燕下都出土櫟陽戈，内部銘：“櫟陽、壞”。胡部銘：“褱德、褱”。“壞”《燕下都》誤隸作“墥”，按語加以糾正，并引拙説“褱”、“壞”均讀作“懷”，懷德秦縣，在今陝西富平縣西南。

我在《訂補》後記中曾説過：“秦出土文獻的著録與整理，是一個不斷完善的過程，絶不可能畢其功於一役。”對此，我們憑個人之力，以往做過一點工作。今後，隨着秦文字資料的不斷發現，研究工作的深入開展，這一工作理應繼續下去。歲月不居，而今我已垂垂老矣，不可能再做多少事了，但看到王偉和他的學生能賡續前行，甚感欣慰。再過若干年，希望還能有新的秦出土文獻續補本問世。

王輝

2021 年 5 月 8 日

凡 例

一、本書所謂秦，包括春秋戰國時秦國及統一後的秦王朝兩段，上起秦莊公即位前夕（前822年），下止秦二世三年（前207年），前後共約600年。

二、本書收録資料主要包括兩部分：一是《秦出土文獻編年訂補》（以下簡稱《訂補》）漏收資料；二是《訂補》（收録資料截止於2012年）出版後新見資料，即2013至2020年間新見秦出土文獻資料。

三、本書收録秦出土文獻資料範圍主要是銅器（禮樂器、兵器、度量衡、符節、車馬器、金銀雜器）、石刻、璽印、封泥、陶文、貨幣、漆木器等類。近年新見秦官私印（封泥）資料豐富，秦私印尤夥，本書酌量收録；後將以專書形式整理收録。

秦簡牘資料如里耶秦簡、嶽麓秦簡和北大秦簡等，因數量大又有專書刊布且資料尚在持續發布中，故本書暫不收入。

四、本書所收每條資料包含信息在延續《訂補》格式外，盡量補全器物和銘文圖像（含綫圖、銘文拓片、照片或摹本）。本書所用圖片尺寸或有增減，并非原大小。

五、本書收録秦出土文獻資料一般爲“一器一條”。陶文資料中有多件内容相同或一器而有多處戳印者，或合并或分列，具體參見各條説明。

六、本書爲編年體，以年代先後爲序排列，部分只能確定年代範圍者，排在相應器物之後。

七、各條按語徵引常見古籍和秦漢簡牘等資料，均采用通行本或通行釋文，如非必要，不加注釋。

八、本書收録秦始皇二十六年和秦二世元年詔書的器物數量較多，兩種詔書首見器下列釋文；如無特殊説明，再次出現均略去詔書釋文，以省篇幅。

九、爲行文簡潔，除引文涉及和特殊情況，學界前輩師友名諱後不加“先生”。

十、器物收藏單位、引用論著或用簡稱，詳參書後附録“收藏單位名稱”和“圖文徵引論著目録”。

十一、釋文所用符號如下：一□表缺一字，[ ] 表據殘文或上下文所補出字。

十二、本文所收的器物時代按如下分期：

春秋早期：公元前 770—前 7 世紀上半葉

春秋中期：公元前 7 世紀上半葉—前 6 世紀上半葉

春秋晚期：公元前 6 世紀上半葉—前 476 年

戰國早期：公元前 476—前 4 世紀上半葉

戰國中期：公元前 4 世紀中葉—前 3 世紀上半葉

戰國晚期：公元前 3 世紀上半葉—前 221 年

秦　　代：公元前 221—前 207 年

目　録

（1）秦公簋一　約秦襄公時期（前777—前766年）

銅質。甘肅禮縣永興鄉趙坪村大堡子山秦公墓地出土。斂口鼓腹，腹兩側有一對寬大的龍首耳，龍舌内卷，下有垂珥，圈足下連鑄三個獸首足，足作獸爪形，蓋上有圈形捉手。蓋邊和器沿飾獸目交連紋，每組間設一浮雕獸首，蓋上和器腹飾瓦紋，圈足飾垂鱗紋。通高24厘米、兩耳間距36厘米。

【藏】海外某藏家　【圖】銘續0334　【文】同上。蓋、器同銘，各2行5字。

𥡆（秦）公乍（作）

寶設（簋）

按：該器與《訂補》4—5上博新獲秦公簋一、二形制、紋飾、銘文幾近相同，應屬甘肅禮縣大堡子山秦公墓地出土的同批器物。

目前所見秦公簋資料列表如下：

序號	器名	現藏地	《訂補》號	《銘圖》《銘續》號
1	上博新獲秦公簋一	上海博物館	4	銘圖04250
2	上博新獲秦公簋二	上海博物館	5	銘圖04251
3	甘肅所藏秦公簋（殘）	甘肅省文物考古研究所	15	銘圖04390
4	禮縣繳獲秦公簋	甘肅禮縣公安局或 甘肅省文物考古研究所	16	銘圖04389
5	首陽齋藏秦公簋一	范季融首陽齋	17	銘圖04387
6	首陽齋藏秦公簋二	范季融首陽齋	18	銘圖04388

續表

序號	器名	現藏地	《訂補》號	《銘圖》《銘續》號
7	某氏藏秦公簋	某收藏家	21	銘圖 04252
8	秦公簋	中國國家博物館	70	銘圖 05370
9	秦公簋一	海外某收藏家	未收	銘續 0334
10	秦公簋二	海外某收藏家	未收	銘續 0335
11	秦公簋三	朱昌言九如園	未收	未收

關於秦公簋的年代及“秦公”應爲春秋時期的哪位國君，歷來説法衆多，王輝、李學勤、李朝遠、張天恩、陳昭容、戴春陽、白光琦、盧連成等均有論及。①

《訂補》2“上博新獲秦公鼎三”按語中分析了“秦公”器中“秦”字的兩種寫法所反映的時代問題，認爲“𥠇”字出現的時代應早於“𥡆”字，前者爲襄公時期，後者爲文公時期。此外，“𥠇”“𥡆”兩組秦公器中，“毀”字的寫法也有不同。“𥠇”組器中，“毀”字左下部分兩筆多相交呈尖核狀，“𥡆”組器中兩筆多寫成一長一短。該器秦字作“𥠇”，且與上博新獲秦公簋一、二形制、銘文等極爲相近，故該器時代約爲秦襄公時。

（2）秦公簋二　約秦襄公時期（前777—前766年）

銅質。甘肅禮縣永興鄉趙坪村大堡子山秦公墓地出土。斂口鼓腹，腹兩側有一對寬大的龍首耳，龍舌内卷，下有垂珥，圈足下連鑄三個獸首足，足作獸爪形，蓋上有圈形捉手。蓋邊和器沿飾獸目交連紋，每組間設一浮雕獸首，蓋上和器腹飾瓦紋，圈足飾垂鱗紋。通高23.5厘米、兩耳間距35.5厘米。

【藏】海外某藏家　【圖】銘續0335　【文】同上。蓋、器同銘，各2行5字。

① 王輝、陳昭容、王偉:《秦文字通論》，中華書局，2016年，第36—38頁。

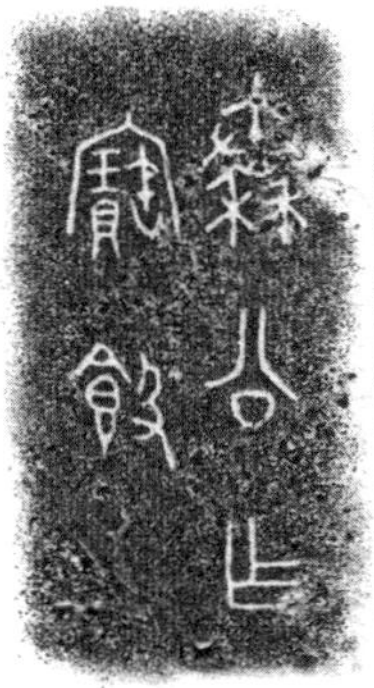

𥞫（秦）公乍（作）
寶設（簋）

（3）秦公簋三　約秦文公時期（前765—前716年）

銅質。斂口，扁圓鼓腹，圈足下接三獸足，獸面飾於圈足上，下接短扁獸足。有蓋，蓋頂有圈形捉手，蓋面飾兩重相錯垂鱗紋，蓋沿飾獸目交連紋，其獸目凸出。腹部兩側置獸形大耳，獸體寬厚卷身，下設卷尾狀垂珥。簋體口沿下亦飾一周獸目交連紋，腹部飾三重相錯垂鱗紋，圈足亦飾垂鱗紋。通高23.5厘米、口徑18.5厘米。

【藏】九如園　【圖】九如園吉金54—57頁　【文】同上。器内底有鑄銘2行6字。

𥞫（秦）公乍（作）
[illegible]（鑄）用設（簋）

按：彭適凡認爲該器與上海博物館收藏的兩件秦公簋（《訂補》4—5）屬同一時期。[①] 該器銘文格式與紋飾均與首陽齋所藏的兩件秦公簋（《訂補》17—18，約秦文公時期）相同，故其時代也應爲秦文公時期。

從銘文格式和“秦”字寫法來看，該器時代或晚於上博所藏的兩件秦公簋。彭適凡文提到此件秦公簋的主題紋飾與朱昌言所藏秦公鼎（本編 8）及甘博所藏的三件垂鱗紋秦公鼎（本編 5—7）同，故而推測該器也應爲甘肅禮縣大堡子山秦公陵墓出土。

（4）秦公簋四（秦⿰公卩簋） 約秦襄公時期（前 777—前 766 年）

銅質。2012 年 9 月見於西安。體寬矮，斂口鼓腹，一對獸耳，無垂珥，圈足沿外侈，其下連鑄三個小扁足，蓋面隆起，上有圈狀捉手。蓋面和腹部均飾瓦溝紋。通高 16.7 厘米、口徑 16 厘米、腹深 8.2 厘米。

【藏】私人 【圖】銘續 0336 【文】同上。蓋、器同銘，各 2 行 5 字。

⿱𦥑秝（秦）公乍（作）

寶段（簋）

按：該器銘文“秦”字作“⿱𦥑秝”，與上述二秦公簋（本編 1—2）“秦”字銘文寫法相同，推測其時代亦與之相同或相近，故暫定該器時代爲秦襄公時。另，《銘續》云：“同坑出土 2 件，形制、紋飾、銘文相同，大小相近。‘⿰公卩’字或釋爲‘⿰石⿰公卩’字。”今據圖版觀察，簋銘“⿰公卩”字似是“公”字左下部亂入了“>”形

① 彭適凡編：《九如園吉金——朱昌言藏古代青銅器》，上海辭書出版社，2018 年，第 54—57 頁。

的和"口"形的，我們認爲第二字仍應是"公"，故仍應稱爲"秦公"簋。

顧王樂《新見"秦公簋"銘文辨僞》① 指出《銘圖》04252"秦公簋"與該器均爲僞器。此或可備一説，有待驗證。

（5）秦公鼎一　約秦文公時期（前756—前716年）

銅質。1993年由公安部門繳獲并移交甘肅省博物館修復而成。寬體，口微斂，平沿外折，立耳寬厚圓角，垂腹，平底微圜，三蹄足。沿下飾一周竊曲紋，腹飾三排相錯垂鱗紋，頸腹間有兩道凸弦紋，耳飾重環紋，足飾獸面紋。通高41厘米、口徑40厘米。

【藏】甘博 【圖】文物2000年5期封底；秦西垂陵區44頁圖版14；甘肅精品112頁；銘續0107 【文】同上。内壁鑄銘文2行6字。

𥡆（秦）公乍（作）

鑄（鑄）用鼎

按：該器與上博新獲秦公鼎一、二（《訂補》8—9）、首陽齋藏秦公鼎一、二、三（《訂補》10—12）形制、紋飾、銘文幾近相同，應同爲甘肅禮縣大堡子山秦公墓地出土。《秦西垂陵區》提到"甘肅省博物館收藏有一批公安部門移交的銅禮器殘件，其中鼎的殘件130余塊，分屬7件銅器，現已修復形制、紋飾相

① 顧王樂：《新見"秦公簋"銘文辨僞》，《出土文獻》第十二輯，中西書局，2018年，第66—70頁。

同的列鼎3件”[①]，本編5—7所收的秦公鼎一、二、三，即爲已修復的3件列鼎。

目前所見禮縣大堡子山出土秦公鼎資料列表如下：

序號	器名	現藏地	《訂補》號	《銘圖》《銘續》《銘三》號
1	上博新獲秦公鼎一	上海博物館	8	銘圖 01555
2	上博新獲秦公鼎二	上海博物館	9	銘圖 01556
3	上博新獲秦公鼎三	上海博物館	2	銘圖 01560
4	上博新獲秦公鼎四	上海博物館	3	銘圖 01561
5	首陽齋藏秦公鼎一	范季融首陽齋	10	銘圖 01557
6	首陽齋藏秦公鼎二	范季融首陽齋	11	銘圖 01558
7	首陽齋藏秦公鼎三	范季融首陽齋	12	銘圖 01559
8	禮縣繳獲秦公鼎一	甘肅省文物考古研究所	13	銘圖 01562
9	禮縣繳獲秦公鼎二	甘肅省文物考古研究所	14	銘圖 01563
10	秦公鼎一	甘肅省博物館	未收	銘續 0107
11	秦公鼎二	甘肅省博物館	未收	未收
12	秦公鼎三	甘肅省博物館	未收	未收
13	秦公鼎四	朱昌言九如園	未收	銘三 0173
14	秦公鼎五	香港某氏	未收	未收

（6）秦公鼎二　約秦文公時期（前756—前716年）

銅質。1993年由公安部門繳獲并移交甘肅省博物館修復而成。寬體，口微斂，平沿外折，立耳寬厚圓角，垂腹，平底微圜，三蹄足。沿下飾一周竊曲紋，腹飾三排相錯垂鱗紋，頸腹間有兩道凸弦紋，耳飾重環紋，足飾獸面紋。通高37.5厘米、口徑38.5厘米。

【藏】甘博　【圖】秦西垂陵區44頁圖版13　【文】同上。内壁鑄銘文2行6字。

① 祝中熹主編，禮縣博物館、禮縣秦西垂文化研究會編：《秦西垂陵區》，文物出版社，2004年，第12頁。

龠（秦）公乍（作）
鬻（鑄）用鼎

（7）秦公鼎三　約秦文公時期（前756—前716年）

銅質。1993年由公安部門繳獲并移交甘肅省博物館修復而成。寬體，口微斂，平沿外折，立耳寬厚圓角，垂腹，平底微圜，三蹄足。沿下飾一周竊曲紋，腹飾三排相錯垂鱗紋，頸腹間有兩道凸弦紋，耳飾重環紋，足飾獸面紋。通高31.5厘米、口徑31厘米。

【藏】甘博　【圖】秦西垂陵區44頁圖版12　【文】同上。内壁鑄銘文2行6字。

龠（秦）公乍（作）
鬻（鑄）用鼎

（8）秦公鼎四　約秦文公時期（前756—前716年）

銅質。口微斂，口沿外折，方唇上立寬厚大耳。束頸，寬體，淺圓腹平底，腹略垂，三蹄足粗大，且內空，殘留有明顯泥芯。通高23.5厘米、口徑24厘米。

【藏】九如園 【圖】九如園吉金46—47頁 【文】同上。器內壁鑄有銘文2行6字。

𥷽（秦）公乍（作）

鬻（鑄）用鼎

按：彭適凡指出該器紋飾風格及銘文均與甘肅博物館所藏的三件秦公鼎（本編5—7）相近，由此推定該器也應出自秦公陵墓群的二、三號大墓。[①]

（9）秦公鼎五　約秦文公時期（前756—前716年）

銅質。傳出甘肅禮縣大堡子山秦公墓地。口沿外折，上立雙耳，略外侈，下腹微淺，微圜底，三蹄足。耳廓飾重環紋，口沿下飾獸目交連紋，腹部飾垂鱗紋，足根飾獸面紋。

【藏】香港某氏 【圖】中銅器1847頁圖12.184.3 【文】未見。內壁鑄銘文6字。

① 彭適凡編:《九如園吉金——朱昌言藏古代青銅器》，上海辭書出版社，2018年，第46—47頁。

𧅫（秦）公乍（作）䳑（鑄）用鼎

按：朱鳳瀚《中國青銅器綜論》云“曾見於香港文物商店，據聞由私人購去”[①]。該器形制、紋飾和銘文等均與甘肅省博物館所藏秦公鼎相同。

（10）秦公壺一　約秦文公時期（前765—前716年）

銅質。侈口長頸，鼓垂腹，圈足外撇，厚足沿。有子母口蓋。蓋沿微鼓，上有較大方形捉手。頸兩側設龍首耳，有環。蓋頂捉首內飾交纏雙龍，捉手外、圈足均飾變形獸紋，蓋沿飾龍紋，頸部飾波曲紋，間填飾以變體獸面紋，腹部中間飾雙體龍紋，龍首凸起，龍體與兩側龍紋相交。通高51.5厘米、口徑17.2厘米×12厘米、底徑22厘米×17厘米、蓋高14.2厘米。

【藏】九如園 【圖】九如園吉金66—69頁 【文】同上。器口內壁鑄銘文2行6字。

① 朱鳳瀚：《中國青銅器綜論》，上海古籍出版社，2009年，第1847頁。

𥄉（秦）公乍（作）

鬻（鑄）隮壺

按：彭適凡指出該器銘文中“秦”“鑄”等字的寫法與九如園所藏的秦公鼎（本編 8）和秦公簋（本編 3）基本相同，推測該器與九如園所藏的秦公鼎、秦公簋同出於大堡子山秦公墓地①，故這三件“秦公”器時代應當相同。

目前所見秦公壺資料列表如下：

序號	器名	現藏地	《訂補》號	《銘圖》號
1	秦公壺甲	原藏美國紐約古董店拉利行，現藏香港御雅居	6	12182
2	秦公壺乙	原藏美國紐約古董店拉利行，現藏香港御雅居	6	12183
3	英國倫敦 Christie's（佳士得）拍賣行藏秦公壺	英國倫敦 Christie's（佳士得）拍賣行	7	12185
4	香港某氏藏秦公壺	香港某收藏家	22	12186
5	臺灣劉雨海藏秦公壺	臺灣收藏家劉雨海	25	12184
6	秦公壺一	朱昌言九如園	未收	未收
7	秦公壺二	中國國家博物館	未收	未收

① 彭適凡編：《九如園吉金——朱昌言藏古代青銅器》，上海辭書出版社，2018 年，第 66—69 頁。

（11）秦公壺二　約秦文公時期（前765—前716年）

銅質。

【藏】國博　【圖】未見　【文】未見。

按：朱鳳瀚《中國青銅器綜論》[①] 説該器爲中國國家博物館於2003年徵集而得，在形制、紋飾、大小、銘文等方面，均與英國倫敦Christie's（佳士得）拍賣行藏秦公壺（《訂補》7）相近，故暫定爲秦文公時期。

（12）秦公銅器殘片一　春秋早期，下限秦憲公（前704年）

銅質。

【藏】甘博　【圖】秦韻圖版113　【文】同上。

秦公乍鑄用鼎

（13—15）秦公銅器殘片二　春秋早期，下限秦憲公（前704年）

銅質。

【藏】甘博　【圖】秦韻圖版114　【文】同上，共3件。

① 朱鳳瀚:《中國青銅器綜論》，上海古籍出版社，2009年，第1846頁。

秦公乍𥂴（鑄）用殷（簋）

秦公乍𥂴（鑄）用殷（簋）

□

按:《秦韻 ——大堡子山出土文物精粹》圖版 114 所列三件殘片[①]，應分屬三件不同器物。除一件殘片上殘存筆劃不能辨認外，其餘兩個拼綴殘片銘文應分屬兩件秦公簋。

（16—17）秦公銅器殘片三　春秋早期，下限秦憲公（前 704 年）

銅質。

【藏】甘博 【圖】秦韻圖版 115 【文】同上，共 2 件。

𥂴（鑄）

① 國家文物局編:《秦韻 ——大堡子山出土文物精粹》，文物出版社，2015 年，第 119 頁。

秦公乍□（鑄）□（用）鼎

（18—20）秦公鐘三件　春秋早期，下限秦憲公（前 704 年）

銅質。

【藏】美國某藏家 【圖】未見 【文】未見。

按：李朝遠《上海博物館新藏秦器研究》[①] 一文提及美國一收藏家藏有三件秦公鐘，但未見器形和銘文。

（21）秦子戈甲　秦静公或出子時期（下限前 698 年）

銅質。直援，脊部鼓起，三角形鋒，中胡，闌側鑄有兩翼，闌下出齒，二長穿一圓穿，内呈長方形，中部有一横穿。通長 18.8 厘米、闌高 10.8 厘米。胡部鑄銘文 15 字。

【藏】私人 【圖】銘續 1242 【文】同上。胡部鑄銘文 15 字。

𥜃（秦）子乍（作）簉（造），子族元用，

左右市魼，用逸宜（宜）

按：《銘續》1242 號所附圖版（與舊版《通鑒》對應圖版相同）“簉”下四字釋爲“公族元用”，但所謂“公族”二字銘文圖片無法看清（見下圖）。最新版《通鑒》“簉”下銘文改釋爲“子族元用”，并更换了新的圖版（見上圖），且

① 李朝遠：《上海博物館新藏秦器研究》，《上海博物館集刊》2002 年第 9 期，上海書畫出版社，2002 年，第 38—53 頁。

從新版《通鑒》所附銘文圖片來看，“逭”下一字確爲“子”字。董珊曾提及一件新見的“秦子作造子族元用”戈[①]，或與此戈爲同一件。

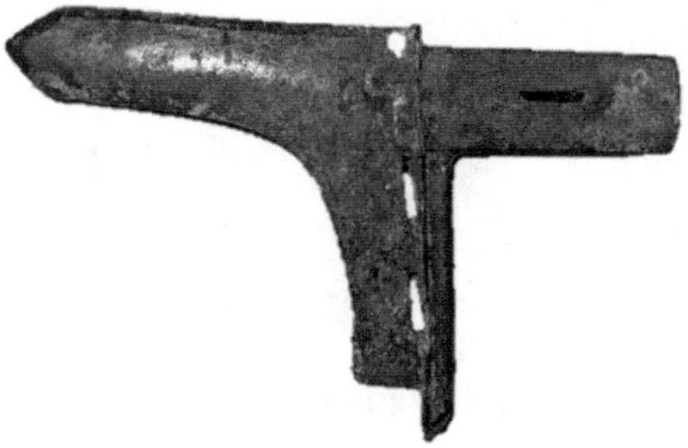

秦子戈《訂補》共收6件，另有一秦子矛（《訂補》28）。目前所見秦子戈資料列表如下：

序號	器名	現藏地	《訂補》號	《銘圖 / 銘續》號
1	秦子戈一（公族）	廣州市博物館	26	銘圖 17208
2	秦子戈二（中辟）	北京故宫博物院	27	銘圖 17211
3	秦子戈三（秦子元用）	西安市公安局	29	銘圖 16626
4	珍秦齋秦子戈（左辟）	蕭春源珍秦齋	30	銘圖 17212
5	香港新見秦子戈一（左辟）	香港某氏	31	銘圖 17210
6	香港新見秦子戈二（公族）	香港某氏（即朱昌言）	32	銘圖 17209
7	秦子戈甲（子族）	某收藏家	未收	銘續 1242
8	秦子戈乙（公族）	某收藏家	未收	銘續 1243

關於秦子戈的年代及“秦子”等銘文内容的含義，歷來説法衆多，陳平、王輝、吴鎮烽、黄盛璋、董珊、李學勤及王偉等均有相關文章論述[②]，可參看。

---

① 董珊：《秦子車戈考釋與秦伯喪戈矛再釋》，《國學學刊》2019年第3期；此文後收入氏著《秦漢銘刻叢考》，上海古籍出版社，2020年，第47頁。

② 王輝、陳昭容、王偉：《秦文字通論》，中華書局，2016年，第39—40頁。

（22）秦子戈乙　秦静公或出子時期（下限前 698 年）

銅質。直援，脊部鼓起，三角形鋒，中胡，闌側鑄有兩翼，闌下出齒（已殘），二長穿一圓穿，内呈長方形，中部有一横穿。尺寸不詳。

【藏】私人 【圖】銘續 1243 【文】同上。胡部鑄銘文 15 字，内部 2 字。

胡銘：𣝅（秦）子乍（作）艁（造），公族元用，

左右市魼，用逸宣（宜）

内銘：西𪉟（鹽）

按：石小力指出内銘疑當釋爲“西鹽”①。今按：《集成》10975 戰國齊戈“無鹽右戈”之“鹽”字作，隸作“𪉟”，與此戈鹽字寫法接近。

（23）秦子矛　秦静公或出子時期（下限前 698 年）

銅質。窄葉，脊棱窄且高，骹呈上細下粗的圓筒形，銎口有一道箍棱。通長 18 厘米左右。

【藏】私人 【圖】銘續 1285 【文】同上。骹兩側鑄銘文 14 字。

① 石小力：《〈商周青銅器銘文暨圖像集成續編〉釋文校補》，《商周青銅器與先秦史研究論叢》，科學出版社，2017 年，第 154 頁。

𧉫（秦）子乍（作），左辟元用，

左右市魼，用逸宜（宜）

按：容庚舊藏秦子矛（《訂補》28）與該器形制、銘文相同，長度相近，可參看。

（24）元用戈　約春秋早期（前715—前695年）

銅質。1967年12月陝西寶雞市渭濱區姜城堡墓葬出土。直援，三角鋒，脊部鼓起，胡部殘斷，闌側二長穿一小穿，小穿横置，長方形内，上有一横穿。通長21.9厘米，重0.266公斤。

【藏】寶雞青銅器博物院 【圖】考古1979年6期564頁；陝集0930；銘三1334 【文】同上。胡部鑄銘文2字。

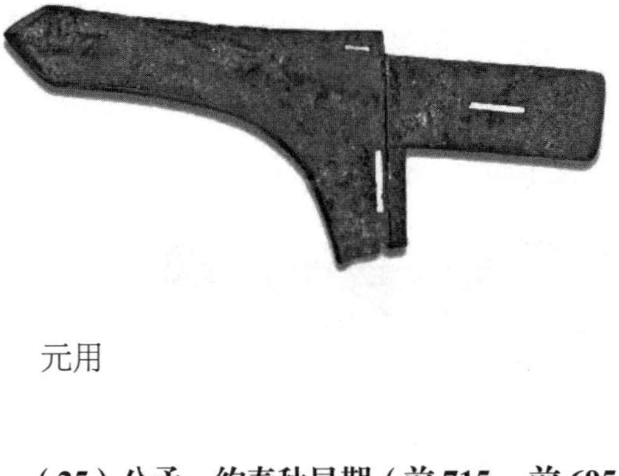

元用

（25）公矛　約春秋早期（前715—前695年）

銅質。窄葉形，前鋒尖鋭，葉後部斜收，脊向後漸寬厚，與骹筒合爲一體，骹後部有對穿釘孔。

【藏】私人 【圖】銘三 1551 【文】同上。骹正面鑄銘文 2 字，背面鑄 2 字，共 4 字。

公矛

誎徒

（26）公車矛　約春秋早期（前 715—前 695 年）

銅質。柳葉形，尖鋒，葉面向後漸寬，脊窄而高，横截面呈十字形，骹甚長，上細下粗，中部有對穿釘孔。骹後部飾三角紋。通長 28 厘米、最寬處 3.3 厘米。

【藏】私人 【圖】銘三 1552 【文】同上。右葉面鑄銘文 4 字。

公車用矛

（27）宫字銅矛　約春秋早期（前715—前695年）

銅質。1999年發現於甘肅禮縣城南石橋鄉。圓形銎口，矛身部有圓錐狀凸脊一道，骹部飾兩組接鄰雷紋，雷紋兩頭各有凹弦紋一周。通長26厘米、骹長6.2厘米、口徑2厘米。

【藏】不明　【圖】秦西垂史地60頁　【文】同上。骹部正面刻1字。

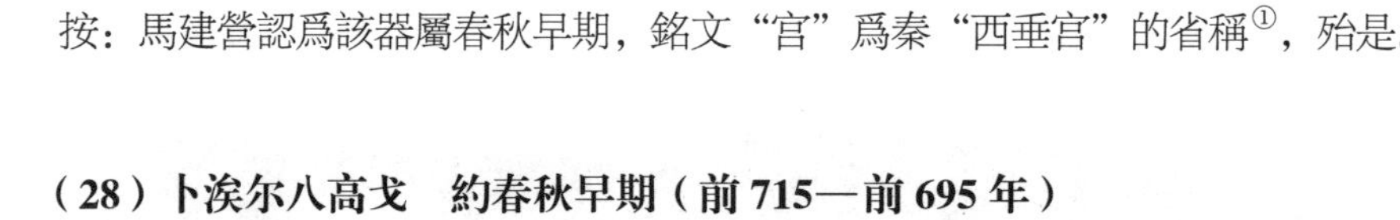

宫

按：馬建營認爲該器屬春秋早期，銘文“宫”爲秦“西垂宫”的省稱[①]，殆是。

（28）卜淁尔八高戈　約春秋早期（前715—前695年）

銅質。直援尖鋒，長胡，闌側有四穿，闌下出齒，長方形内，上有一横穿，後部圓角。

① 馬建營：《秦“宫”字銅矛史料研究》，《秦西垂史地考述》，敦煌文藝出版社，2010年，第60—62頁。

【藏】私人 【圖】銘三 1491 【文】同上。内部鑄銘文 3 行約 12 字。

卜涘（？）尔（？）八高

乍（作）盥（鑄），逸

宜，小告用。

按：1987 年 4 月陝西隴縣邊家莊春秋墓出土一件春秋秦戈（《訂補》37），稱爲“卜淦□高戈”（見下圖），銘文爲“卜淦□高乍鑄永寶用逸宜”。今對比可知，兩戈銘文除鑄銘部位和行款不同外，銘文内容完全相同，且“卜淦□高”戈銘文中所謂的“永寶用”應改釋爲“小告用”，“淦”字或應隸作“涘”。

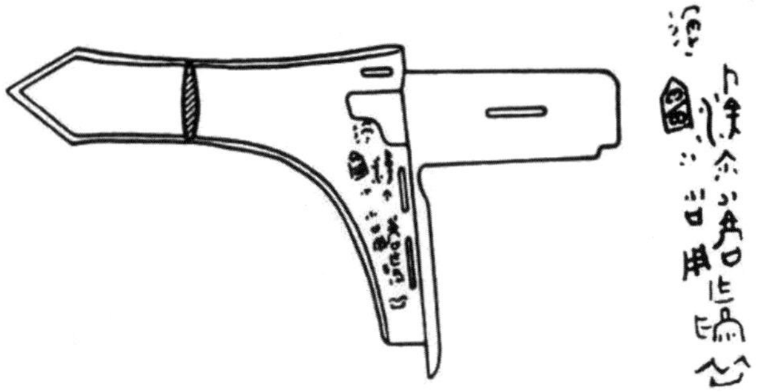

兩件戈銘“逸宜”一詞數見於秦子戈和秦伯喪戈諸器，故此兩戈爲秦器蓋無可疑。舊説“卜淦”爲地名、“□高”爲人名，或説爲鑄造銅戈原料，這幾種説法目前看來似乎都有問題。[①] 戈銘“卜涘尔八高”的意思目前難以索解，但從首字“卜”和銘末“小告用”來推測，或許與某種占卜和祭祀有關。

① 張懋鎔、劉棟：《卜淦□高戈考論》，《考古與文物》1990 年第 3 期；李建西：《隴縣邊家莊秦墓出土銅戈銘文新釋》，《文博》2017 年第 5 期。

（29）秦公及王姬鼎　秦武公初即位時（前 697 年之後不久）

銅質。

【藏】不明【圖】秦漢銘刻叢考 14 頁圖 1、2 【文】同上。鑄銘 6 行 48 字。

秦公及王姬乍（作）寍（造）元

女賸（媵）鼎，䁬（其）廣敵邦，夙

夕不彖（惰），邵合皇卿，虔

敬（爾）爾祀，以受大福，康

虞（娛）屯魯，大壽鬟匣，男

子邁（萬）年無彊（疆），䁬（其）康寶

按：董珊《秦武公銅器銘文的新發現》[①] 文云："拓本文字部分只有 12 厘米 × 9 厘米大小，但據説拓自一件口徑甚大的圓鼎。鼎銘字體爲典型的春秋早期秦文字。"又云："新見的這篇鼎銘，無疑是與太公廟編鐘同時代的製作，屬於秦武公及王姬爲他們的大女兒所作的賸器。"

① 董珊：《秦武公銅器銘文的新發現》，《秦漢銘刻叢考》，上海古籍出版社，2020 年，第 3—16 頁。

（30）秦伯喪戈五　約秦穆公時期（前659—前621年）

銅質。

【藏】未知 【圖】秦漢銘刻叢考60—62頁圖三、圖四 【文】同上。

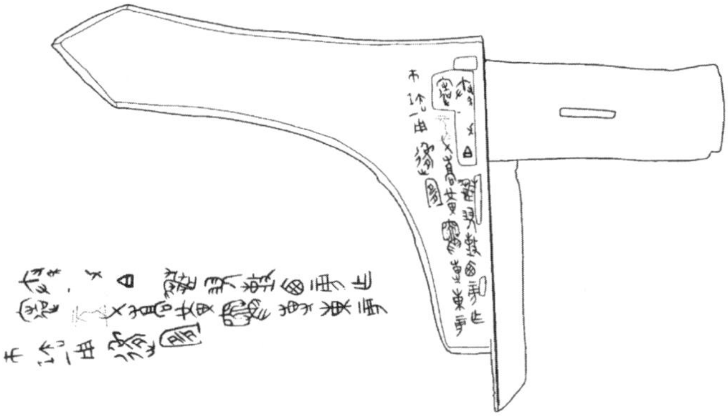

秦政（正）白（伯）喪，戮整（政）西旁（方），乍（作）

寤（造）元戈喬黄，竈（肇）専（撫）東旁（方）

市鈦用逸宜

按：《訂補》40收録伯喪戈4件，41收録伯喪矛2件。董珊《秦子車戈考釋與秦伯喪戈矛再釋》一文稱見此戈拓本，銘文行款用字與此前四件均有所不同。董文認爲“伯喪”應該是秦穆公時大夫公孫枝，“枝”爲名，“伯喪”爲字，文獻中“子桑”之“子”是對男子的尊稱，“桑”是字；“戮整西旁”可指秦穆公霸西戎之事等。[1] 所論應是。

（31）秦公乍子車戈　約秦穆公時期（前 659—前 621 年）

銅質。2015 年出土於甘肅甘谷縣毛家坪春秋墓。直援上揚，圓鋒，中胡，闌側二長穿一小穿，小穿呈横向處於援本頂端，闌下出齒，内甚長，上有一横穿。

【藏】甘肅所　【圖】中國文物報 2014 年 11 月 14 日第 1 版；大衆考古 2015 年 2 期 58 頁；秦漢銘刻叢考 58—59 頁圖一、二；《銘續》1238　【文】同上。胡部鑄銘文 2 行 14 字。

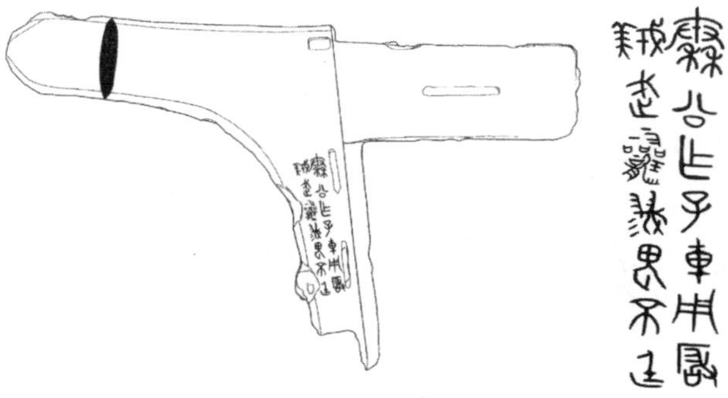

𥷑（秦）公乍（作）子車用厭（厰）

羢武䨻（靈）戮畏不廷

按：肖宇等《秦文化探源：毛家坪遺址考古記》[2] 指出子車氏爲嬴秦宗族，根據《左傳・文公六年》“秦伯任好卒。以子車氏之三子奄息、仲行、鍼虎爲

---

① 董珊：《秦子車戈考釋與秦伯喪戈矛再釋》，《國學學刊》2019 年第 3 期；此文後收入氏著《秦漢銘刻叢考》，上海古籍出版社，2020 年。

② 毛家坪考古隊：《秦文化探源：毛家坪遺址考古記》，《大衆考古》2015 年第 2 期，第 52—58 頁。

殉，皆秦之良也。國人哀之，爲之賦《黄鳥》”及《詩經·黄鳥》“交交黄鳥，止于棘。誰從穆公？子車奄息”等内容，推斷墓主人爲秦穆公派駐當地的子車氏族長。

顧王樂《秦公、秦子有銘銅器整理與研究》① 亦將該器定爲秦穆公時期，指出“秦公”爲作器者，“子車”爲戈的所有者，銘文“戮畏不廷”意爲征伐西戎諸國使之畏懼臣服，與《史記·秦本紀》“（穆公）三十七年，秦用由余謀伐戎王，益國十二，開地千里，遂霸西戎”等内容相符，一定程度上反映穆公時期秦對諸戎的征服。董珊讀“厰𢦏”爲“嚴龔”，認爲“武靇（靈）”也應是天命、鬼神、祖先等宗教性的概念，泛指與軍事有關的種種神靈，而不是具體的某一位神明；“嚴龔武靈”句義是：敬秉神靈佑助戰争勝利。②

從形制上看，該戈也符合井中偉《早期中國青銅戈·戟研究》③ 中提到的春秋中期的秦戈特點。綜上，該器可定爲秦穆公時器。

（32）西祠器銅豆　春秋晚期

銅質。1997 年出土於禮縣石橋鎮瑶峪村西山。素面空心，束腰，倒喇叭口。柄上部有兩長條形竪向鏤空。高 9 厘米、口徑 10 厘米，重 500 克。

【藏】不明　【圖】秦西垂史地 67 頁；嬴秦西垂 222 頁　【文】同上。腰部横刻銘文 3 字，竪刻 2 字，另有 1 個“十”字符號，後有横向淺細刻銘 5 字。

① 顧王樂：《秦公、秦子有銘銅器整理與研究》，吉林大學碩士學位論文，2015 年。
② 董珊：《秦子車戈考釋與秦伯喪戈矛再釋》，收入《秦漢銘刻叢考》，上海古籍出版社，2020 年。
③ 井中偉：《早期中國青銅戈·戟研究》，科學出版社，2011 年，第 231 頁。

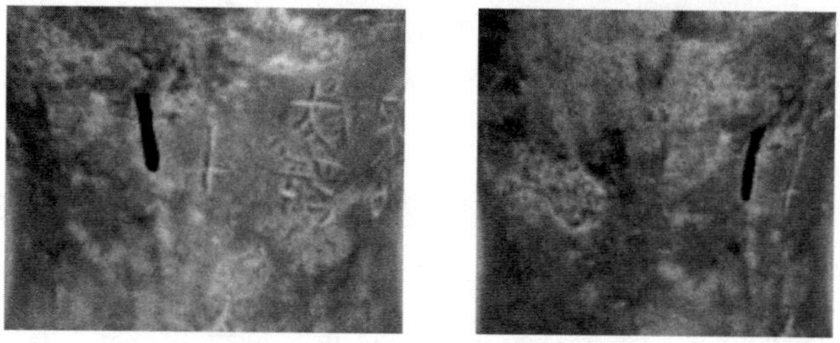

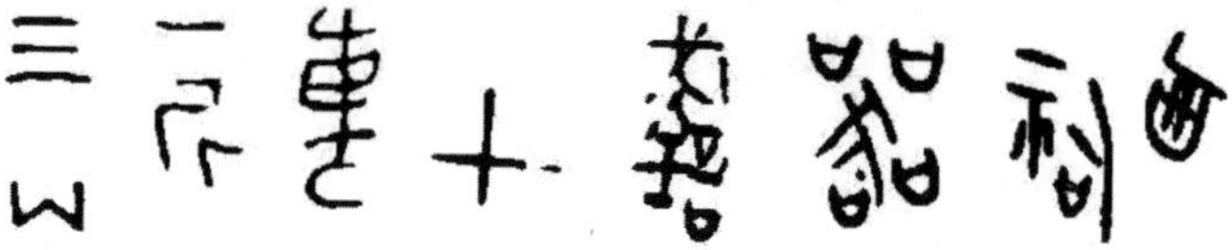

西祠器

□錇

十

重一斤三兩

按：馬建營認爲該器與中國國家博物館藏秦公簋（《訂補》70）或屬同一時期，同爲西垂宗祠祭用器，秦漢時又相繼刻上新的銘文，標注器物的使用地、用途及重量。[①] 國家博物館藏秦公簋約爲秦景公時期，故暫定該器時代爲春秋晚期。

（33）十四年大良造鞅殳鐓　秦孝公十四年（前 348 年）

銅質。

【藏】北京息見堂 【圖】未見 【文】國學研究 35 卷 57 頁。

十四年大良造鞅之造，咸陽右支僓

按：圖銘暫缺。孫聞博《爵官轉移與文武分職：秦國相將的出現》一文注釋 5 中稱釋文據照片、拓片録出。[②]

① 馬建營：《"西祠器"銘銅豆考釋》，《秦西垂史地考述》，敦煌文藝出版社，2010 年，第 67—73 頁。

② 孫聞博：《爵官轉移與文武分職：秦國相將的出現》，《國學研究》第 35 卷，北京大學出版社，2015 年，第 41—63 頁。該文又見於簡帛網 2015 年 12 月 4 日文（http://www.bsm.org.cn/show_article.php?id=2390#_ftn5）及《秦漢軍制演變史稿》一書相關章節。

（34）十六年大良造鞅殳鐓　秦孝公十六年（前346年）

銅質。

【藏】北京息見堂 【圖】未見 【文】國學研究第35卷，第57頁。

十六年大良造鞅之造，咸陽悟

按：圖銘暫缺。孫聞博《爵官轉移與文武分職：秦國相將的出現》一文注釋6注明其藏於北京息見堂。①

（35）王元年相邦張儀鼎　秦惠文王元年（前324年）

銅質。

【藏】私人 【圖】未見 【文】董珊《戰國紀年法的改革與年號的產生》。

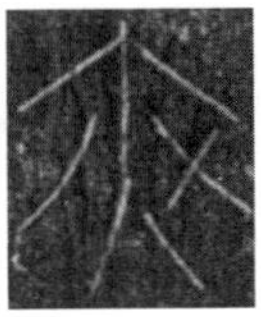

王元年相邦

儀（儀）之造櫟陽

工大人如雅（唯？）工

公臣甲間、畀

我　二斗

夾（陝）

按：董珊《曾侯丙方缶銘文解釋》文引用此鼎刻銘"夾（陝）"②。後又在

① 孫聞博:《爵官轉移與文武分職：秦國相將的出現》,《國學研究》第35卷，北京大學出版社，2015年，第41—63頁。

② 董珊:《曾侯丙方缶銘文解釋》，復旦古文字與出土文獻研究中心網站：http://www.gwz.fudan.edu.cn/SrcShow.asp?Src_ID=2412（2014/12/31）。

《戰國紀年法的改革與年號的產生》一文引用了鼎銘完整内容。[①]

（36）四年相邦樛斿戈　秦惠文王後元四年（前321年）

銅質。直援上揚，長胡，闌側三穿，長方形内，上有一横穿，上角呈圓弧形，下角有缺。

【藏】私人 【圖】銘三1505 【文】同上。内正面刻銘文13字。

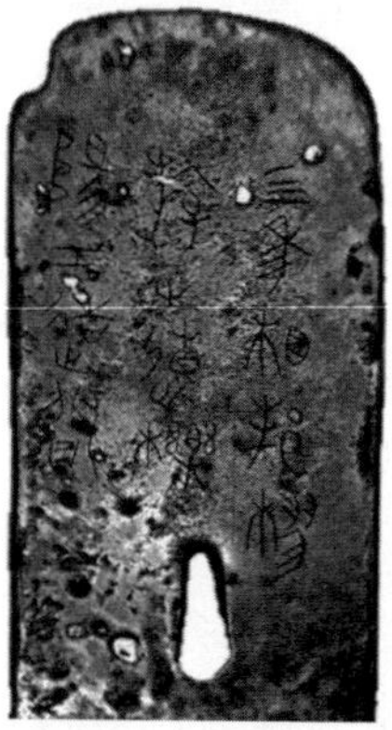

三（四）年，相邦樛

斿之造，櫟

陽工造間

按:《訂補》92收録一件四年相邦樛斿戈，銘文内容與此戈基本一致；區别在於紀年數字一作“四”，一作“三”；一作“工上造間”，一作“工造間”，此戈似漏刻“上”字。

（37）四年□□□戈　秦惠文王後元四年（前321年）

銅質。窄直援，有脊，尖鋒，長胡，闌側二長穿一小穿，闌下出齒，内上一横穿，後部三邊開刃。

【藏】私人 【圖】銘續1258 【文】同上。内正面刻銘文3行18字，背面1字。

① 董珊:《戰國紀年法的改革與年號的產生》，出土文獻與古文字研究雲講座006，2020年10月11日。

正面銘：四年□□□之造

咸陽工帀（師）□、丞

嘉、工大人□

背面銘：咸

按：該器監造者由於銘文漫漶不清而無從得知，但該器文例與十三年相邦儀戈（《訂補》102）、十二年相邦義鼎（本編 41）相似，銘文"咸陽工師"又見於王八年内史操戈（3 件）（《訂補》99—100，本編 40）等器。以上器物均爲秦惠文王後元時期。該器戈援瘦長，亦與王四年相邦張儀戟（或作戈）（《訂補》95）形制相似，故定該器時代爲秦惠文王後元四年，即公元前 321 年。

（38）王六年上郡守疾戈　秦惠文王後元七年（前 318 年）

銅質。2011 年 6 月出現在寶雞市。直援上揚，前鋒尖鋭，有中脊，長胡，闌側三穿，内上一横穿，後部呈刀形，三邊有刃。

【藏】不明 【圖】銘圖 17273 【文】同上。内部刻銘文 11 字。

王七年，上郡守

疾之造，笸禮

按：《訂補》96—98分别爲王五年、王六年和王七年上郡守疾戈，其中王六年和王七年上郡守疾戈銘文與此件戈銘文完全相同。

（39）王七年上郡守疾戈　秦惠文王後元七年（前318年）

銅質。2006年徵集。援前寬後窄，兩邊有刃，中胡，闌側三穿，内上一横穿，後部作刀形，三邊有刃。

【藏】國博　【圖】百年184頁91；銘續1223　【文】同上。内部刻銘文11字。

王七年，上郡守

疾之造，［笸］豊（禮）

按：上郡守名疾的兵器還見於王五年上郡守疾戈（《訂補》96）、王六年上郡守疾戈（《訂補》97）、王七年上郡守疾戈（《訂補》98）等。

（40）王八年内史操戈　秦惠文王後元八年（前 317 年）

銅質。直援尖鋒，援微上揚，後部略窄，長胡三穿，有闌，胡下部殘斷，内作刀形，三邊有刃，前部有一横穿。通長 32.2 厘米、援長 14.1 厘米、内長 9.2 厘米。

【藏】飛諾藝術品工作室 【圖】飛諾 10 頁秦 2；銘續 1239 【文】同上。内的一面刻銘文 3 行 14 字。

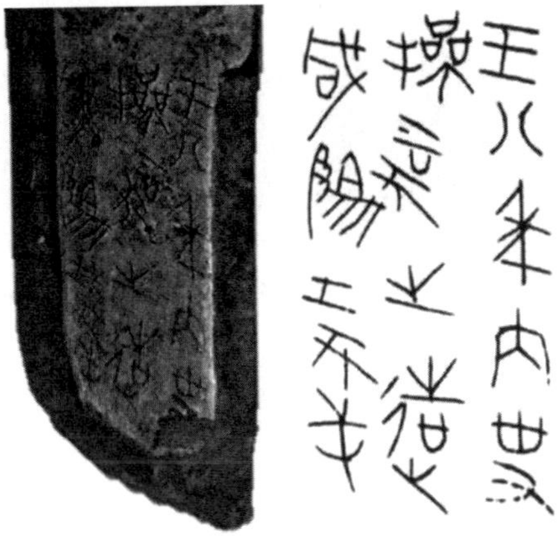

王八年，内史

操□之造，

咸陽工帀（師）屰

按：八年内史操戈又見於《訂補》99—100，時代均爲秦惠文王時期。名“操”者，見於《史記・六國年表》“（秦惠文王七年）義渠内亂，庶長操將兵定之”，與該器内史操或爲同一人。另外，《訂補》99 八年内史操戈銘文最後一字隸作“屯（？）”，對比該器銘文可知應作“屰”，爲工師名。

“操”後一字不識，董珊隸作“吳”，蘇輝隸作“猎”，均認爲此人與“操”同爲內史。[①]

（41）十二年相邦義鼎　秦惠文王前元十二年（前326年）或後元十二年（前313年）

銅質。斂口，扁圓腹，雙附耳微曲外侈，體呈半球形，弧形蓋，蓋上置象征性三環獸鈕，三矮蹄足。素面無紋，唯蓋部與腹部中央各飾一凸起的寬箍形圈飾，底沿有雙圈範綫。通高19.5厘米、口徑19.5厘米。

【藏】九如園 【圖】九如園吉金114—117頁 【文】同上。下腹近足處有刻銘5行19字。

十二年，相
邦義之造，
咸陽工師
田，工大人
逆，工陽

按：相邦義，即相邦張儀，由其督造的兵器還有王二年相邦儀戈（《訂補》94）、王四年相邦張儀戟（《訂補》95）和十三年相邦儀戈（《訂補》102）。其中，十三年相邦儀戈的銘文內容爲“十三年，相邦義之造，咸陽工師田，工大人耆，工積”，內容、體例均與該器銘文相似，應爲同一時期。

① 蘇輝：《秦三晉紀年兵器研究》，上海古籍出版社，2013年，第182頁。

彭適凡指出，據《史記》中《秦本紀》《張儀列傳》等文獻記載，可知秦惠文王後元十二年張儀離秦去楚，故定該器時代爲秦惠文王前元十二年。[①]《訂補》十三年相邦儀戈條按語指出，張儀雖然於後元十二年時“相楚”，“但恐怕也僅是一種外交姿態，實際上仍爲秦相”，故該器銘之“十二年”有秦惠文王前元十二年或後元十二年兩説。

（42）咸陽鼎　戰國中期（下限前350年）

銅質。1967年寧夏回族自治區固原縣頭營鄉坪東村出土。失蓋，子口内弇，體扁圓，三條蹄足，一對附耳外侈。通體光素。通高17厘米、口徑15.1厘米，容積2500毫升。

【藏】固原市博物館 【圖】文物1978年12期；秦文字圖版51；總集0835；銘圖01677 【文】同上。口沿邊刻銘文1行6字。

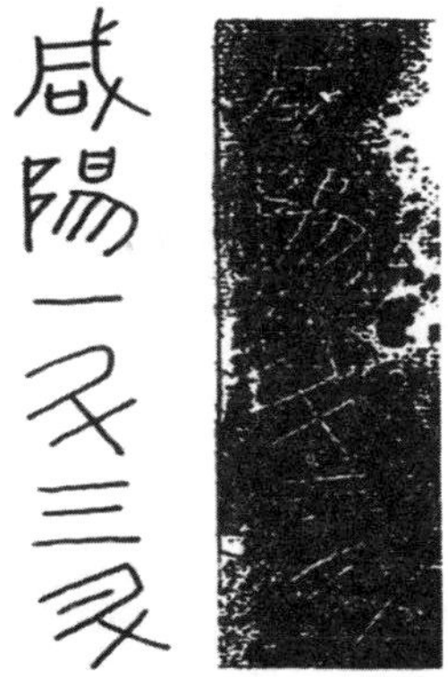

咸陽，一斗三升

按：李學勤《西漢金文中的咸陽》文認爲該器以及咸陽壺（《訂補》1511）、神木縣出土咸陽鼎的時代都應劃歸爲西漢，且“咸陽”應在漢代雲中郡，而非秦之咸陽。[②]

① 彭適凡編：《九如園吉金——朱昌言藏古代青銅器》，上海辭書出版社，2018年，第114—117頁；彭適凡：《新見秦十二年相邦張儀銘附耳蓋鼎考》，《中國文物報》2016年1月10日第7版。

② 李學勤：《西漢金文中的咸陽》，《内蒙古師範大學學報（哲學社會科學漢文版）》2007年第1期，第5—6頁。

吴鎮烽認爲此鼎爲戰國晚期；《銘圖》12389 咸陽壺（《訂補》1511）爲戰國晚期秦器，神木縣出土的咸陽鼎爲西漢時期。①《訂補》認爲咸陽壺爲秦器，時代爲戰國末至秦代。

今按，就兩件咸陽鼎而言，雖皆有“咸陽”二字，但從字體來看，神木出土咸陽鼎與此咸陽鼎文字風格迥異。前者方正規整，與其他漢代刻銘近似；後者曲筆較多，有秦篆色彩，整體與秦器刻銘風格相近。鍾侃《寧夏固原縣出土文物》②中提到此鼎與秦始皇陵出土的鼎形制相似，刻銘也與陝西博物館（今陝西歷史博物館）收藏的一件秦代銅容器上的銘文相似。葛亮《烏氏扁壺與商鞅變法前的秦國量制》③經過對銅器的量制考察，認爲此鼎與烏氏扁壺的時代一樣，應在商鞅變法統一度量衡前。綜上，暫定該器時代爲戰國晚期，下限至商鞅變法統一度量衡時期（前 350 年），銘文爲秦刻。

（43）烏氏扁壺　戰國中期（下限前 350 年）

銅質。盤口長頸，體扁圓，方圈足外侈，肩上有一對銜環鋪首。體飾寬帶長方闌格，中飾變形的龍蛇之類的軀體紋，有許多羽翼突起，長方闌格上鑲嵌紅銅片，口沿下鑲嵌三角形紅銅片。

【藏】上博 【圖】文物 1964 年 7 期 13 頁圖 2；集成 09682；總集 5754；夏商周 620；銘圖 12369 【文】同上。肩上刻銘文 19 字。

① 吴鎮烽：《近年所見所拓兩周秦漢青銅器銘文》，《文博》2006 年第 3 期，第 4—9 頁。

② 寧夏回族自治區博物館：《寧夏回族自治區文物考古工作的主要收穫》，《文物》1978 年第 8 期；鍾侃：《寧夏固原縣出土文物》，《文物》1978 年第 12 期，第 86—90 頁。

③ 葛亮：《烏氏扁壺與商鞅變法前的秦國量制》，《戰國文字研究的回顧與展望》，中西書局，2017 年，第 81—100 頁。

烏氏，三斗少半斗（初刻）

今三斗二升少半升（二刻）

重十六斤（二刻）

按：馬承源稱爲“屌氏扁壺”[①]，《銘圖》同。葛亮《烏氏扁壺與商鞅變法前的秦國量制》[②]一文糾正了之前釋作“屌氏”“原氏”等説法，新發現了“三斗少半”後有一筆畫極細的“斗”字，改釋之前被隸作“己戊”爲“重”字。

關於國别與時代，黄盛璋《三晉銅器的國别、年代與相關制度》[③]提出“趙刻説”；董珊《戰國題銘與工官制度》[④]認爲題銘應屬秦，葛文從地名、用字習慣、字形和容量單位四個角度出發，論證了“秦刻説”，并通過考察相關銅器的量制，確定該器初刻銘文的時代與咸陽鼎一樣，應在商鞅變法統一度量衡之前（前350年），二刻的時代在商鞅變法後的秦國或秦漢。

（44）丁亥鏡　戰國中期

銅質。通體光素，無邊緣，直徑約9.8厘米。中央設橋形鈕，有徑約2厘米的小圓鈕座。

【藏】不明　【圖】夏商周文明193頁圖　【文】同上。鏡背刻5字。

① 馬承源:《記上海博物館新收集的青銅器》,《文物》1964年第7期，第12—13頁。

② 葛亮:《烏氏扁壺與商鞅變法前的秦國量制》,《戰國文字研究的回顧與展望》，中西書局，2017年，第81—100頁。

③ 黄盛璋:《三晉銅器的國别、年代與相關制度》,《古文字研究》第十七輯，中華書局，1989年，第1—66頁。

④ 董珊:《戰國題銘與工官制度》，北京大學博士學位論文，2002年，第57頁。

十殺丁亥赦

按：李學勤《記〈古鏡寫影〉有字秦鏡》[1] 通過分析該器形制及銘文，認爲其時代最遲在戰國中期，并建議命名爲“丁亥鏡”。又岳冠林、張淑一認爲從西周到春秋，“丁亥”一詞逐漸由記録時間的實際用曆轉變爲吉語，代表强盛壯大的“丁”與代表收穫、豐收的“亥”組合成的“丁亥”，成爲繁榮昌盛的代名詞和周人的偏好。[2] 其説殆是。

（45）十一年相邦綏戈　秦昭襄王十一年（前 296 年）

銅質。湖南衡陽市苗圃俱樂部出土。援狹長，三穿，内呈刀形，三面有刃。通長 22.6 厘米、闌長 11.8 厘米。

【藏】衡陽市博物館 【圖】中國出土青銅器全集第 14 卷 209 頁 231 號 【文】同上。内上刻銘文 4 行 17 字；胡部亦有刻銘，但無法辨認。

① 李學勤：《夏商周文明研究》，商務印書館，2015 年，第 189—193 頁。

② 岳冠林、張淑一：《兩周青銅器銘文“丁亥”析論》，《古籍整理研究學刊》2021 年第 2 期。

十一年相邦

緩之造西（？）

工師亥丞

我（？）鬼辛民

按：吴良寶《湘出二戈考》[1]指出戈銘中的“緩”應該是自趙入秦的樓緩。《史記·秦本紀》記載，秦昭王十年“薛文以金受免。樓緩爲丞相”，“十二年，樓緩免，穰侯魏冄爲相”。據此，戈銘的十一年無疑就是秦昭襄王十一年（前296年）。應是。

（46）十三年上郡守壽戈一　秦昭襄王十三年（前294年）

銅質。窄長援，中長胡，闌側三穿，闌下出齒，内無穿，後部呈刀形，三邊有刃。通長22.5厘米、内長7.5厘米、寬3.6厘米。

【藏】私人 【圖】銘圖17281 【文】同上。内正面刻銘文3行17字。

十三年，上郡守𩇨（壽）

造，高奴工師□

工鬼薪杲（渠）

按：《訂補》125按語提及此戈，現補收。同時期，同爲上郡守壽督造的兵器還有十二年上郡守壽戈（《訂補》124）、十三年上郡守壽戈（《訂補》125）、

① 吴良寶：《湘出二戈考》，《中國文字》二〇二〇年冬季號，總第四期（中國文字出刊百期紀念特刊），台北萬卷樓圖書股份有限公司，2020年。

十三年上郡守壽戈 2 件（本編 47）和十五年上郡守壽戈（《訂補》131）。

（47）十三年上郡守壽戈二　秦昭襄王十三年（前 294 年）

銅質。窄長援，中長胡，闌側三穿，闌下出齒，內無穿，後部呈刀形，三邊有刃。殘長 13.8 厘米、闌高 10.8 厘米。

【藏】湖北隨州公安局 【圖】銘續 1252 【文】同上。內正面有刻銘 17 字。

十三年，上郡守䨼（壽）造

高奴工師帚

工鬼薪杲（渠）

（48）十五年相邦戈　秦昭襄王十五年（前 292 年）

銅質。

【藏】不明 【圖】秦兵器銘文編年集釋 195 頁 202 號 【文】同上。內上刻銘文 3 行。

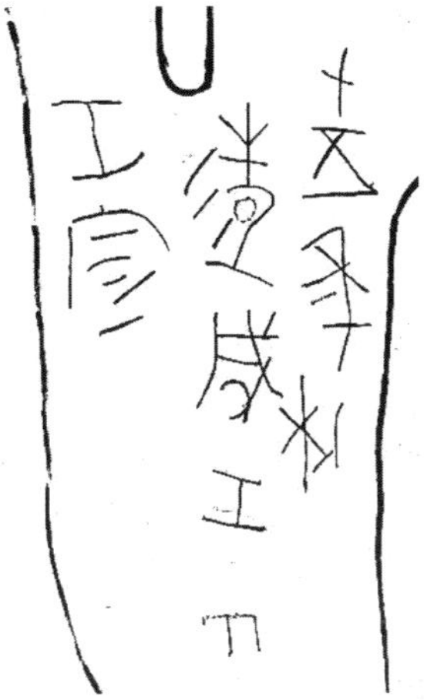

十五年相□（邦）□

造，咸工（？）□□

工宣（？）

按：此戈圖片來自“盛世收藏”網站。陳林《秦兵器銘文編年集釋》釋文爲“十五年，□造，成，工□”。今對照圖片試做摹本并做以下隸定。

第一行“年”下一字左邊還有殘劃“木”和一竪劃，應爲殘存的“相”字。第二行“造”下一字陳林《秦兵器銘文編年集釋》釋爲“成”，筆劃輪廓基本符合，但諦審照片字的左下部分似有殘劃組成不封閉的○，故應爲“咸”字。

據《史記·秦本紀》昭襄王“十二年，樓緩免，穰侯魏冄爲相”。此爲魏冄相秦之開始。《史記·穰侯列傳》昭王十五年“魏冄謝病免相，以客卿壽燭爲相。其明年，燭免，復相冄，乃封魏冉於穰，復益封陶，號曰穰侯”。可知魏冄在秦昭襄王十五年“謝病免相”，由客卿壽燭暫任相邦，但昭襄王十六年魏冄又重新任職相邦了。

這件十五年相邦戈的相邦名缺失，但可推測或是“客卿壽燭”。訂補132有“丞相觸戈”，因銘文中年份的數字缺失，而推斷爲昭襄王十五或十六年。將“丞相觸戈”與這件十五年相邦戈銘文對照，其中都有“咸工”，即“咸陽工帀（師）”；而目前所見的相邦冉戈有7件，即十四年（《訂補》129）、二十年（《訂補》137）、二十一年（《訂補》138—139號）、三十二年（《訂補》152）、三十三年（《訂補》153）、本編50收録的二十年相邦冉戈、丞相冉戈1件（《訂補》128）。這 7 件魏冄監造的兵器銘文中工師所屬的地名或機構爲雍、樂（櫟陽）、西和右都等。這或可作爲這件十五年相邦戈監造者不是魏冄的一個佐證。

（49）十九年蜀守斯離銅鑒　秦昭襄王十九年（前 288 年）

銅質。標本 M3：8，直口寬折沿，直領弧腹，圜底素面，腹部有 4 個半圓形鈕，内壁對應有圓餅狀扣。口徑 70.8 厘米、腹最大徑 73.2 厘米、深 39.9 厘米。

【藏】陜考古院　【圖】考古與文物 2020 年 4 期 19 頁圖一〇，27 頁圖三三，9；銘三 1261　【文】同上。腹部有銘文 3 行 16 字。

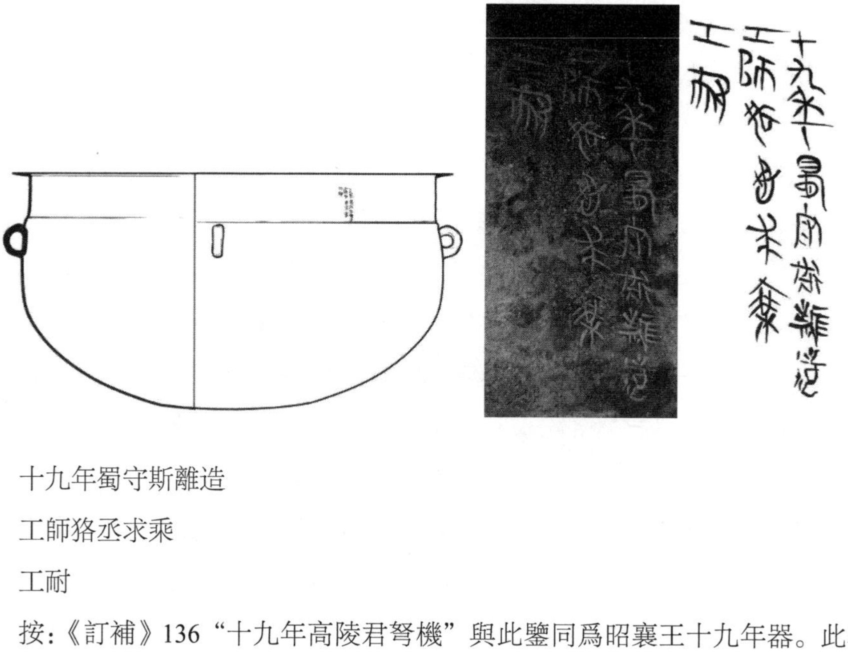

十九年蜀守斯離造

工師狢丞求乘

工耐

按：《訂補》136“十九年高陵君弩機”與此鑒同爲昭襄王十九年器。此器銘文經吴鎮烽、但昌武和許衛紅等研究，基本認定“斯離”即《史記・秦本紀》“（秦昭襄王）二十三年，尉斯離與三晉、燕伐齊，破之濟西”之“尉斯離”[①]。

① 吴鎮烽：《蜀守斯離鑒不能説明秦人對蜀地實行羈縻政策》，復旦大學出土文獻考古文字研究中心網站：http://www.gwz.fudan.edu.cn/web/show/4503；但昌武：《“十九年蜀守斯離”銅器銘文及相關史事考析》，復旦大學出土文獻考古文字研究中心網站：http://www.bsm.org.cn/show_article.php?id=3449；許衛紅、張楊力錚：《“十九年蜀守斯離”考》，《考古與文物》2020 年第 4 期；孟嬌：《蜀守斯離銅鑒銘文補釋》，《戰國文字研究》第二輯，安徽大學出版社，2020 年，第 112—115 頁。

（50）二十年相邦冉戈　秦昭襄王二十年（前287年）

銅質。

【藏】私人 【圖】未見 【文】戰國文字研究22頁；出土文獻史地論集117頁。内部刻銘文15字。

廿年相邦冉造

雍工帀□丞□

梓潼　明（萌）

按：吴良寶《戰國地名“尚城”“枯壂”“資中”考》一文提及此戈，并説加刻的置用地“梓潼、明（葭明）都是秦國蜀郡的屬縣，説明不晚於秦昭王二十年的時候中央政府還向蜀郡配發兵器。這對於討論蜀郡的設置年代無疑是個有價值的資料”①。

（51）卲宫鼎　秦昭襄王二十一年（前286年）

銅質。體呈扁圓形，斂口鼓腹，口沿下有一對附耳，圜底，三蹄足，蓋面隆起，上有三個環鈕，鈕上有乳狀凸起，腹部有一道箍棱。通體光素。通高22.7厘米、口徑19.2厘米、兩耳間距26.3厘米。

【藏】私人 【圖】古文字研究28輯333頁圖2；銘圖02099 【文】同上。蓋、器同銘，各刻銘文16字。

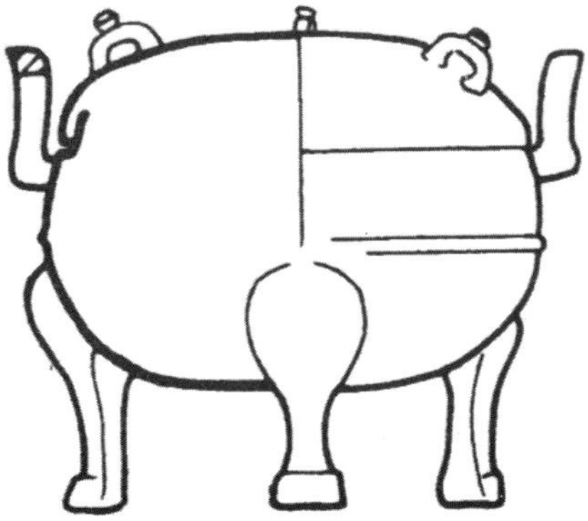

① 吴良寶:《戰國地名“尚城”“枯壂”“資中”考》，徐在國主編:《戰國文字研究》第一輯，安徽大學出版社，2019年，第17—25頁；此文後收入氏著《出土文獻史地論集》，中西書局，2020年，第112—119頁。

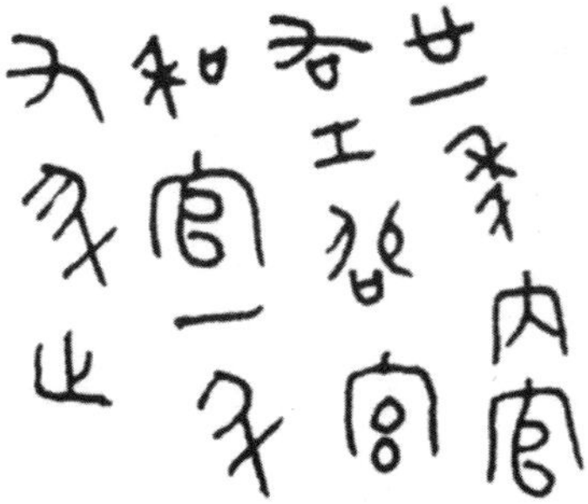

廿一年内官

右工，卲宫

私官，一斗

九升，止

按：蔡運章《昭宫銅鼎銘文考釋》指出，“廿一年”为秦王政二十一年，“内官右工”爲該鼎的管理和鑄造機構，“昭宫”是秦國王宫的名稱，“私官”是掌管皇后膳食的官署。①蔡文認爲“卲”應作“昭”，“昭宫”即“朝宫”，秦國在位二十一年以上且有記録表明在朝宫里居住過的秦國國君只有秦王政，故將該器時代定爲秦王政二十一年。《史記·秦始皇本紀》：“三十五年……於是始皇以爲咸陽人多，先王之宫廷小，吾聞周文王都豐，武王都鎬，豐鎬之閒，帝王之都也。乃營作朝宫渭南上林苑中。先作前殿阿房……”據此，秦始皇三十五年於渭南上林苑營造朝宫，而此鼎刻銘爲“二十一年”，故蔡説或有可商。

此外，對比秦昭襄王時期的卲宫私官盉（《訂補》185），可以發現二器“卲宫”“私官”等字寫法相近，銘文體例亦相似，故暫定該器時代爲秦昭襄王二十一年，即公元前286年。

（52）家丞戈　秦昭襄王二十一年至二十九年間（前286—前278年）

銅質。直援尖鋒，援前寬後窄，中脊明顯，長胡，闌側三穿，闌下出齒，

① 蔡運章：《昭宫銅鼎銘文考釋》，《古文字研究》第二十八輯，中華書局，2010年，第332—335頁。

内前部有一横穿，後端有一大圓孔。通長 23 厘米、闌高 12.8 厘米、内長 9 厘米、寬 3.8 厘米。

【藏】私人 【圖】珍秦齋吴 134、135 頁；銘圖 17321；中國文字研究二十五輯 24—26 頁 【文】同上。内正面刻銘文，現存 10 字。

廿□年□□□家丞□

雝工室□（薳？）造工青

按：該器《銘圖》17321 號稱作“工容戈”，時代定爲春秋晚期，銘文隸定爲“□□□□□□□□□□工公（容）二□工壬舟（？）”。我們曾據銘文照片製作摹本并對釋文作了校正，推測此戈爲戰國晚期秦器，時代約爲昭襄王二十一年至二十九年。[①]

① 王偉：《記新發現的一件秦封君家丞戈》，《中國文字研究》第二十五辑，上海書店，2017 年，第 24—26 頁。

（53）二十六年左工銅釦一　秦昭襄王二十六年（前 281 年）

銅質。標本 M3∶43 爲 40 號漆壺口釦。上徑 15.4 厘米、下徑 18 厘米、高 2.1 厘米、壁厚 0.3 厘米。

【藏】陝考古院 【圖】考古與文物 2020 年 4 期 26 頁圖三〇，1b；27 頁圖三二，1；27 頁圖三三，2 【文】同上。外壁鏨刻 6 字。

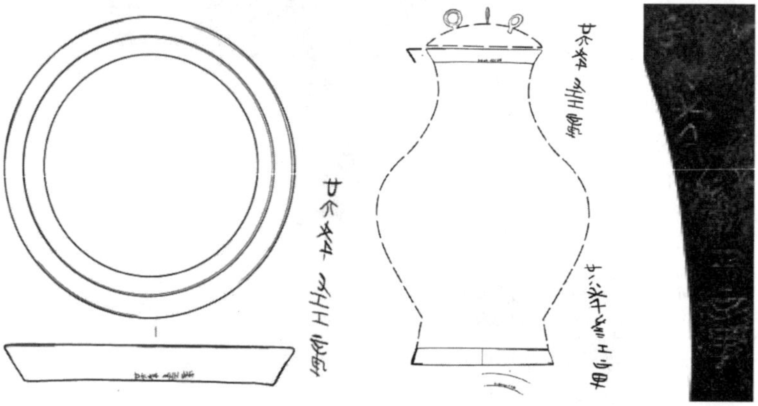

廿六年左工章

（54）二十六年左工銅釦二　秦昭襄王二十六年（前 281 年）

銅質。標本 M3∶46 爲 40 號漆壺底釦，上徑 20.6 厘米、下徑 22.3 厘米、高 2.7 厘米、壁厚 0.3 厘米。

【藏】陝考古院 【圖】考古與文物 2020 年 4 期 26 頁圖三〇，1a；27 頁圖三二，1；27 頁圖三三，3 【文】同上。器底鏨刻 6 字。

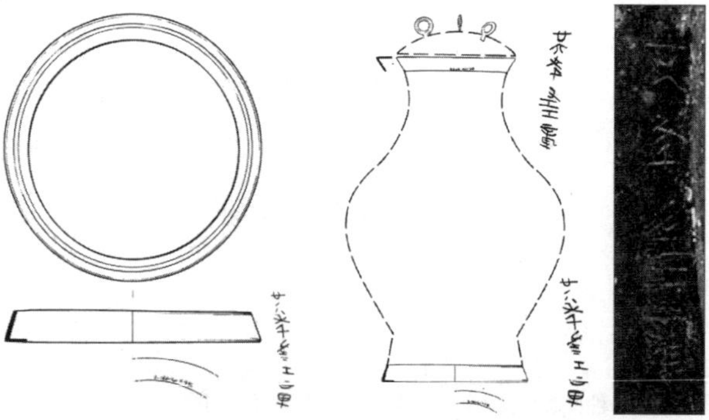

廿六年左工章

按："左工"屢見於秦文字資料，如昭襄王時期的王六年漢中守戈"左工師"（《訂補》117）、珍秦齋王二十三年戈（《訂補》141）"左工丞"、四十年銀耳杯有"左工"（《訂補》166）等，應是隸屬中央工室的分支機構。

（55）張氏銅鼎　約秦昭襄王十九年（前 288 年）至二十六年（前 281 年）前後

銅質。器體較扁寬，腹底圓尖。標本 M2∶21，内有動物椎骨。蓋徑 18.9 厘米、高 3.8 厘米、口徑 15.4 厘米、腹徑 21.3 厘米、通高 16.9 厘米。

【藏】陝考古院 【圖】考古與文物 2020 年 4 期 18 頁圖八，7；19 頁圖一五【文】同上。耳部上方細綫鏨刻 2 字。

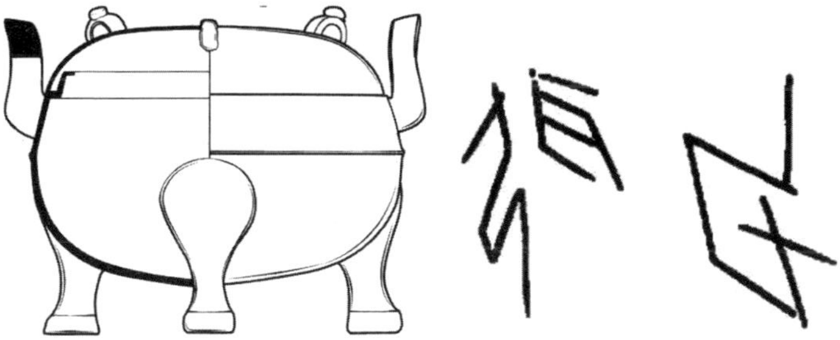

張氏

（56）"阿"字漆卮底座　約秦昭襄王十九年（前288年）至二十六年（前281年）前後

銅質。標本M3：92-2，漆卮底座，圓形，底沿内折，附三蹄足，器表飾錯銀菱形紋、卷渦紋，底徑12厘米、高3.4厘米、壁厚0.3厘米。

【藏】陝考古院 【圖】考古與文物2020年4期25頁圖二九，3c；26頁圖三一，27頁圖三三，5 【文】同上。底沿刻1字。

阿

按：簡報27頁圖三三將銘文爲"王廿"的標注爲5，銘文爲"[illegible]"的標注爲6，應是誤植。簡報僅將刻銘摹寫爲"[illegible]"而未隸定，此字右旁"可"中的"口"字隱約可見，故應釋爲"阿"字，或爲器物製造地。隴縣店子秦墓出土有秦陶文"阿亭"，袁仲一認爲應即《漢書·地理志》天水郡屬縣"阿陽"（治今甘肅静寧縣西南）的省文[①]，此銅釦刻銘"阿"或即此地。

先秦文獻另有"阿"地，一爲戰國燕邑，《史記·趙世家》：成侯十九年"與燕會阿"；二爲戰國齊邑，《史記·司馬穰苴傳》"齊景公時，晉伐阿、甄"。

① 袁仲一、劉鈺編著：《秦陶文新編》上編，文物出版社，2009年，第242頁。

（57）“右”字銅底座　約秦昭襄王十九年（前 288 年）至二十六年（前 281 年）前後

銅質。標本 M3∶80，漆奩或樽底座。圓形素面，平折沿，截面呈 L 形。底徑 8.2 厘米、高 1.8 厘米、壁厚 0.2 厘米。

【藏】陝考古院 【圖】考古與文物 2020 年 4 期 25 頁圖二九，12d 【文】同上。器壁外側鏨刻 1 字。

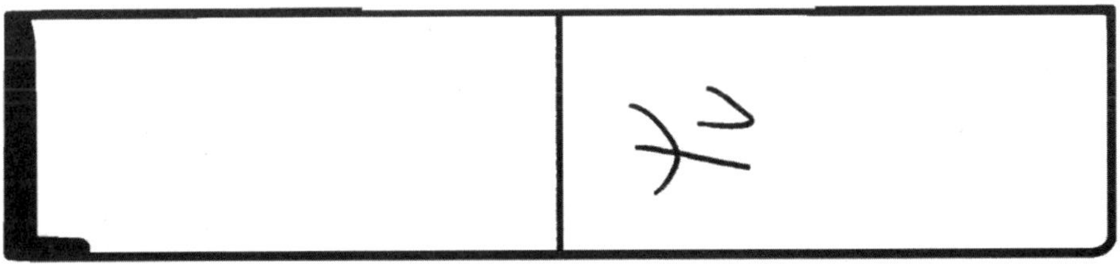

右

（58）王廿圓漆盒盖口銅釦　約秦昭襄王十九年（前 288 年）至二十六年（前 281 年）前後

銅質。標本 M3∶35-1，圓漆盒蓋口釦，圓形折沿，截面呈倒 L 形，器表飾錯銀菱形紋、卷渦紋。直徑 21.9 厘米、高 1.9 厘米、壁厚 0.3 厘米。

【藏】陝考古院 【圖】考古與文物 2020 年 4 期 27 頁圖三二，2（上部）；27 頁圖三三，6【文】同上。內壁鏨刻 2 字。

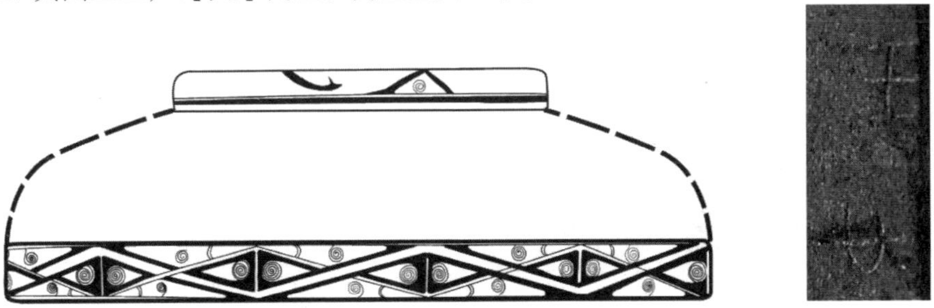

王　廿

按：簡報 27 頁圖三三將銘文爲“王廿”的標注爲 5，銘文爲“”的標注爲 6，應是誤植。“廿”或是器物編號，或是紀年數字。

（59）圓漆盒底銅釦　約秦昭襄王十九年（前 288 年）至二十六年（前 281 年）前後

銅質。標本 M3∶110，漆盒底釦，器表錯銀飾寬弦紋一周。直徑 11.6 厘米、高 1.2 厘米、壁厚 0.3 厘米。

【藏】陝考古院 【圖】考古與文物 2020 年 4 期 25 頁圖二九，10；27 頁圖三二，2（下部）；27 頁圖三三，8 【文】同上。内壁鏨刻 2 字。

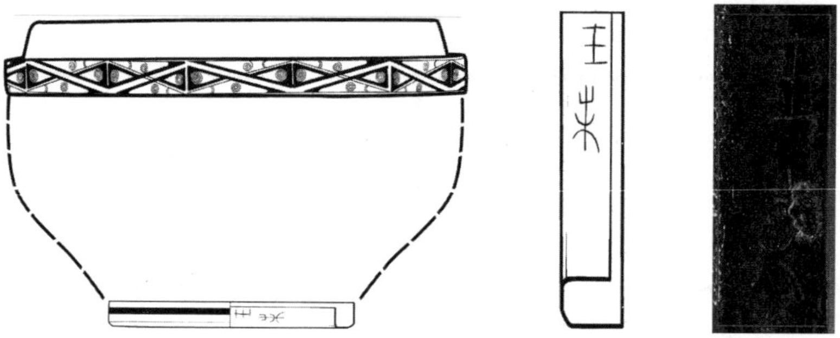

王未

按：刻銘第二字簡報摹爲[illegible]，未隸定。此字實即“未”字，而“王”與“未”是否連讀以及含義暫不可確知。

（60）“公”字圓漆盒底銅釦　約秦昭襄王十九年（前 288 年）至二十六年（前 281 年）前後

銅質。標本 M3∶34-2，圓漆盒蓋口釦。

【藏】陝考古院 【圖】考古與文物 2020 年 4 期 27 頁圖三三，4、7 【文】同上。折沿處鏨刻 1 字，内壁鏨刻 2 字。

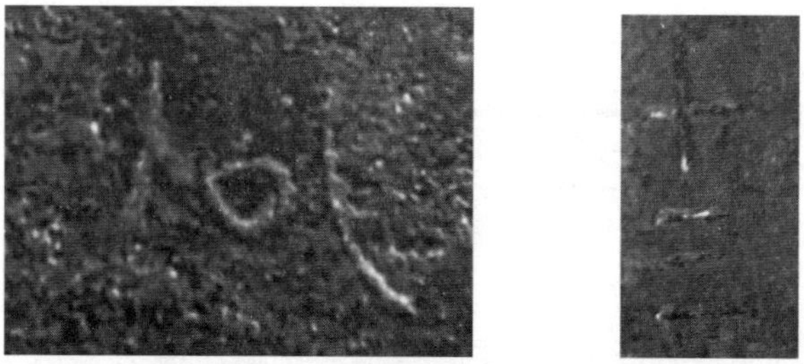

公

十三

按：簡報描述該銅釦還有刻銘“升”字，但未見圖版。

（61）“十”字圓漆盒口銅釦　約秦昭襄王十九年（前288年）至二十六年（前281年）前後

銅質。標本M3∶34-3，圓漆盒口銅釦。

【藏】陝考古院 【圖】考古與文物2020年4期27頁圖三三，1 【文】同上。内壁鏨刻2字。

十

ᕱ

（62—64）西咸新區坡劉村秦墓出土印章　約秦昭襄王十九年（前288年）至二十六年（前281年）前後

玉質。

【藏】陝考古院 【圖】考古與文物2020年4期32頁圖四二，5、10；圖四三—四六 【文】同上。共3件。

1. 標本M2∶14，青白色。圓柱體，盝頂，頂部中心及身兩側各有相通的圓孔，印面圓形有邊欄，陰刻“共”字，爲吉語印。直徑1.4厘米、通高1.8厘米（圖四二，5；圖四三、四四）。

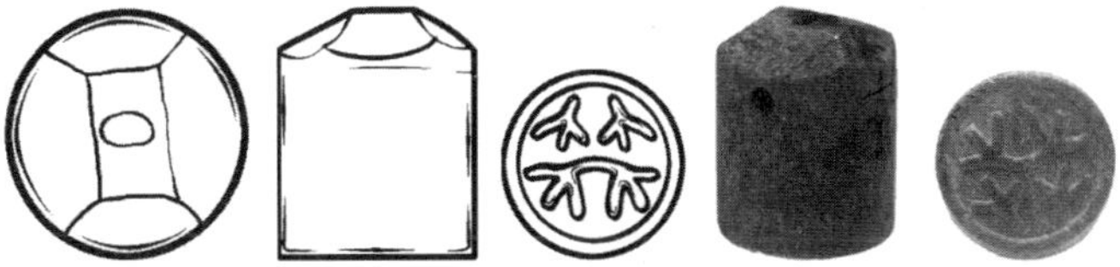

2. 標本M3∶24，青白色，長方形，盝頂壇鈕，印面有邊欄，陰刻“爱印”。

長 1.4 厘米、寬 0.9 厘米、通高 0.9 厘米（圖四二，10；圖四五、四六）。

3. 標本 M3∶33–2，玉柱狀帽，素面八棱柱體，界面呈梯形，上端有圓孔，印面有邊欄，印文刻“君”字。寬 0.4 厘米—0.6 厘米、高 1.8 厘米（圖四二，7）。

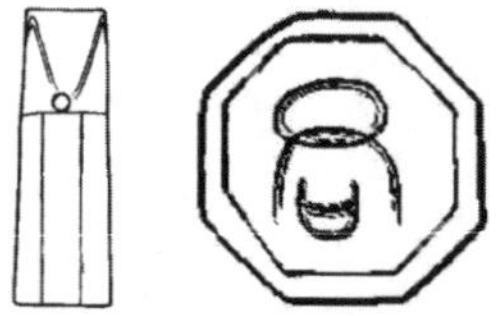

（65）西咸新區坡劉村秦墓出土陶文　約秦昭襄王十九年（前 288 年）至二十六年（前 281 年）前後

陶質。陶缶標本 M2∶1。

【藏】陝考古院　【圖】考古與文物 2020 年 4 期 16 頁圖五，1　【文】同上。陶缶下腹部有戳印 4 字。

咸完里馬

（66）丞廣弩機　秦昭襄王二十六年（前 281 年）左右

銅質。

【藏】不明　【圖】秦兵器銘文編年集釋 79 頁六十一號　【文】同上。

丞廣

按：此器爲網絡資料，圖片來自“盛世收藏”網站。《訂補》147“丞廣弩機”與“廿六年丞相守戈”同出于寶雞鳳閣嶺鄉建河墓地，故其時代爲秦昭襄王二十六年。此弩機與之同銘，字體雷同，時代應該相當。

（67）二十七年邦工戈　秦昭襄王二十七年（前280年）

銅質。長胡三半圓形穿，闌下出齒，内上一楔形穿，内後部呈刀形。通長25厘米。

【藏】達觀齋 【圖】有銘青銅兵器圖録17頁15號；銘三1451 【文】同上。

廿七年邦

工蹇

按：此戈形制與昭襄王時期諸戈雷同，題銘格式簡略，“邦工”見於昭襄王三十六年邦工師扁壺（《訂補》158），“邦”字左旁“丰”兩横劃兩端均上折作

“出”形，寫法篆意濃厚，與秦官印封泥中“邦”字小篆的寫法基本相同，故此戈年代應爲昭襄王二十七年。

《訂補》158“三十六年邦工師扁壺”條云：“邦工師爲中央工官首領，與地方工師不同”。今按，里耶秦簡 8-461 號木牘：“……騎邦尉爲騎□（郡?）尉；郡邦尉爲郡尉；邦司馬爲郡司馬……”。秦印有“邦司馬印”，秦封泥有“南陽邦尉”，睡虎地秦簡《秦律雜抄》12—14 號簡“縣司空”與“邦司空”對舉，均可説明“邦”的級別對應的是“郡”。[①] 所以，我們認爲“邦工師”應該是設置在郡縣（極可能僅在内史所轄區域内）的中央級別的工官機構，同樣的例子如本編 746 夏陽邦工鼎。

（68）二十七年家丞银釦　秦昭襄王二十七年（前 280 年）

銀質。器上下沿略殘，圜狀而略有變形，下沿内扣呈 L 形，有三蹄形短足。外徑 11.3 厘米—12 厘米、高約 2.7 厘米，重 59.2 克。

【藏】私人 【圖】新見秦漢度量衡器集存 168—169 頁 【文】同上。圈底逆時針刻銘文 26 字（含重文符號）。

廿七年家丞䜌造，工室嬰，右工₌方如。凡五枚，重八兩廿二朱（銖）半朱（銖）。

按:《訂補》1551—1552 收録内蒙古西溝畔匈奴墓出土虎豕咬鬥紋金飾牌刻銘有“一斤二兩廿朱（銖）少半”和“一斤五兩四朱（銖）少半”，其計重精

① 王偉:《秦璽印封泥職官地理研究》，中國社會科學出版社，2014 年，第 92—95 頁；又可參拙文《秦出土文獻所見太尉與邦尉及其關係辨正》，《秦始皇帝陵博物院》2014 年總肆輯，陝西人民出版社，2014 年，第 344—348 頁。

度爲三分之一銖，此器刻銘計重精確到“半朱（銖）”。

（69）小妃漆盒　秦昭襄王三十五年（前 272 年）

木胎。1978 年冬出土於河南泌陽縣官莊村秦墓（M3：3）。體呈圓形，子母口，直口深腹，矮圈足，蓋上有矮圈形捉手。通高 18 厘米、圈足高 1 厘米、口直徑 21 厘米、圈足直徑 11 厘米。

【藏】駐馬店市文物考古管理所 【圖】文物 1980 年 9 期 19 頁圖一〇、二三；銘圖 19904 【文】同上。圈足內刻銘文 7 字，烙印銘文 3 字。

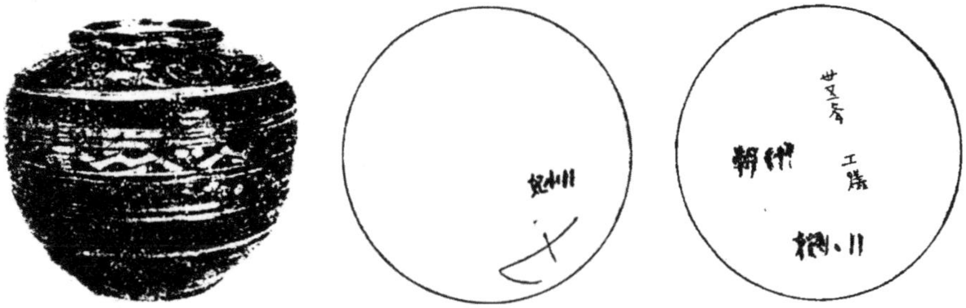

二小妃（烙印文）

千

卅五年，□工𢘫（造）（刻文）

按：參本編 70 平安夫人漆盒。

（70）平安夫人漆盒　秦昭襄王三十七年（前 270 年）

木胎。1978 年冬出土於河南泌陽縣官莊村秦墓（M3：25）。體呈圓形，子母口，直口深腹，矮圈足，蓋上有矮圈形捉手，器內髹褐漆，器表髹黑漆，微帶灰色，彩繪雲氣紋、蟠龍紋、變體雷紋和幾何鳥頭紋。

【藏】駐馬店市文物考古管理所 【圖】文物 1980 年 9 期 20 頁圖 12、21 頁圖 13.1；銘圖 19905 【文】同上。在子母口的鍍銀壁上刻銘文 4 字（其中合文 1），蓋的捉手內紅漆書 1 字、刻 6 字，圈足內褐漆書 4 字（其中合文 1）、刻 7 字。銘文除“坪（平）安夫人”外，紀年文字均應爲秦刻。

口銘：坪（平）安伕（夫人）

蓋銘：工（漆書），壺工匠□士川

圈足銘：坪（平）安伕（夫人）（漆書）。卅七年，工左匠造

按：關於該器的國别和年代，《河南泌陽秦墓》認爲該器“卅七年”及小妃漆盒的“卅五年”爲秦始皇時期。[1]李學勤《秦國文物的新認識》[2]認爲兩件漆器的文字與平安君鼎一樣，屬六國古文字體，且平安君鼎及漆盒爲戰國晚期衛國器物。黄盛璋《新出信安君鼎、平安君鼎的國别、年代與有關制度問題》[3]指出漆器文字近似秦刻，工匠與工左匠之稱亦爲秦制，“卅七年”“卅五年”應爲秦始皇時期紀年。何駑《泌陽平安君夫婦墓所出器物紀年及國别的再考證》[4]對比“年”等字寫法，認爲漆器的紀年文字體系與平安君鼎不同，應屬戰國秦系文字，時代爲秦昭襄王時期。

銘文“坪（平）安伕（夫人）”曾被誤釋爲“坪（平）安侯”，施謝捷《古文字零釋四則》指出“侯”實爲“夫人”合文，[5]應是。吴良寶《平安君鼎國别研究評議》[6]在論及平安君鼎年代時提及這些漆器文字中只有“坪（平）安夫人”是三晉文字，其餘皆爲秦文字，漆盒的形制和紋飾亦與秦漆器相近，“卅五年”“卅七年”實爲秦刻且是秦昭襄王時期紀年。

① 李芳芝：《河南泌陽秦墓》，《文物》1980 年第 9 期，第 15—24 頁。

② 李學勤：《秦國文物的新認識》，《文物》1980 年第 9 期，第 25—31 頁。

③ 黄盛璋：《新出信安君鼎、平安君鼎的國别、年代與有關制度問題》，《考古與文物》1982 年第 2 期，第 55—62 頁。

④ 何駑：《泌陽平安君夫婦墓所出器物紀年及國别的再考證》，《中原文物》1992 年第 2 期，第 60—64 頁。

⑤ 施謝捷：《古文字零釋四則》，《古文字研究》第二十二輯，中華書局，2000 年，第 157—160 頁。

⑥ 吴良寶：《平安君鼎國别研究評議》，《吉林大學社會科學學報》2009 年第 4 期，第 81—86 頁。

（71）三十八年上郡守慶戈　秦昭襄王三十八年（前 269 年）

銅質。援上揚，尖鋒平脊，長胡三穿，內上一橫穿，後段形似刀，三面開刃。通長 25 厘米、闌高 17.5 厘米。

【藏】海外某藏家 【圖】銘圖 17298 【文】同上。內一面刻銘文 3 行 17 字，背面 3 字，胡背面 2 字。

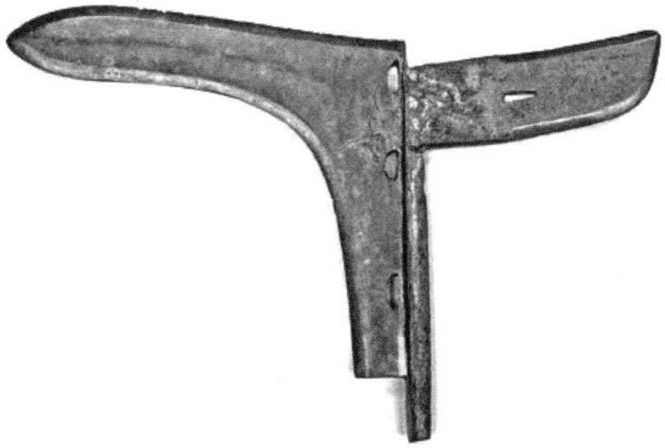

內正面銘：卅八年，上郡守慶造，

　　　　　桼（漆）工督，

　　　　　丞秦，工隸臣于

內背面：武安，□

胡背面：高望

按：上郡守名“慶”的戈還見於三十七年上郡守慶戈（《訂補》159）和三十八年上郡守慶戈（《訂補》161）。內背銘《銘圖》作“武庫”，拙文《秦文字零釋（三則）》[①] 改釋爲“武安”，爲戈的置用地，在今河北省武安市西南。高望，亦爲置用地名，“朢”即“望”字，又見於高望戈（《訂補》1514）。《漢書・地理志》上郡有高望縣，《漢書補注》：“故城今鄂爾多斯右翼前，直榆林

① 王偉：《秦文字零釋（三則）》，《古文字研究》第三十二輯，中華書局，2018 年，第 497—499 頁。

北。”治今内蒙古烏審旗北。[1]

（72）三十八年上郡守慶戈　秦昭襄王三十八年（前269年）

銅質。直援尖鋒，中脊明顯，長胡，闌側二長穿一小穿，闌下出齒，長方形内，内上有一横穿。通長18.5厘米、闌高10厘米。

【藏】武漢九州藝術博物館 【圖】銘三1524 【文】同上。胡部刻銘文17字。

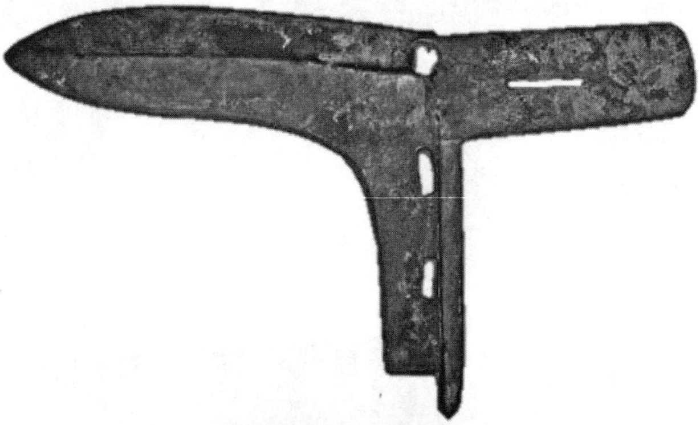

卅八年，上郡守慶

造，桼（漆）工督，丞秦，工

隸臣于

① 周振鶴編著:《〈漢書·地理志〉彙釋》，安徽教育出版社，2006年，第378頁。

按：與上戈銘文紀年和諸人名全同，應是同時所造；但刻銘部位不同，且兩戈刻銘字體明顯不同。

（73）四十年上郡守起戈三　秦昭襄王四十年（前 267 年）

銅質。長胡三穿，闌側三穿，内上一穿，末端略殘。

【藏】未知 【圖】“盛世收藏”網站 【文】同上。内正面銘文 3 行，内背刻銘 4 字。

内正面銘：卌（四十）年［上郡守起］

造漆工瞀［丞□］

工育

内背面銘：平周（内末端竪刻）

上武（内穿後刻）

按：此戈爲網絡資料，圖版來自“盛世收藏”網站。《訂補》167—168已收録兩件四十年上郡守起戈，此戈内正面銘文“上郡守起”等字雖鏽蝕不清，但可據補足。其中遼寧遼陽市出土的四十年上郡守起戈（《訂補》168、《銘圖》17288）銘文有“漆工□”，末字《訂補》168及《銘圖》17288均闕釋；現與此戈“漆工”名對比，可知應釋“督”，二者乃同一人。另，兩戈内背銘文均有“平周”。

（74）四十年工師韓勺　秦昭襄王四十年（前267年）

勺首和柄前端爲銀質，柄後部爲銅質。勺首呈桃形，直口圜底。柄扁平而長，前窄後寬，通體鎏金，勺柄鏤空龍紋，龍尾旁長方形鑲嵌物已脱落，龍頭鑲嵌有龍紋白玉飾。爬龍背面有凹槽鑲嵌圓形玉片。通長50厘米左右。

【藏】香港某藏家 【圖】銘續0914 【文】同上。柄正面刻銘文2字（其中合文1），背面1行10字。

正面：王伕（夫人）

背面：卌年工帀（師）韓、工喜，重六兩

按：《銘續》0914正面銘文隸作“王侯（？）”，石小力指出當爲“夫人”合文，[①]應是。此前平安夫人漆盒中的合文“伕（夫人）”亦被誤釋爲“侯”，施謝

① 石小力：《〈商周青銅器銘文暨圖像集成續編〉釋文校補》，《商周青銅器與先秦史研究論叢》，科學出版社，2017年，第142—155頁。

捷《古文字零釋四則》[①]有説。

（75）四十四年上郡守綰戈　秦昭襄王四十四年（前263年）

銅質。傳民國時期懷化市沅陵縣沅水流域水底撈出，援部狹長，有闌，中長胡三穿，内部一穿，三邊開刃。通長25.2厘米，欄高14.2厘米，戈援狹窄。

【藏】私人 【圖】中國文字研究二十五輯27頁；銘三1529 【文】同上。戈内正面刻銘存3行17字，背面存4字。

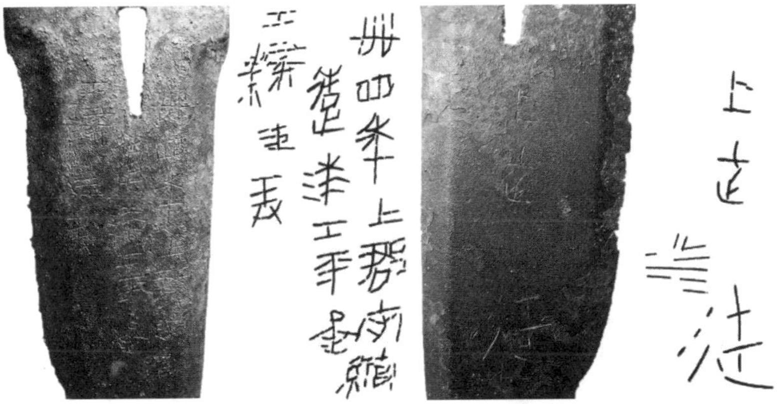

内正面銘：册四年上郡守綰

造漆工平丞

工隸臣弄

① 施謝捷：《古文字零釋四則》，《古文字研究》第二十二輯，中華書局，2000年，第157—160頁。

内反面銘：上武，衍，徒［淫］

按：劉浩《新見秦兵四十四年上郡守綰戈考》[1]認爲該器爲秦昭襄王四十四年器，内正面銘“綰”“平”“弄”分别爲上郡守、漆垣工師和工匠之名，内背銘“上武”“衍”“徒”爲地名。劉文據紀年推算“綰”應是見於《史記·范雎蔡澤列傳》的“五大夫綰”，而非《史記·秦本紀》及始皇二十六年詔書的丞相王綰。王輝師進一步指出此上郡守“綰”即見於《吕氏春秋·不屈》及《戰國策·魏策三》的“宜陽許綰”，并對其事迹有進一步揭示，詳參本書王輝先生序。

徐世權認爲“徒”爲“徒淫”的省稱，“衍”可能是“衍氏”或“廣衍”的省稱。[2]今按，《史記·魏世家》：“（景湣王）五年，秦拔我垣、蒲陽、衍。”《集解》曰：“衍，地名，在鄭州。”本編308杜陽矛亦有單字刻銘“衍”，與此戈銘“衍”或即《集解》所謂“鄭州”之“衍”，而并非“衍氏”或“廣衍”之省。

（76）四十六年上郡守陵戈　秦昭襄王四十六年（前261年）

銅質。

【藏】私人　【圖】出土文獻研究第17輯53頁圖6；出土文獻史地論集111頁圖五；銘三1519　【文】同上。内部刻銘文3行15字。

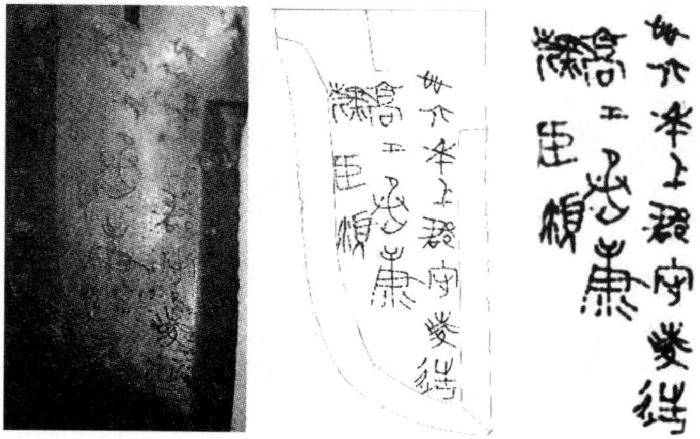

① 劉浩：《新見秦兵四十四年上郡守綰戈考》，《中國文字研究》第二十五輯，上海書店，2017年，第27—29頁。

② 徐世權：《秦“四十四年上郡守綰戈”置用地名補釋——兼談秦兵器銘文中的地名省稱問題》，《中國文字研究》第二十八輯，上海書店，2018年，第27—30頁。按：秦戈銘“徒淫”的問題還可參拙文《秦文字“徒淫”的釋讀及其相關問題》，《民俗典籍文字研究》第14輯，商務印書館，2014年，第132—138頁。

卌六年上郡守凌造

高工丞康

隸臣渹

按：吴良寶《戰國兵器銘文札記五則》[①] 一文定戈爲秦昭襄王四十六年，并指出此戈所見上郡守“凌”是首次出現，可補充秦上郡郡守的任職系列，應是。王輝師指出“凌”即見於《史記·秦本紀》昭襄王四十八年攻打趙國的“五大夫陵”，詳參本書序。

（77）五十年上郡守䔍戈　秦昭襄王五十年（前257年）

銅質。2010年徵集。直援上揚，前鋒尖鋭，有中脊，長胡，闌側三穿，闌下出齒，内中部有一横穿，後部呈倒刀形，三邊開刃。通長23.3厘米、闌高13厘米。

【藏】陝歷博 【圖】陝西古代文明55頁；陝博新粹23；銘圖17293；陝集1877 【文】同上。内部有刻銘3行13字。

① 吴良寶：《戰國兵器銘文札記五則》，《出土文獻研究》第十七輯，中西書局，2018年；此文後以《戰國兵器銘文五考》爲名收入氏著《出土文獻史地論集》，中西書局，2020年，第103—111頁。

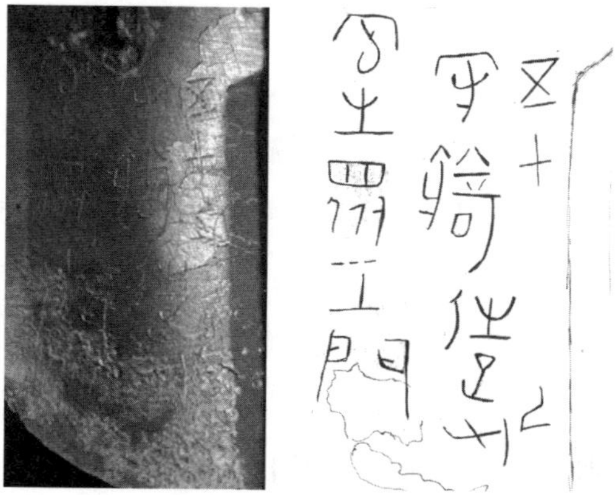

五十年上郡

守𤞞造，工

室眾、工闌（？）

按：戈銘《銘圖》和《陝集》均作“五十年上郡守𤞞造，□□□之眾、工闌”，蘇輝改釋爲“五十年上郡守𤞞造，工室眾，工闌”[①]，應是。蘇輝文對比之前各器銘文格式後指出，原本“工師”的位置替換成了“工室”，説明上郡當時設置了工室用來鑄造兵器，“𤞞”是“齮”的異體字，郡守“𤞞”可能是史書中的秦將桓齮，該戈的時代爲秦昭襄王五十年。我們認爲此戈郡守應爲活動于昭襄王五十年到秦王政三年之间的将军王齮。[②]

（78）五十二年蜀郡守竈戈（含戈鐓） 秦昭襄王五十二年（前 255 年）

銅質。1991 年湖北荆州雞公山秦墓 M249 出土，窄援上揚，長胡四穿，内中部有一楔形穿，穿近似窄長三角形。通長 25.8 厘米、援長 16 厘米、胡長 14 厘米、闌高 15.6 厘米、内長 10.1 厘米，重 330 克。戈鐓爲橢圓筒形，長 9.5 厘米、銎徑 3.5 厘米 × 2.5 厘米，重 200 克。

---

① 蘇輝：《秦三晉紀年兵器研究》，上海古籍出版社，2013 年，第 166 頁。

② 王偉：《秦五十年上郡戈銘文校釋及相關問題》，《古文字研究》第三十三輯，中華書局，2020 年，第 310—313 頁；蔣文：《二年上郡守錡戈的銘文年代及相關問題》，《中國文字研究》第十八輯，上海書店，2013 年，第 92—96 頁。

【藏】荆州博物館 【圖】文物 2018 年 9 期 37—39 頁；銘三 1525 【文】同上。内刻銘 3 行 17 字，胡部正反兩面均刻 2 字，戈鐓有銘文 2 字。

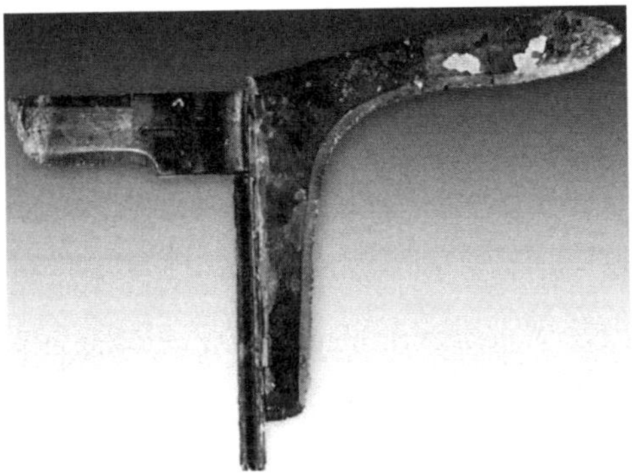
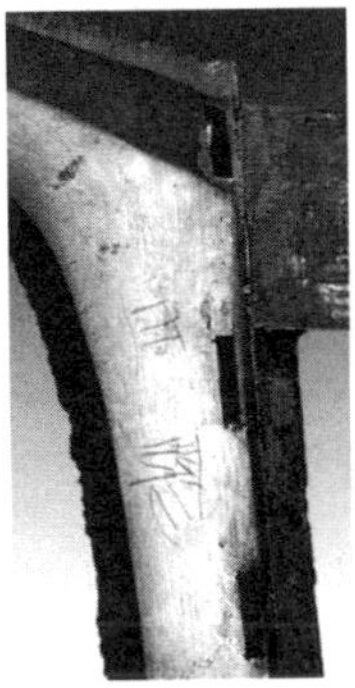

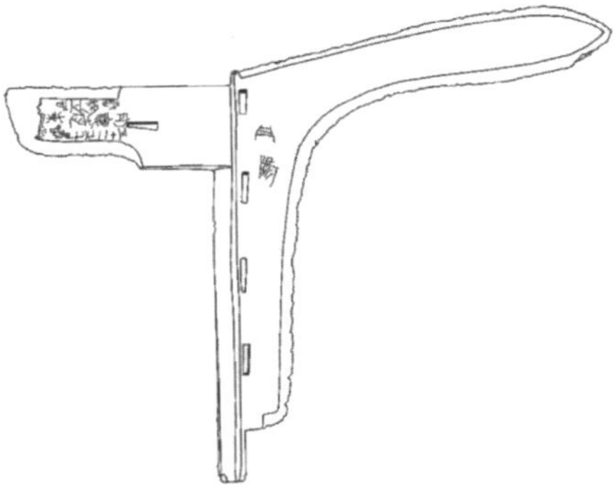
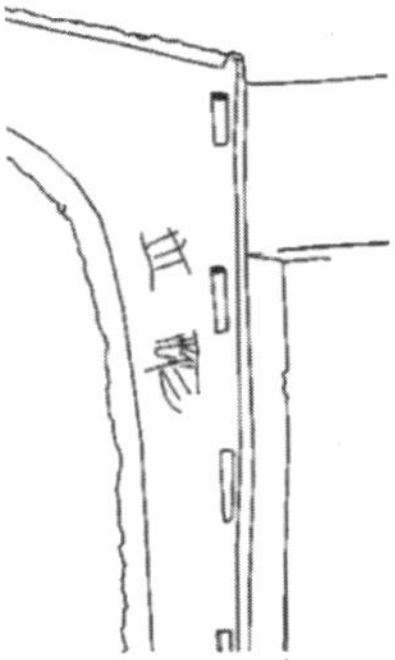

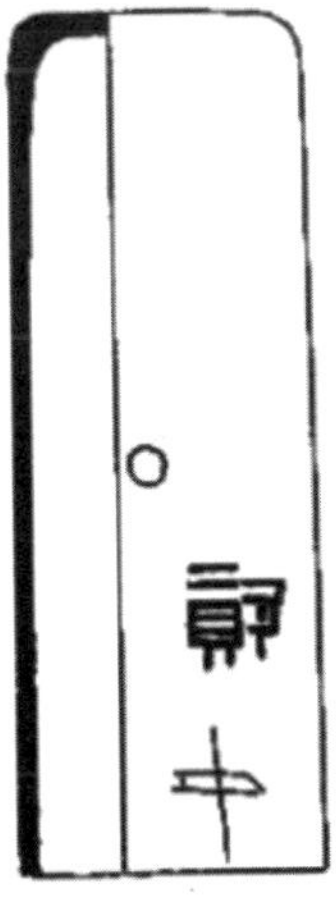

內銘：五十二年，蜀［叚（假）］

守竈造，東工［師□］

丞杖（灰？），工云

胡銘：丹陽（正書）

丹陽（反書）

戈鐓：資中

按：王丹、夏曉燕《荆州博物館藏“五十二年”秦戈考》[①]指出其爲“戰國晚期成都的官營手工業作坊‘蜀郡東工’鑄造”，戈胡部刻銘“丹陽”“在今河南南陽盆地的丹水和淅水交匯處，即‘丹淅之會’”。劉剛《荆州博物館藏五十二年秦戈銘文補正》據現已發現的蜀郡秦戈銘文無稱“蜀郡”者，認爲“蜀”後之字應爲“叚（假）”；戈鐓銘文“郥”字應作“資”，“資中”或爲該器的鑄造地，“丹陽”爲置用地名，似應在今湖北枝江一帶。[②]徐世權亦有類似意見。[③]

資中，《漢書·地理志》爲犍爲郡屬縣，亦見里耶秦簡 8-2014 號和張家山漢簡《秩律》，秦時“資中”爲巴郡或蜀郡屬縣。另，戈鐓銘文“資”似爲鑄款，“中”是刻款，二字筆畫粗細也明顯不同，推測“資（中）”是鑄造地，或爲表意明顯加刻“中”字。

（79）大官漆豆足座一　秦昭襄王時期（前 306—前 251 年）

木胎。2010 年 11 月陝西西安市臨潼區秦東陵昭襄王陵出土。表面髹漆，足沿有紅色彩繪幾何紋樣。

【藏】西安市公安局 【圖】考古與文物 2011 年 2 期 64 頁圖 2.1；銘圖 19909 【文】同上。足底烙印銘文 2 字。

---

① 王丹、夏曉燕：《荆州博物館藏“五十二年”秦戈考》，《文物》2018 年第 9 期，第 37—40 頁。

② 劉剛：《荆州博物館藏五十二年秦戈銘文補正》，簡帛網：http://www.bsm.org.cn/show_article.php?id=3245，2018-11-06。按：此文後刊於《中國文字學報》第十一輯，商務印書館，2021 年，第 105—108 頁。

③ 徐世權：《秦“五十二年假守竈戈”新考》，《古文字研究》第三十三輯，中華書局，2020 年，第 639—646 頁。

大（太）官

按：2010 年 11 月西安市公安局破獲一盜掘秦東陵團夥，繳獲高柄漆豆 1 件（見《訂補》122“八年相邦薛君，丞相殳漆豆”），殘漆豆足座 3 件。王輝師據漆豆銘文及其形制定爲秦昭襄王八年（前 299 年）時器。3 件殘漆豆足座與其同出，底部皆烙印“大官”2 字。

（80）大官漆豆足座二　秦昭襄王時期（前 306—前 251 年）

木胎。2010 年 11 月陝西西安市臨潼區秦東陵昭襄王陵出土。表面髹漆，足沿有紅色彩繪幾何紋樣。

【藏】西安市公安局 【圖】考古與文物 2011 年 2 期 64 頁圖 2.2；銘圖 19910 【文】同上。足底烙印銘文 2 字。

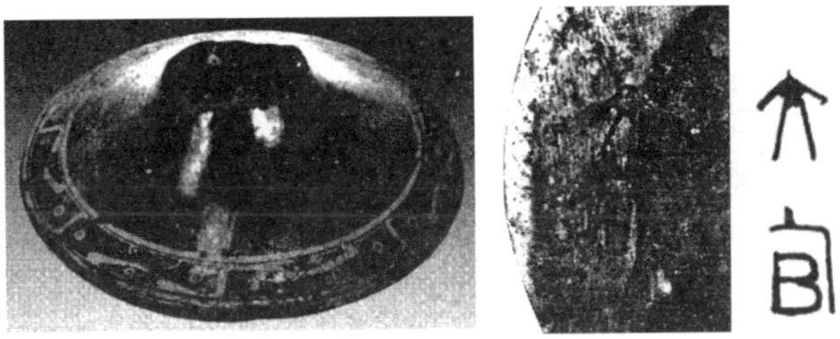

大（太）官

（81）大官漆豆足座三　秦昭襄王時期（前 306—前 251 年）

木胎。2010 年 11 月陝西西安市臨潼區秦東陵昭襄王陵出土。表面髹漆，足沿有紅色彩繪幾何紋樣。

【藏】西安市公安局 【圖】考古與文物 2011 年 2 期 64 頁圖 2.3；銘圖 19911 【文】同上。足底烙印銘文 2 字。

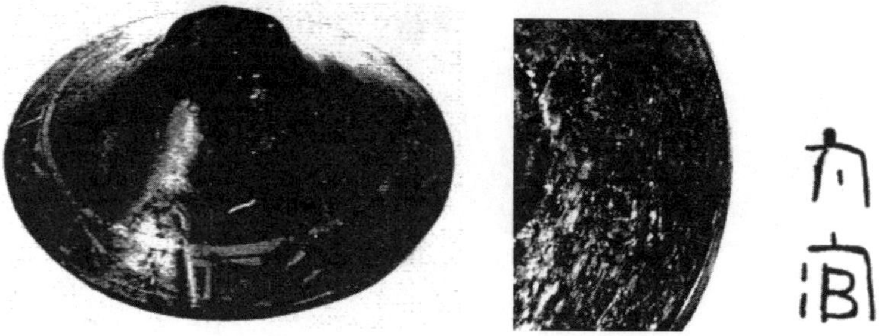

大（太）官

（82）二年上郡守錡矛　秦王政二年（前 245 年）

銅質。

【藏】私人 【圖】中國文字研究第 18 輯 92 頁圖一，2（摹本）；中國歷史地理論叢 2019 年 1 期 66 頁圖一、三、四；銘三 1571 【文】同上。骹正面刻 2 行 15 字，葉背和骹背各刻 2 字。

骹正刻銘：二年上郡守錡造漆

工衍丞圂隸臣周

葉背刻銘：襄成

骹背刻銘：武庫

按：《訂補》259 已收此矛骹銘，但當時未見葉背和骹背所刻置用地銘文。蔣文、馬孟龍指出矛葉背刻銘“襄成”、秦封泥“襄成”和張家山漢簡《二年律令・秩律》簡 452 之“襄城”是秦漢上郡屬縣，大約在西漢中後期撤銷，故不見於《漢志》。秦漢上郡襄城縣位於今陝西榆林市境内。[1] 所論應是。

（83）三年上郡守錡矛　秦王政三年（前 244 年）

銅質。

【藏】私人 【圖】中國文字研究第十八輯 94 頁圖二（摹本）；中國歷史地理論叢 2019 年 1 期 66 頁圖二、五、六；銘三 1572 【文】同上。骹正面刻 2 行 15 字，葉背和骹背各刻 2 字。

① 蔣文、馬孟龍：《談張家山漢簡〈秩律〉簡 452 之“襄城”及相關問題》，《中國歷史地理論叢》2019 年第 1 期。此矛銘文骹正面銘文摹本見蔣文：《二年上郡守錡戈的銘文年代及相關問題》，《中國文字研究》第十八輯，上海書店，2013 年。

骹正刻銘：三年上郡守錡造漆

工衔丞圂隸臣周

葉背刻銘：定陽

骹背刻銘：朝歌

按：《訂補》260 已收此矛骹銘，但當時未見葉背和骹背所刻置用地銘文。吴良寶釋矛骹刻銘爲“安陽”。[①] 蔣文、馬孟龍釋爲“定陽”，并認爲其刻劃早於“朝歌”。後説殆是。[②]

（84）四年相邦吕不韋矛二　秦王政四年（前 243 年）

銅質。

【藏】不明 【圖】小校 10.74；尊古齋古兵精拓 228 頁；國史金 2757 頁

---

① 吴良寶：《十五年上郡守壽戈置用地地名補説》，《出土文獻研究》第十一輯，中西書局，2012 年。

② 蔣文、馬孟龍：《談張家山漢簡〈秩律〉簡 452 之“襄城”及相關問題》，《中國歷史地理論叢》2019 年第 1 期。此矛銘文骹正面銘文摹本又見蔣文：《二年上郡守錡戈的銘文年代及相關問題》，《中國文字研究》第十八輯，上海書店，2013 年。

圖四二；秦三晉紀年兵器研究 170 頁圖 6-2-22 【文】同上。骹部刻銘文 3 行 15 字。

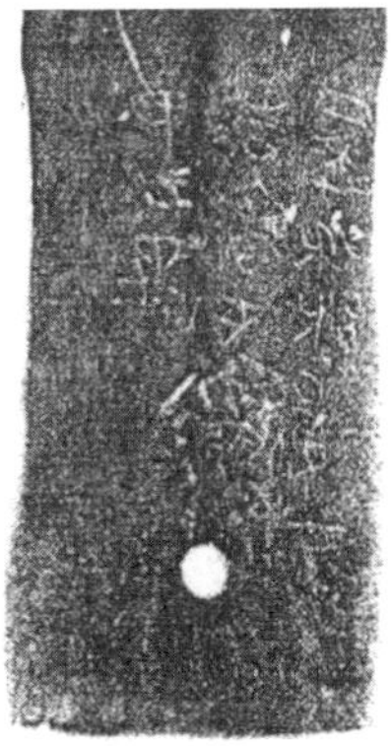

四年相邦吕不韋

造高工龠丞

申工地

按：此矛《集成》、《銘圖》和《銘續》均未收録，《小校經閣金石文字》和《國史金石志稿》釋文“工龠丞”和末字“地”均闕釋，《尊古齋古兵精拓》所附拓本較好。《訂補》270 收録的四年相邦吕不韋矛系 1983 年内蒙古烏蘭察布盟清水河縣拐子上故城遺址出土，此矛形制和銘文與之完全相同。

（85）四年相邦吕不韋戈二　秦王政四年（前 243 年）

銅質。直援尖鋒，胡長於援，闌下出齒，闌側四穿，内上一横穿，後部呈刀形，三邊開刃。通長 27 厘米。

【藏】私人 【圖】銘續 1247 【文】同上。内部正面刻銘文 15 字。

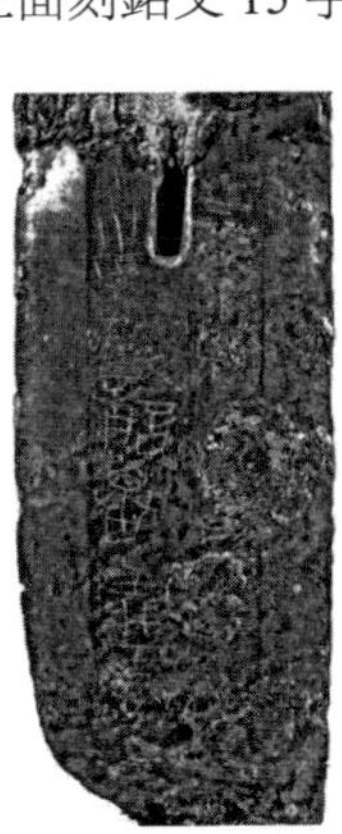

四年，相［邦］吕［不韋］造，寺工讐，丞義，工［可］

按：四年相邦吕不韋監造兵器還有中國國家博物館藏湖南長沙左家塘 1 號墓出土戈（《訂補》267）和秦俑坑出土的戟（《訂補》268）。《銘續》1247 注該器内背面有字，暫缺。

（86）四年相邦吕不韋戟二　秦王政四年（前 243 年）

銅質。

【藏】不明 【圖】未見 【文】戰國題銘 【20】。内正面刻銘文 15 字，背面 2 字。

内正銘文：四年相邦吕不韋造，寺工讐，丞義，工嘉

内背銘文：寺工

按：董珊稱自藏照片、摹本及拓本。[1] 參見《訂補》268“四年相邦吕不韋戟”。

（87）八年丞甬戈　秦王政八年（前 239 年）

銅質。瘦長援上翹，長胡，闌側四穿，内上一横穿，後部呈刀形，三邊有刃。闌外側上部有圓筒形銎，頂部且有裝飾。

【藏】香港某氏 【圖】雪齋 33；秦文字圖版 34；新收 2004；集録二 1205；銘圖 17113 【文】同上。内一面刻銘文 2 行 10 字，另一面 2 字，共 12 字。

① 董珊：《戰國題銘與工官制度》，北京大學博士學位論文，2002 年，第 215 頁。

八年，□□□

□，丞甬，工悍

蜀〈屬?〉□

按：此戈《訂補》漏收。王輝師認爲此戈與十四年屬邦戈（《訂補》285，時代定爲秦王政十四年）形制及銘文格式都極爲相似，“蜀□”或爲“屬邦”誤摹。[①] 董珊《戰國題銘與工官制度》[②] 根據其他蜀郡戈的情况推測戈内背面銘文爲“蜀東工”。因僅見戈銘摹本，文字釋讀尚待詳考。

（88）十二年丞相啟顛戈　秦王政十二年（前235年）

銅質。此戈胡部從殘斷，存一上穿，所處位置偏上，原或爲長胡四穿。全長25.5厘米、援長16.0厘米、寬3.4厘米，内長9.5厘米、寬3.0厘米、闌殘高4.5厘米。

【藏】不明 【圖】聽風樓金石文字69號 【文】國學研究第35卷59頁；内一面刻銘文2行17字，另一面戳印鑄銘2字。

① 王輝、程學華：《秦文字集證》，臺北藝文印書館，1999年，第56、57頁。

② 董珊：《戰國題銘與工官制度》，北京大學博士學位論文，2002年，第250頁。

内背：十二年丞相啟、顛造，少府工室□，丞弱，工㚇

内正：少府（戳印鑄銘）

按：孫聞博《爵官轉移與文武分職：秦國相將的出現》注釋 41 介紹了該器的形制信息，稱釋文據照片、拓本録出。[①]“㚇”字的隸定從陶安、陳劍説。[②]

《訂補》281 十二年丞相啟顛戈銘文爲：“十二年丞相啟顛造，詔事成、丞追工印”，并有鑄款“詔事”和刻銘“屬邦”。兩件戈紀年相同，同爲左右丞相監造，但主造機構一爲“詔事”一爲“少府工室”，可見秦丞相督造中央各機構的兵器鑄造事務。

（89）十四年少府銅鈹　秦王政十四年（前 233 年）

銅質。通長 61.1 厘米，最寬處 4 厘米，莖長 10.7 厘米，劍形，向後漸寬，無格，隆脊有棱貫通鈹身與莖，截面呈菱形。莖窄扁條形，一側有凸齒。

【藏】荊州博物館 【圖】湖南省博物館館刊第十三輯 221 頁圖一，223 頁彩圖一、二 【文】同上。莖的另一側靠近隆脊處陰刻 7 字。

十四年少府工佗

按：蔣魯敬、孫凡《“十四年少府工佗”銅鈹及墓葬族屬初探》定該器年代

① 孫聞博：《爵官轉移與文武分職：秦國相將的出現》，《國學研究》第 35 卷，北京大學出版社，2015 年，第 41—63 頁。按：孫聞博《秦漢軍制演變史稿》第 43 頁稱該器藏於北京息見堂，而《爵官轉移與文武分職：秦國相將的出現》文（第 59 頁）稱其藏於北京養山堂，前後牴牾，存疑待考。

② 陶安、陳劍：《〈奏讞書〉校讀札記》，《出土文獻與古文字研究》第四輯，上海古籍出版社，2011 年，第 413 頁。

爲秦王政十四年[1]，應是。

（90—91）十五年寺工鈹兩件　秦王政十五年（前232年）

銅質。1993年江蘇儀徵市陳集鄉楊莊村詹莊漢墓出土。鈹身窄薄，起脊，前鋒尖鋭，莖扁平，上有一孔。通長46.8厘米、寬3厘米、莖長12厘米，刻15字。另一件通長45.5厘米、寬3.1厘米、莖長10.5厘米，刻6字。

【藏】儀徵市博物館 【圖】儀徵文物32頁 【文】同上。共2件，一莖上刻銘15字，一莖上刻銘6字。

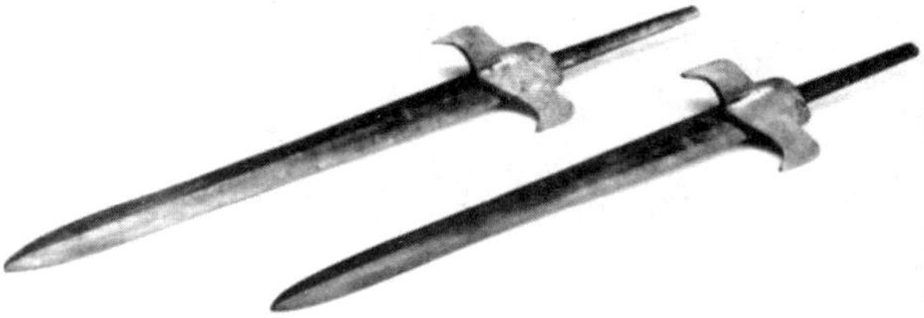

十五年寺工武光□作府吉工方山拜

十五年寺工繕

按：寺工鈹又見於1974—1978年秦俑一號坑出土十五、十六、十七、十八、十九年寺工銅鈹16件（《訂補》286—288、289、292—297、298、303—307），另有陝西歷史博物館藏十九年寺工鈹4件（《訂補》299—302），以上諸器均屬秦王政時期。“寺工”爲秦國中央系統的鑄造機構，秦器銘常見，秦封泥中亦有“寺工之印”“寺工丞印”。

《儀徵出土文物集粹》説鈹身所配的“山”字形格尺寸較大且鑄造工藝與繡色均與鈹身不一致，應爲後來所加。[2]

蘇輝《秦三晉紀年兵器研究》指出第一件器物銘文從“武”字開始含義不明；[3] 因不知銘文詳情，暫闕疑。

---

① 蔣魯敬、孫凡：《“十四年少府工佗”銅鈹及墓葬族屬初探》，《湖南省博物館館刊》第十三輯，嶽麓書社，2017年。

② 儀徵博物館：《儀徵出土文物集粹》，文物出版社，2008年，第32頁。

③ 蘇輝：《秦三晉紀年兵器研究》，上海古籍出版社，2013年，第193頁。

（92）十六年櫟左工器　秦王政十六年（前231年）

銅質。

【藏】不明 【圖】小校13.49；秦漢金文107頁圖149 【文】同上。

十六年櫟

左工=賀

咸五升

按:《小校經閣金石文字》稱爲“漢公主家鬲”，應是因銘文有“公主家鬲重二斤三兩”。今從拓本觀察，刻銘應非一次刻成，“十六年櫟左工=賀”和“咸五升”應是秦刻，“公主……”應是漢代加刻。又，原釋文“工”字下有重文符號，今暫保留。

（93）二十一年少工銀釦　秦王政二十一年（前226年）

銀質，圓形，表面有黑褐色鏽層，上部突起呈唇狀，下部空心呈槽狀。外徑11厘米、内徑9厘米、寬1厘米、高1.2厘米，重153克。

【藏】甘博 【圖】亞洲文明第4集372、373頁；銘圖19640；出土文獻5輯263頁【文】同上。内徑壁刻銘文16字。

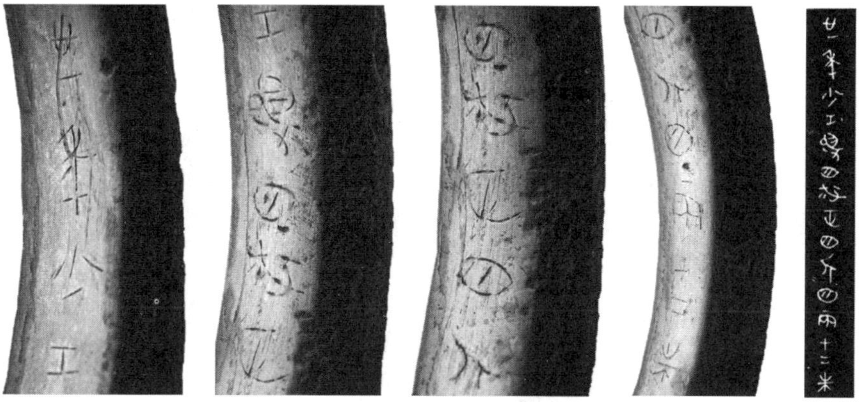

廿一年少工（爲？），四枚，正（？）四斤四兩十二朱（銖）

按：王多慶、柴略《甘肅秦安發現秦國刻銘銀環》[①]據刻銘中不諱“正”字而暫定該器時代爲秦昭襄王二十一年。

《銘圖》19640下云該器“出土時間地點、收藏單位、著録及尺寸等資料因電腦故障而丟失”。拙文《秦文字釋讀劄記（四則）》[②]補充了吴鎮烽《銘圖》中該器的著録信息，并提出銘文“少工”是“少府工室工師”的縮略表述，“少工夏”或應作“少工爲”；并結合傳世文獻和出土文獻關於“少府”的記載，認爲目前“没有證據顯示秦少府的設置會早到昭襄王時期”，進而引王輝先生“秦諱始皇稱帝前較疏，稱帝後較嚴”這一觀點，最終將該器的時代斷爲秦王政二十一年（前226年），應是。

（94）二十一年少工喜銀釦　秦王政二十一年（前226年）

銀質，圓形，表面有黑褐色鏽層，上部突起呈唇狀，下部空心呈槽狀。外徑11厘米、内徑9厘米、寬1厘米、高1.2厘米，重177克。

【藏】甘博 【圖】亞洲文明第4集372、373頁；銘圖19641；出土文獻5輯263頁 【文】同上。内徑壁刻銘文18字。

---

① 王多慶、柴略：《甘肅秦安發現秦國刻銘銀環》，黄盛璋主編：《亞洲文明》第四集，三秦出版社，2008年，第372—373頁。

② 王偉：《秦文字釋讀劄記（四則）》，《出土文獻》第五輯，中西書局，2014年，第262—267頁。

廿一年少工喜，四枚（？），正（并？）重五斤九兩十九朱（銖）二

按：柴略先生於 2016 年 5 月 27 日給作者的郵件中提供了兩件銀釦的清晰照片及名爲《對“秦刻銘银釦”的補充説明和年代再認識》的信函，其要點如下：

第一，第一件銀釦銘文“少工”後的人名“[illegible]”，黄先生因筆畫不清而未釋；李先生釋“翏（？）”。重新摹寫後作[illegible]，暫不識。①

第二，兩件銀釦銘文“四”後一字“[illegible]和[illegible]”，黄先生和李先生均釋“枚”。

第三，其中一件銀釦銘文“重五斤九兩十九朱二”之“二”不與表重量的銘文連讀，此“二”即第二，表示是這一組四件中的第二件。

第四，銘文“重五斤[illegible]兩十[illegible]朱二”中的“[illegible]”，是數詞“九”非連詞“又”，而李先生和《銘圖》均釋“又”。

第五，修正前説，將兩件二十一年秦銀釦的年代定爲秦王政二十一年是比較妥當的。

（95）二十五年盌（盛）　秦王政二十五年（前 222 年）

銀質。1959 年從西安市西關廢品站揀選。鼓腹圈足，器身瓦紋，内飾錯金

---

① 柴略先生曾寫信向黄盛璋和李學勤先生請教過兩件銀釦銘文的釋讀。

銀三角雲紋，雲紋間原鑲嵌有緑松石。高 15 厘米、口徑 20 厘米，重 2775 克，容沙 3800 毫升。

【藏】陜歷博 【圖】文物 1966 年 1 期 9 頁圖三；集成 10353；銘圖 19244 【文】同上。底部刻銘文 9 字。

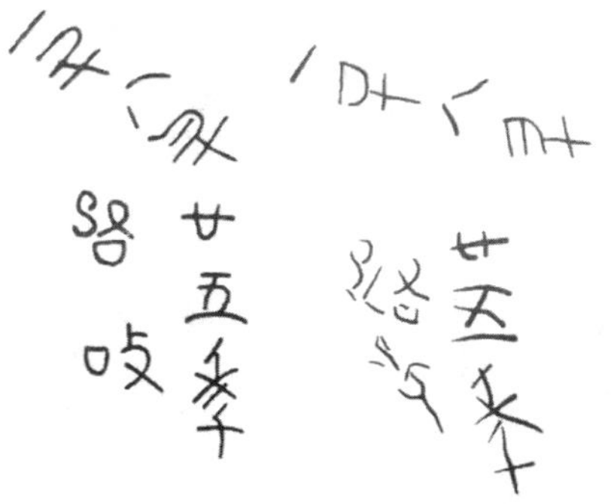

廿五年，㑹（盌）攴（扣），一斗八升

按：韓建武《幾件有銘秦漢銅器的考釋》稱此器爲“盛”，將“㑹攴”釋爲“造攻”并附有新的銘文摹本（末圖）以及器物彩圖[①]，可參看。

（96）倉端王義鼎 秦王政時期（前 246—前 221 年）

銅質。2012 年洛陽文物收藏學會徵集入藏。扁圓體，子口内斂，深腹圜底，口沿下有一對附耳，三條蹄形足上部肥碩。上腹有一道箍棱。通體光素。通高 17.2 厘米、口徑 14.4 厘米、腹徑 17.6 厘米，重 2.49 公斤，容水 2000 毫升。

【藏】洛陽文物收藏學會 【圖】文物 2014 年 8 期 49—50 頁圖一、二；銘續 0159 【文】同上。50—51 頁圖三—七。腹部、蓋沿刻秦銘文 3 處，共 13 字。[②]

---

① 陜西省博物館：《介紹陜西省博物館收藏的幾件戰國時期的秦器》，《文物》1966 年第 1 期；韓建武：《幾件有銘秦漢銅器的考釋》，《考古與文物》2007 年第 6 期，第 72—74 頁。

② 劉餘力：《倉端王義鼎銘文補釋》一文説經除鏽等技術處理，又在該鼎底部外側發現二處銘文：一處位於底部正中，刻有“宣平，南綧處”2 行 5 字；另一處位於鼎腿旁邊，刻有“千，一二二”1 行 4 字。并説這些文字明顯具有戰國時期秦國文字的風格，并將“宣平”釋作地名，將“南綧處”釋作“南邊的校定度量之處所”。參見劉餘力《倉端王義鼎銘文補釋》，《中國國家博物館館刊》2019 年第 10 期，第 118—121 頁。今按：從“宣平，南綧處”的刻銘字體風格來看，與戰國及秦代同類型刻銘的字體風格和内容有一定距離；“宣平，南綧處”可能是漢代刻銘，“宣平”或與漢初所封“宣平侯”有關，“南綧處”暫無可解，或是人名。

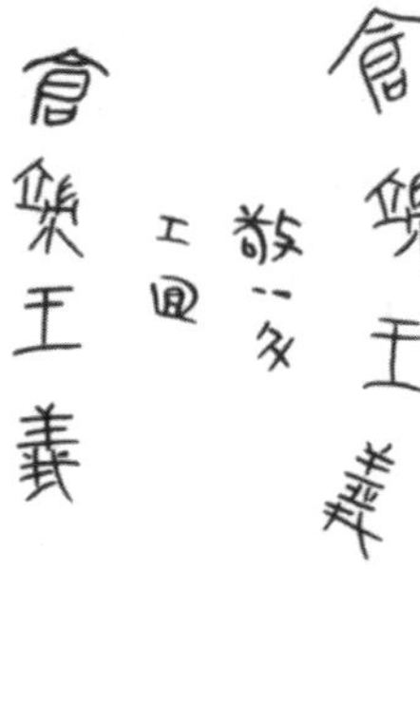

腹銘一：倉端王義

腹銘二：敬，一斗，工宜

蓋銘：倉端王義

按：劉餘力《倉端王義鼎銘文考釋》[1]認爲“倉端”當爲“倉正”，此處爲避秦王政諱而改“正”爲“端”，諱正例亦見於睡虎地秦簡；“倉正”爲職官名，不見於文獻，可能爲管理府庫等機構的官職；“王義”是“倉正”的姓名；“敬”應爲鼎置用之處所；經測量該鼎容量與戰國時期秦制一斗合；“工”爲鑄造此鼎之工官，“宜”爲工官之名。劉文從字形、制度、避諱等多方面考察，認爲此鼎鑄造於秦王政當政至秦統一期間，應是；但銘文“敬”是否是置用地名似可存疑。

（97）靈臺出土相邦吕不韋戈　秦王政時期（前246—前221年）

銅質。20世紀70年代靈臺縣文物工作者從廢品收購站揀選。狹援長胡，尖鋒雙刃，長胡三穿，闌下出刺，直内，三邊開刃，内端上斜。通長23.8厘米。

【藏】靈臺縣博物館 【圖】靈臺史話154—155頁 【文】同上。

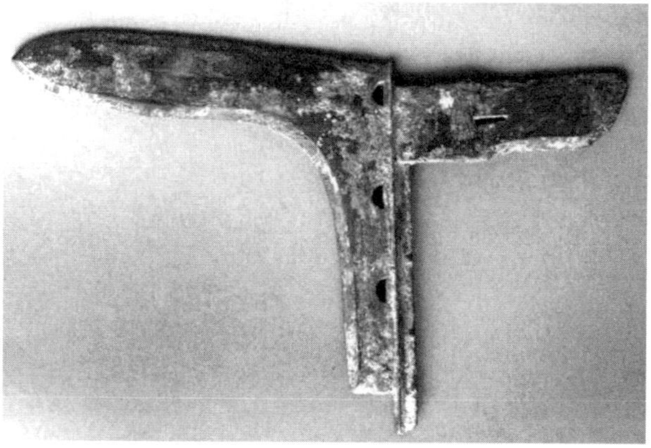

相邦□□不韋密戈□□□十一□

按：田志義《靈臺史話》述及此戈，認爲戈是秦國中央製造，相邦吕不韋監造，“密”爲地名，即靈臺縣，“十一”爲紀年。[2]

《史記·秦始皇本紀》：“十年，相國吕不韋坐嫪毐免。”《史記·吕不韋列傳》：“秦王十年十月，免相國吕不韋。”由此可知，吕不韋於秦王政十年被罷

① 劉餘力：《倉端王義鼎銘文考釋》，《文物》2014年第8期，第49—52頁。

② 田志義：《靈臺史話》，甘肅文化出版社，2007年，第154、155頁。

免，故不能以相邦身份監造兵器。目前所見吕不韋監造的兵器中，紀年最高爲“九年”，見九年相邦吕不韋戟（《訂補》279）。因此，如果該器的監造者確爲吕不韋，那麼數字“十一”爲紀年則難以解釋。

“相邦吕不韋”戈又見於《訂補》256、264、267、271、272、273、278等，其銘文格式均爲“某某年相邦吕不韋造……”；此戈釋文與目前所知幾件相邦吕不韋諸戈銘文文例不完全符合，應是釋讀不準確所致。由於未見戈銘文拓片，以上諸疑點有待戈銘資料的完整公布。

（98—101）閻甘園舊藏始皇詔權量四件　秦始皇二十六年至三十七年（前221—前210年）

銅質。西安衡量齋閻秉初舊藏，計有方升、權、帯柄圜升及橢量各1件。其中方升形制與商鞅方升接近，容量195毫升；銅權高6.7厘米、直徑8.8厘米，重1933克；帯柄圜升形制與國家博物館藏戰國右里升同，扁形長柄與口沿齊平，口徑9.1厘米，容量約220毫升；橢量器深4.3厘米、口沿長16.5厘米、寬10.8厘米，柄長5.8厘米，容量約515毫升。

【藏】衡量齋　【圖】陜西書法2011年2期（總14期）；金石研究6—13頁【文】同上。方升外壁兩個側面刻18行40字始皇詔書；銅權表面刻10行40字始皇詔書；圜升外壁除刻有12行40字始皇詔書外，還鑄有一“宫”字；橢量外側刻有13行40字始皇詔書。共4件。

廿六年皇帝盡并兼天下諸侯黔首大安立號爲皇帝乃詔丞相狀綰灋度量鼎不壹歉疑者皆明壹之

宫（鑄款）

按：此四件權量器物照片和拓本先於《陝西書法》2011 年第 2 期刊布，後在《金石研究》第一輯刊出。[1]

（102）始皇詔書半斗陶量一　秦始皇二十六年至三十七年（前221—前210年）

陶質。山東省鄒縣出土。高8厘米、口徑16.8厘米，容量1000毫升。

【藏】山東博　【圖】中國古代度量衡圖集68頁一〇九號　【文】同上。

按：詔書兩處“皇帝”和末尾“之”字缺，其原因未知。

（103）始皇詔書半斗陶量二　秦始皇二十六年至三十七年（前221—前210年）

陶質。1950年山東省鄒縣出土。高8.3厘米、口徑16.4厘米，容量970毫升。

【藏】國博　【圖】中國古代度量衡圖集69頁一一〇號；法書大觀三·陶文·秦1；新出古陶文圖録742頁197號　【文】同上。外壁始皇詔書爲四字一組的10個戳印，詔文中兩處“皇帝”二字均缺，共36字。

① 陳建貢主編：《金石研究》第一輯，世界圖書出版公司，2017年。

按：詔書中兩處“皇帝”二字缺。

（104）始皇詔書半斗陶量三　秦始皇二十六年至三十七年（前221—前210年）

陶質。高7.8厘米、口徑16.4厘米，容量990毫升。

【藏】北京故宫 【圖】中國古代度量衡圖集70頁一一一號 【文】同上。外壁始皇詔書爲四字一組的10個戳印，詔文中兩處“皇帝”二字均缺，共36字。口沿有兩處“騶”字戳印。

騶 騶

按：詔書中兩處“皇帝”二字缺。騶，地名，春秋邾國，魯穆公時改邾爲騶。秦漢置騶縣，器銘戳印“騶”字應是器物的製造和置用地。

（105）鄒縣出土始皇詔書陶斗　秦始皇二十六年至三十七年（前221—前210年）

陶質。1963年山東省鄒縣紀王城出土。高9.4厘米、口徑20.4厘米，容量2000毫升。

【藏】山東博 【圖】中國古代度量衡圖集71頁一一二號；山東省博物館藏品選31號 【文】同上。外壁始皇詔書爲四字一組的戳印，共10個戳印40字。近口沿有一“騶”字戳印，底部有兩處“騶”字戳印。

騶

騶騶

（106）赤峰出土始皇殘詔書陶量　秦始皇二十六年至三十七年（前 221—前 210 年）

陶質。1961 年内蒙古昭烏達盟赤峰市蜘蛛山遺址出土。平口方唇，筒腹平底，高 34 厘米、口徑 39.6 厘米。

【藏】赤峰市博物館 【圖】美術全集・陶瓷（上）90 頁圖一一六；中國陶瓷全集 3・秦漢 50 頁圖二一；新出古陶文圖録 749 頁 210 號 【文】同上。刻秦始皇詔書 3 行 30 字。

廿六年皇帝盡并兼天下

諸侯黔首大安立號爲皇

帝乃詔丞相狀綰灋度量

……

按：此陶量器形完整，但所刻秦始皇二十六年詔書并不完整，原因未知。從尺寸來看，與同遺址出土容量爲一斛六斗的陶量（本編 125）相當，推測容量約爲 32000 毫升。

（107）始皇詔書殘陶量一　秦始皇二十六年至三十七年（前 221—前 210 年）

陶質。1974 年吉林省奈曼旗善寶營子古城出土，僅存器腹及底的一部分。

【藏】不明 【圖】光明日報 1975 年 2 月 6 日第三版（圖闕）【文】同上。殘存 13 字。

……六年□帝并兼有天下諸候黔首大……

按：據報道共出土 5 件陶量，復原的 3 件容積是商鞅方升的 10 倍；其中一件腹部刻有“黍禾”2 字，另兩件戳印“末”字。未復原的兩件陶量有一件爲秦斗，腹部殘存始皇詔書刻文，但報道僅附有此殘詔量的模糊照片。[①]

另據雍錚《從吉林出土的秦陶量談起》：“善寶營子古城出土的這件陶量殘片存文十三：‘六年□帝并兼有天下諸候黔首大’。六、兼、黔、首等四字殘，大字僅存右二筆。這段銘文與我們一般見到的詔書所不同的地方是，‘盡并兼’在這裏作‘并兼有’，諸侯的‘侯’在這裏作‘候’，與赤峰發現的秦陶量銘文中的‘候’字相同，很可能就是地區性的別體字。”[②]

（108）始皇詔書殘陶量二　秦始皇二十六年至三十七年（前 221—前 210 年）

陶質。沈陽市東陵區青樁子古城遺址出土。器形較大，腹壁兩側各有一柱狀耳，耳兩側各有一穿孔。

---

① 紀松聞：《秦始皇統一度量衡詔書的陶量在吉林出土》，《光明日報》1975 年 2 月 6 日第三版。

② 雍錚：《從吉林出土的秦陶量談起》，《吉林大學社會科學學報》1975 年第 4 期。按：國家計量總局等《中國古代度量衡圖集》（文物出版社，1984 年）第 72 頁介紹 1963 年內蒙古昭烏達盟赤峰蜘蛛山出土始皇詔書陶量時提及吉林出土的這件殘陶量。

【藏】未知 【圖】中國東北與東北亞古代交通史[①]42 頁 【文】同上。殘存始皇詔書 3 字。

廿六年……

（109）始皇詔書殘陶量三 秦始皇二十六年至三十七年（前 221—前 210 年）

陶質。傳出山西夏縣。殘件爲陶量器壁部分，略呈弧形。高 6.5 厘米、寬 6.8 厘米、厚 1.2 厘米。

【藏】私人 【圖】新見秦漢度量衡器集存 24—25 頁 【文】同上。外壁殘存模印文字 5 行 7 字。

……天□□侯□□大安□號爲□帝……

① 王綿厚、朴文英:《中國東北與東北亞古代交通史》，遼寧人民出版社，2016 年，第 42 頁。

（110）始皇詔書殘陶量四　秦始皇二十六年至三十七年（前 221—前 210 年）

陶質。傳出鄒城。殘件爲陶量器壁部分，略呈弧形。高 6.5 厘米、寬 7.5 厘米、厚 1.1 厘米。

【藏】私人 【圖】新見秦漢度量衡器集存 26—27 頁 【文】同上。外壁爲四字一組的戳印文字，殘存三組戳印共 8 字。

……年皇帝盡并兼天下……

（111—118）國博藏始皇詔書陶量殘片　秦始皇二十六年至三十七年（前 221—前 210 年）

陶質。陶量殘片，尺寸不一。

【藏】國博 【圖】法書大觀三・陶文・秦 2-9；新出古陶文圖録 743—746 頁 198—205 號 【文】同上。共 8 件。

法書大觀三・陶文・秦 2	法書大觀三・陶文・秦 3

續表

法書大觀三・陶文・秦 4	法書大觀三・陶文・秦 5	法書大觀三・陶文・秦 6

法書大觀三・陶文・秦 7	法書大觀三・陶文・秦 8	法書大觀三・陶文・秦 9

（119—124）吉林大學文物室藏始皇詔書陶量殘片等　秦始皇二十六年至三十七年（前 221—前 210 年）

陶質。

【藏】吉林大學文物室 【圖】吉大 16—21；新出古陶文圖録 733 頁 179 號、747—748 頁 206—209 號 【文】同上。“代市” 1 件戳印陰文，器形不明，其餘 5 件均爲秦始皇詔書陶量殘片，共 6 條。

吉大 16（1-523[1]）	吉大 17（1-535.1）	吉大 18（1-535.2）

代市	廿六年皇帝盡丨帝盡并兼天下諸侯	

續表

吉大 19（1-533）	吉大 20（1-532）	吉大 21（1-534）

天下諸侯黔首大安立號皇	諸侯黔首大安立	壹歉疑者皆明壹之

按：據《吉林大學文物室藏古陶文》一文描述，1-535.1 與 1-535.2 原系一片之折，折斷處恰巧在“帝盡”二字中間，“帝盡”二字由此一分爲二。①

（125—129）赤峰蜘蛛山遺址出土始皇詔書殘陶量及“亭印”陶文　秦始皇二十六年至三十七年（前 221—前 210 年）

陶質。1963 年内蒙古昭烏達盟赤峰蜘蛛山遺址出土。

【藏】社科院考古所 【圖】考古學報 1979 年 2 期 234 頁圖一四；235 頁圖一五，4；圖版肆，2；中國古代度量衡圖集 72 頁一一三號 【文】同上。共 5 條。

1. 陶量共計 4 件，形狀大小相近。其中 T3 ②：10（《考古學報》1979 年 2 期 234 頁圖一四、235 頁圖一五，4）經復原，方唇筒腹平底，器身兩側有對稱穿孔，應爲兩個手柄殘痕。高 33.5 厘米、口徑 37.5 厘米、底徑 24 厘米，容量 32000 毫升，約合秦一斛六斗。② 外壁殘存刻款始皇詔書“廿六年皇帝盡……諸侯黔首大安……詔丞相綰……”等 3 行 16 字。另外 3 件是陶量腹部殘片。其中 T3 ①：2（《考古學報》1979 年 2 期 235 頁圖一五，5）腹壁刻有秦始皇詔書“□□□皇帝盡并兼天 下諸侯黔首大安立號爲皇帝乃詔承狀綰法度量則不壹歉疑者皆明壹之”，脱“相”字。T3 ②：22 近口部刻有“十六斗桼半斗”（《考古學報》1979 年 2 期 235 頁圖一五，6）。T3 ②：21 近口部刻有“……斗大半斗”，“斗”字前數字已殘，大半斗即三分之二斗。

① 吴振武、于閏儀、劉爽：《吉林大學文物室藏古陶文》，《史學集刊》2004 年第 4 期，第 94—99 頁。

② 《赤峰蜘蛛山遺址的發掘》與《中國古代度量衡圖集》對陶量 T3 ②：10 的尺寸和容量數據描述不完全一致，今暫依《中國古代度量衡圖集》。參中國社會科學院考古研究所内蒙古工作隊：《赤峰蜘蛛山遺址的發掘》，《考古學報》1979 年第 2 期。

T3②：10		
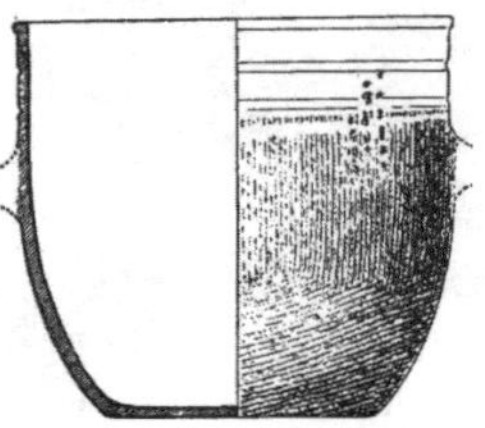	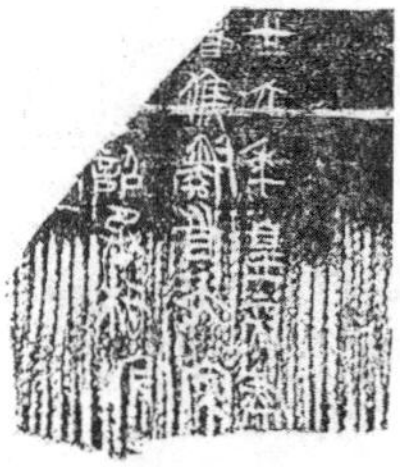	
T3①：2	T3②：21	T3②：22
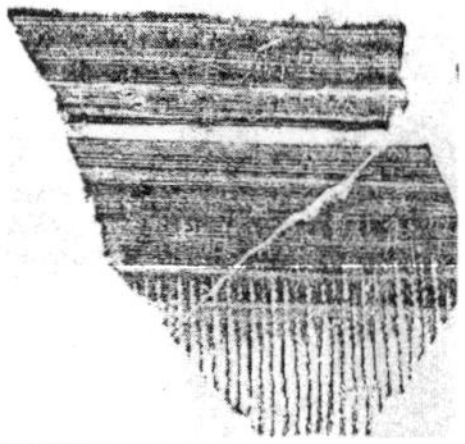		

2. 共出土 3 件陶文殘片，T3①：4 爲器底殘片，有“亭印”戳記（《考古學報》1979 年 2 期 235 頁圖一六，6）。其餘無法判斷是否爲秦文字兩件簡報未釋，暫不收録。

（130）始皇詔銅方升　秦始皇二十六年至三十七年（前 221—前 210 年）

銅質。長方體，直壁平底，一短邊中部有長方筒形柄，出土時銎内殘存木柄朽塊。通長 18.1 厘米、口内長 12.6 厘米、寬 6.95 厘米、深 2.45 厘米，容積 214.55 毫升。

【藏】私人 【圖】銘續 1369 【文】同上。外壁刻秦始皇二十六年詔書 40 字。

按：始皇二十六年統一度量衡詔書，或加刻於秦統一前的標準器，如商鞅方升、高奴禾石權等；或刻於統一後製作的標準度量衡器。兩種情況相比，後者居多。

目前所見始皇詔銅方升資料列表如下：

序號	器名	現藏地	《訂補》號	《銘圖 / 銘續》號
1	始皇詔銅方升一	上海博物館	493	銘圖 18820
2	始皇詔銅方升二	中國國家博物館	494	銘圖 18821
3	始皇詔銅方升三	不明	495	銘圖 18822
4	始皇詔銅方升四	不明	496	銘圖 18823
5	始皇詔銅方升	某收藏家	未收	銘續 1369

（131）始皇詔銅橢量　秦始皇二十六年至三十七年（前 221—前 210 年）

銅質。橢圓形，直口收腹，平底，一邊有上平下圓的筒狀柄。通高 6.2 厘米、口徑 17.3 厘米 × 9.7 厘米。

【藏】臺北故宮 【圖】故宮文物月刊 2005 年總 272 期 30 頁；銘圖 18830
【文】同上。腹部刻始皇二十六年詔書 40 字。

按：該器《訂補》漏收，現列於此。目前所見始皇詔銅橢量資料可列表如下：

序號	器名	現藏地	《訂補》號	《銘圖》號
1	始皇詔銅橢量一	中國國家博物館	497	18825
2	始皇詔銅橢量二	天津市歷史博物館	498	18824
3	始皇詔銅橢量三	旅順博物館	499	18826
4	始皇詔銅橢量四	旅順博物館	500	18827
5	始皇詔銅橢量五	吉林大學	501	18828
6	始皇詔銅橢量六	不明	502	18829
7	始皇詔銅橢量七	不明	503	18831
8	始皇詔銅橢量	臺北故宮博物院	未收	18830

（132）始皇詔銅量一　秦始皇二十六年至三十七年（前 221—前 210 年）

銅質。

【藏】不明 【圖】貞松 12.37.1；銘圖 18832 【文】同上。腹部刻始皇二十六年詔書 40 字。

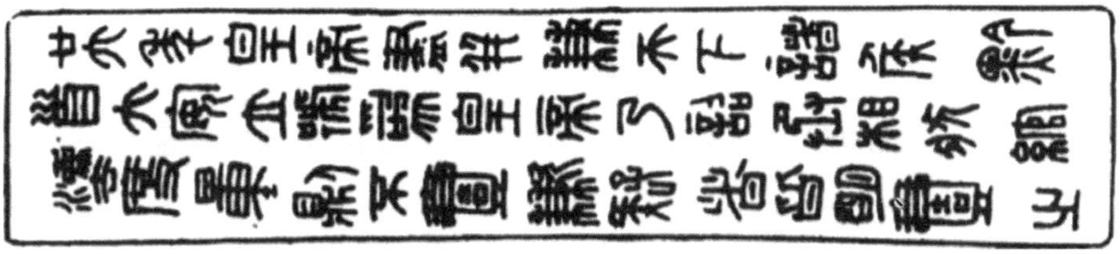

按：該器《訂補》漏收。僅見銘文摹本，未見器形。

（133）始皇詔銅量二　秦始皇二十六年至三十七年（前 221—前 210 年）

銅質。

【藏】不明 【圖】貞松 12.38.1；秦金 1.30；國史金 2900 頁；銘圖 18833

【文】同上。腹部刻始皇二十六年詔書 40 字，柄上刻 1 字。

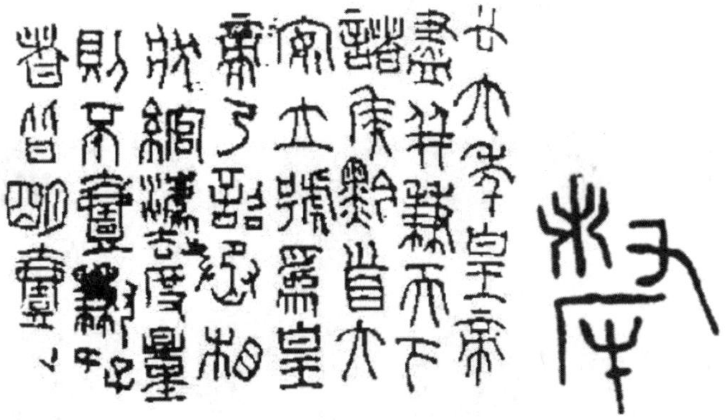

柄上刻銘：犛（斄）

按：該器《訂補》漏收，僅見拓片（見《國史金》）和摹本，未見器形。《貞松堂集古遺文》云："此小量狀如勺，柄上刻一犛字。海甯鄒氏藏。"[①] 犛，即爲斄。拙著《秦璽印封泥職官地理研究》[②] 列有"犛印""犛丞之印""犛市""犛禁丞印"等秦璽印封泥資料。《史記・曹相國世家》："（參）從還定三秦，初攻

① 羅振玉：《貞松堂集古遺文》，北京圖書館出版社，2003 年，第 147 頁。

② 王偉：《秦璽印封泥職官地理研究》，中國社會科學出版社，2014 年，第 362 頁。

下辯、故道、雍、斄。”《括地志》云：“故雍縣南七里。故斄城一名武功，縣西南二十二里，古部國也。”治今陝西武功縣西楊陵鎮。①

（134）始皇詔銅量三　秦始皇二十六年至三十七年（前 221—前 210 年）

銅質。扁桶形，圓口平底，蹄足。

【藏】洛泉軒 【圖】秦漢魏唐 2、3 頁 【文】同上。外壁刻秦始皇詔書，共 13 行 40 字，第 1、3、4 行每行 4 字，末行 1 字，其餘每行 3 字。

（135）始皇詔銅權甲　秦始皇二十六年至三十七年（前 221—前 210 年）

銅質。半球形，頂端有半環鈕。高 7.1 厘米、底徑 9.3 厘米。

【藏】南京大學考古與藝術博物館 【圖】南大文物 37；銘圖 18874 【文】同上。外壁刻秦始皇二十六年詔書 40 字。

① 周振鶴編著：《〈漢書・地理志〉彙釋》，安徽教育出版社，2006 年，第 47—48 頁。

按：目前所見始皇詔銅權資料列表如下：

序號	器名	現藏地	《訂補》號	《銘圖》號
1	始皇詔銅權一	中國國家博物館	505	18865
2	始皇詔銅權二	陝西歷史博物館	506	18868
3	始皇詔銅權三	中國國家博物館	507	18866
4	始皇詔銅權四	旅順博物館	508	18871
5	始皇詔銅權五	上海博物館	509	18869
6	始皇詔銅權六	旅順博物館	510	18872
7	始皇詔銅權七	中國國家博物館	511	18867
8	始皇詔銅權八	上海博物館	512	18870
9	始皇詔銅權九	北京故宮博物院	513	18876

續表

序號	器名	現藏地	《訂補》號	《銘圖》號
10	始皇詔銅權十	中國國家博物館	514	18864
11	始皇詔銅權十一	澳門蕭春源珍秦齋	515	18873
12	始皇詔八斤銅權一	中國國家博物館	530	18900
13	始皇詔八斤銅權二	旅順博物館	531	18901
14	始皇詔十六斤銅權一	中國國家博物館	524	18902
15	始皇詔十六斤銅權二	旅順博物館	525	18903
16	始皇詔十六斤銅權三	吉林大學	526	18904
17	始皇詔十六斤銅權四	不明	527	18905
18	始皇詔銅權	不明	532	18878
19	始皇詔銅權	不明	533	18881
20	始皇詔銅權	不明	534	18882
21	始皇詔銅權	不明	535	18879
22	始皇詔銅權	不明	536	18880
23	始皇詔銅權	不明	537	18883
24	始皇詔銅權	不明	538	18884
25	始皇詔銅權	不明	539	18885
26	始皇詔銅權	不明	540	18886
27	始皇詔銅權	不明	541	18887
28	始皇詔銅權	不明	542	18888
29	始皇詔銅權	不明	543	18889
30	始皇詔銅權	不明	544	18890
31	始皇詔銅權	不明	545	未收
32	始皇詔銅權	不明	546	18891
33	始皇詔銅權	不明	547	18892
34	始皇詔銅權	不明	548	18893
35	始皇詔銅權甲	南京大學考古與藝術博物館	未收	18874
36	始皇詔銅權乙	原藏西安柯莘農	未收	18875
37	始皇詔銅權丙	不明	未收	18877
38	始皇詔銅權丁	不明	未收	18894
39	始皇詔銅權戊	不明	未收	18895
40	始皇詔銅權己	不明	未收	18896

續表

序號	器名	現藏地	《訂補》號	《銘圖》號
41	始皇詔銅權庚	不明	未收	18897
42	始皇詔銅權辛	不明	未收	18898
43	始皇詔銅權壬	北京大學賽克勒博物館	未收	18899
44	始皇詔二十斤銅權	不明	未收	18906
45	始皇詔二十四斤銅權	不明	未收	18907

（136）始皇詔銅權乙　秦始皇二十六年至三十七年（前 221—前 210 年）

銅質。2008 年 11 月見於上海崇源拍賣公司。十邊形棱柱體，上細下粗，見棱見角，頂部有一個半環形鈕。通體紅中泛黃，皮殼温潤，緑銹斑駁。通高 5.5 厘米、底徑 4.3 厘米，重 372 克。

【藏】原藏西安柯莘農 【圖】史地考古文選 100 頁圖 1—2；銘圖 18875 【文】同上。表面鑄始皇詔書 40 字。

按：吴鎮烽《柯氏藏权考》最早對此權有考述。[①]

（137）始皇詔銅權丙　秦始皇二十六年至三十七年（前221—前210年）

銅質。大半圓體，表面呈瓜棱形，頂部有橋形鈕。重37兩。

【藏】不明 【圖】陶齋4.30；秦金1.1.1；銘圖18877 【文】同上。表面刻二十六年始皇詔書40字。

① 吴鎮烽：《柯氏藏权考》，《嘉德通訊》2011年第2期；此文後收入氏著《史地考古文選》，陝西科學技術出版社，2014年，第100—103頁。

按：該器《訂補》漏收，今補。

（138）始皇詔銅權丁　秦始皇二十六年至三十七年（前 221—前 210 年）

銅質。

【藏】不明 【圖】窓齋 24.10.2；銘圖 18894 【文】同上。表面刻始皇二十六年詔書 40 字。

按：該器《訂補》漏收，今補。

（139）始皇詔銅權戊　秦始皇二十六年至三十七年（前 221—前 210 年）

銅質。

【藏】不明 【圖】貞松 12.34；銘圖 18895 【文】同上。腹部刻始皇二十六年詔書 40 字。

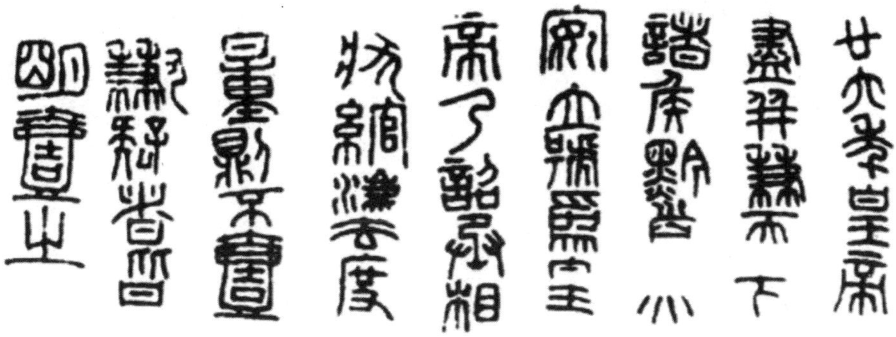

按：該器《訂補》漏收，今補。

（140）始皇詔銅權己　秦始皇二十六年至三十七年（前 221—前 210 年）

銅質。

【藏】不明 【圖】貞松 12.35.1；銘圖 18896 【文】同上。腹部刻始皇二十六年詔書 40 字。

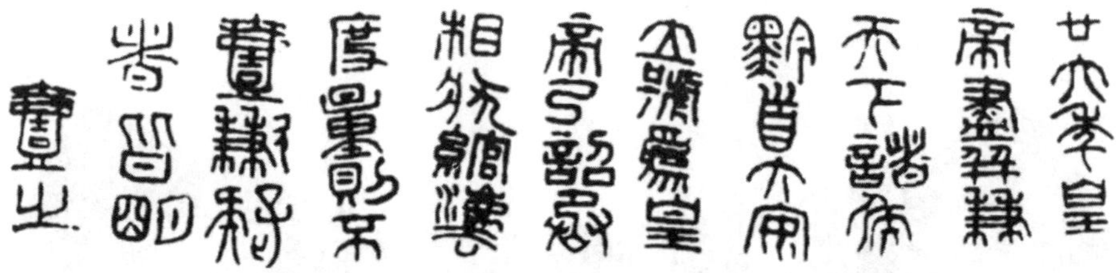

按：該器《訂補》漏收，今補。

（141）始皇詔銅權庚　秦始皇二十六年至三十七年（前 221—前 210 年）

銅質。

【藏】不明 【圖】貞松 12.35.2；銘圖 18897 【文】同上。腹部刻始皇二十六年詔書 40 字。

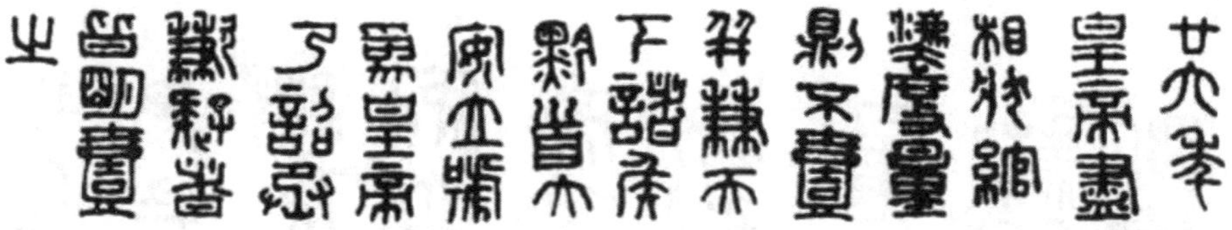

按：該器《訂補》漏收，今補。

（142）始皇詔銅權辛　秦始皇二十六年至三十七年（前 221—前 210 年）

銅質。

【藏】不明 【圖】貞松 12.36；銘圖 18898 【文】同上。腹部刻始皇二十六年詔書 40 字。

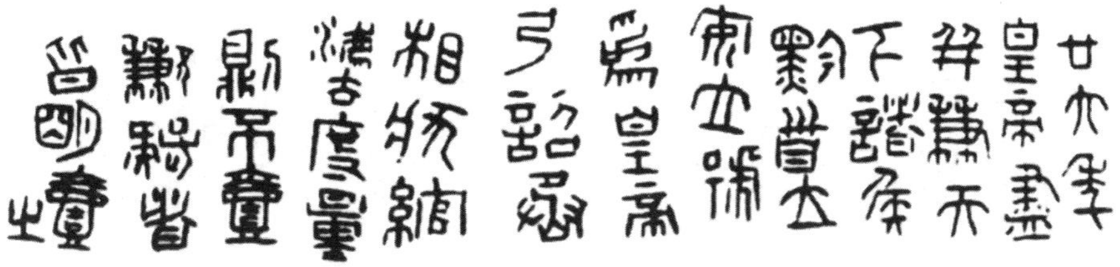

按：該器《訂補》漏收，今補。

（143）北大賽克勒博物館藏始皇詔銅一斤權　秦始皇二十六年至三十七年（前 221—前 210 年）

銅質。鼻鈕，半圓體，平底，權身從鈕側開裂。通高 3.56 厘米、底徑 4.75 厘米。

【藏】北大賽克勒　【圖】燕園聚珍 104；銘圖 18899；新見秦漢度量衡器集存 50—53 頁　【文】同上。刻始皇二十六年詔書 40 字。

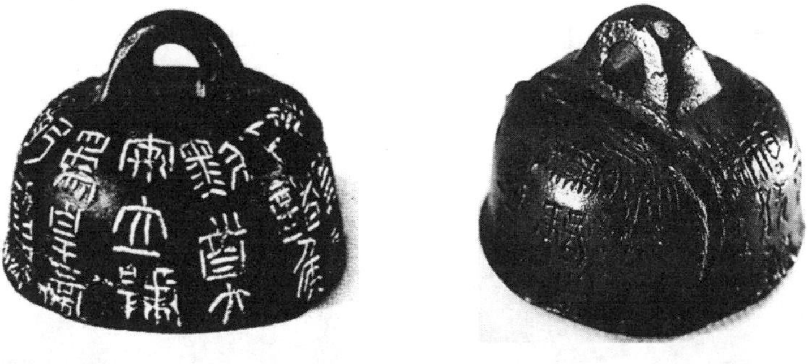

按：熊長雲認爲北大所藏此權與著録于羅振玉《貞松堂集古遺文》12.36 十二卷三十六葉者爲同一物（摹本如下圖）。[1] 殆是。

---

① 熊長雲：《北京大學藏秦權與單位權意義探論》，《古代文明》第 12 卷，上海古籍出版社，2018 年，第 298—305 頁；此文後收入王子今主編：《秦史與秦文化論集》，中國社會科學出版社，2020 年，第 72—81 頁。

據《貞松堂集古遺文》注記文字可知爲羅氏舊藏。[①]因權身鈕側開裂，導致文字“皇帝盡”和“灋度”等字筆畫有缺損，而《貞松堂集古遺文》所附摹本對缺損筆畫已經補全（見上末圖），但摹本文字行款錯亂，即右起第 3—5 行“丞相狀綰灋度量則不壹”應接續在左起第 4 行“乃詔丞”之下。

（144）鑒印山房藏始皇詔一斤銅權　秦始皇二十六年至三十七年（前 221—前 210 年）

銅質。河南潁川出土，半圓形，鼻鈕，權身有十六棱。尺寸不詳。

【藏】鑒印山房 【圖】青少年書法（青年版）2020 年 4 期 76 頁 【文】同上。刻始皇詔書 40 字。

按：許雄志《鑒印山房金石題跋選》[②]跋語云：“近年新見始皇一斤銅權有四者。一爲北京大學藏，二爲澳門珍秦齋藏，三爲日本台東區立書道博物館藏，四者在馬驥先生處。”又云“此權數年前出潁川”。

① 羅振玉編纂：《貞松堂集古遺文》下册，北京圖書館出版社，2003 年，第 142—143 頁。

② 許雄志：《鑒印山房金石題跋選》，《青少年書法》（青年版）2020 年第 4 期，河南美術出版社。

（145）日本藏始皇詔一斤銅權　秦始皇二十六年至三十七年（前221—前210年）

銅質。半球形，鼻鈕，權體有略凸起的棱將權面分爲十四份。高3厘米、底徑4.2厘米，重約254克。

【藏】書道博物館　【圖】陶齋4.38；台東區立書道博物館圖録67頁；新見秦漢度量衡器集存60—61頁　【文】同上。刻始皇詔書14行40字。

按:《陶齋吉金録》卷四第三十八葉云“右重庫平六兩八錢四分”，熊長雲據此推算權重254克[①]，殆是。

（146）長安馬氏藏始皇詔一斤銅權　秦始皇二十六年至三十七年（前221—前210年）

銅質。半球形，平底，鼻鈕，權體有略凸起的棱將權面分爲十四份。高3.5厘米、底徑4.2厘米，重約248克。

【藏】長安馬氏　【圖】新見秦漢度量衡器集存62—63頁　【文】同上。刻始皇詔書14行40字。

① 熊長雲:《新見秦漢度量衡器集存》，中華書局，2018年，第60頁。

（147）始皇詔二十斤銅權　秦始皇二十六年至三十七年（前221—前210年）

銅質。饅頭形，頂有鼻鈕。高3.8厘米、底徑5.7厘米。

【藏】不明【圖】善圖171；銘圖18906 【文】同上。刻始皇詔書40字，另刻銘文2字。

廿斤

按：該器《訂補》漏收，今補。

（148）始皇詔二十四斤銅權　秦始皇二十六年至三十七年（前221—前210年）

銅質。饅頭形，頂有鼻鈕。高4厘米、底徑6.3厘米。

【藏】不明 【圖】善圖170；小校11.10.2；銘圖18907 【文】同上。刻始皇詔書40字，另刻銘文3字。

廿四斤

按：該器《訂補》漏收，今補。

（149）始皇詔鐵石權甲　秦始皇二十六年至三十七年（前221—前210年）

鐵質。1977年出土於山西榆次市第一中學内。半球形，鼻鈕，鈕有圓孔。權面鑲嵌秦始皇二十六年銅詔版。通高20厘米、底徑22.4厘米，重30.75公斤。詔版高8.5厘米、寬11厘米。

【藏】山西省文物工作委員會 【圖】文物資料叢刊5輯111頁；銘圖18911

【文】同上。權面鑲嵌秦始皇二十六年銅詔書40字。

按：此詔版文字有殘缺。目前所見秦始皇詔鐵石權資料列表如下：

序號	器名	現藏地	《訂補》號	《銘圖》號
1	始皇詔鐵石權一	中國國家博物館	516	18915
2	始皇詔鐵石權二	不明	517	18912

續表

序號	器名	現藏地	《訂補》號	《銘圖》號
3	始皇詔鐵石權三	中國國家博物館	518	18916
4	始皇詔鐵石權四	山東省文登縣文化館	519	18918
5	始皇詔鐵石權五	河北省博物館	520	18909
6	始皇詔鐵石權六	河北省圍場縣文物管理委員會	521	18910
7	始皇詔鐵石權七	内蒙古昭烏達盟文物工作站	522	18917
8	始皇詔鐵石權八	南京博物院	523	18908
9	始皇詔鐵石權甲	山西省文物工作委員會	未收	18911
10	始皇詔鐵石權乙	陝西省咸陽市博物館	未收	18913
11	始皇詔鐵石權丙	不明	未收	18914

（150）始皇詔鐵石權乙　秦始皇二十六年至三十七年（前 221—前 210 年）

鐵質。1966 年 4 月咸陽市塔兒坡秦墓出土。瓜棱形，橋形鈕，平底内凹，外表有十四道凸棱。通高 3.4 厘米、底徑 4.8 厘米，重 215 克。

【藏】咸陽博 【圖】文物 2002 年 1 期 87 頁圖 1、2；銘圖 18913 【文】同上。鏽蝕較嚴重，所見始皇詔書殘，現存 12 字。

廿六年，皇帝……天下大立……皆明［壹］之

（151）始皇詔鐵石權丙　秦始皇二十六年至三十七年（前221—前210年）

鐵質。

【藏】不明　【圖】簋齋24.11.1；銘圖18914　【文】同上。刻始皇二十六年詔書40字。

按：該器《訂補》漏收。

（152）始皇詔“禾石”鐵權　秦始皇二十六年至三十七年（前221—前210年）

鐵質。鼻鈕，半圓體，通體光素，略有鏽蝕剥落。高16.3厘米、底徑25.5厘米，重30350克。

【藏】陝西漢唐石刻博物館　【圖】新見秦漢度量衡器集存38—41頁　【文】同上。刻始皇詔書40字，另有鑄銘2字。

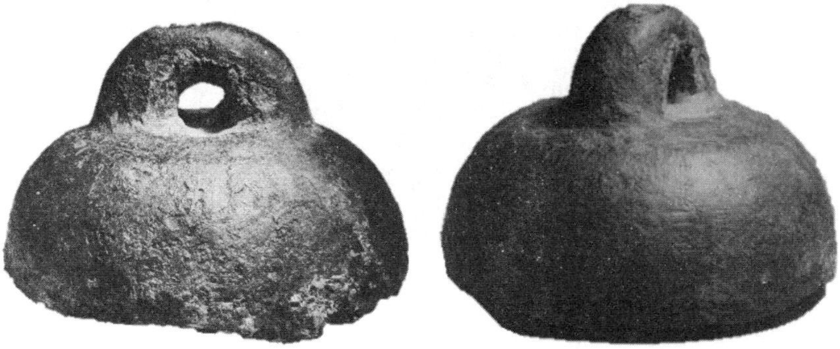

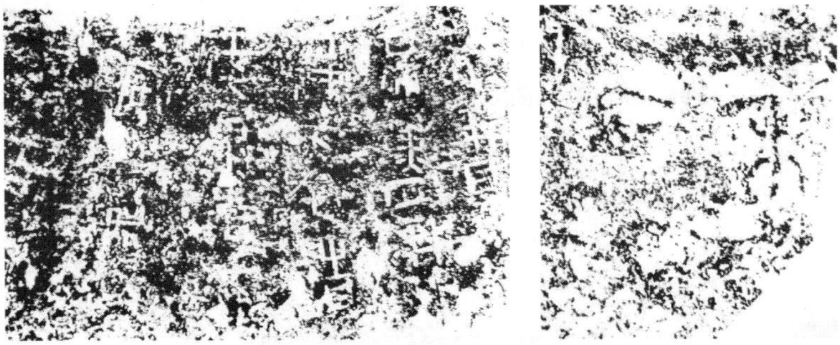

（詔書局部）

禾石（鑄銘）

按：此權曾著録於《西安晚報》2016 年 1 月 18 日，但僅有照片而無拓片。

（153）始皇詔一石鐵權　秦始皇二十六年至三十七年（前 221—前 210 年）

鐵質。鼻鈕，半圓體，通體光素，鏽蝕嚴重。高 17.5 厘米、底徑 22.5 厘米，重 30850 克。

【藏】私人 【圖】新見秦漢度量衡器集存 42—43 頁 【文】同上。刻始皇詔書，但鏽蝕嚴重無法施拓，僅見“年”“并”“諸”“號”等字。

按：據重量推算，此權應爲一石權。

（154）始皇詔版甲　秦始皇二十六年至三十七年（前 221—前 210 年）

銅質。長方形平板，四角有小釘孔。長 10 厘米、寬 6.5 厘米、厚 0.2 厘米。

【藏】陝歷博　【圖】辭典・青銅卷 1062；陝集 1872；銘圖 18933　【文】同上。刻始皇二十六年詔書 40 字。

按:《銘圖》18933 下云該器 1952 年由段紹嘉先生捐獻,《辭典・青銅卷》1062 所述出土時間地點不確，1961 年陝西咸陽長陵車站出土的是另一件始皇詔版（見《銘圖》18932）。

目前所見始皇詔版資料列表如下：

序號	器名	現藏地	《訂補》號	《銘圖》號
1	始皇詔版一	中國國家博物館	550	18934
2	始皇詔版二	不明	551	18936
3	始皇詔版三	不明	552	18937
4	始皇詔版四	不明	553	18940
5	始皇詔版五	不明	554	18941
6	始皇詔版六	不明	555	未收[①]
7	始皇詔版七	甘肅鎮原縣文化館	556	18935
8	始皇詔版八	陝西歷史博物館	557	18932

① 暫不能確定《訂補》555 號與《銘圖》18938 是否同爲一器，故暫將其分開羅列，待考。

續表

序號	器名	現藏地	《訂補》號	《銘圖》號
9	始皇詔版甲	陝西歷史博物館	未收	18933
10	始皇詔版乙	不明	未收	18938
11	始皇詔版丙	陝西歷史博物館	未收	18939

（155）始皇詔版乙　秦始皇二十六年至三十七年（前221—前210年）

銅質。長方形銅片，四面中部各有一個凸嘴，上有一釘孔。通高11.6厘米、寬7.3厘米。

【藏】不明 【圖】貞松12.39.1；銘圖18938 【文】同上。表面刻始皇二十六年詔書40字。

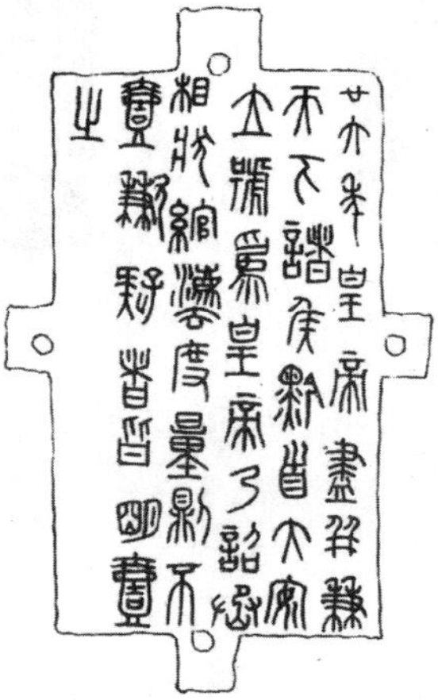

按：該器《訂補》漏收，今補。

（156）始皇詔版丙　秦始皇二十六年至三十七年（前221—前210年）

銅質。1962年出土於陝西咸陽市窑店鎮長陵車站北秦手工業作坊遺址金屬窖藏。片狀，殘高3.14厘米、殘寬3.98厘米。

【藏】原藏陝考古院，現藏陝歷博 【圖】考古1974年1期20頁圖4.7；秦文字圖版44.2；秦都173頁圖157.1；銘圖18939 【文】同上。鑄始皇二十六年詔書40字，現存22字。

按：該器《訂補》漏收，今補。《銘圖》18939 下注“同出四件，三件均殘”。

（157）新蔡斗始皇詔版　秦始皇二十六年至三十七年（前 221—前 210 年）

銅質。長方形，器身略彎曲變形，背面二方槽内殘存生鏽鐵質，長 11.3 厘米、寬 5.5 厘米、厚 0.5 厘米。

【藏】臨泉縣博物館 【圖】韓自强文物考古集 252 頁圖 77；文物研究 18 輯彩版一六：5；新見秦漢度量衡器集存 12—13 頁 【文】同上。刻銘 5 行，現存 42 字。始皇詔書首字“廿”殘去，詔書文末有小篆體“新蔡斗”3 字。

新蔡斗

按：韓自强《中國上古文字遺存概述》[①] 一文附有拓片，并云：“‘新蔡斗’

① 韓自强：《中國上古文字遺存概述》，《韓自强文物考古集》，合肥工業大學出版社，2018 年，第 228—252 頁。

臨泉艾亭出土，斗爲鐵質，外壁嵌一銅質詔版，鐵量廢品站不收，被砸碎，銅詔版被誤認爲金質，到銀行去賣，銀行又在詔版右上角剪取一截。到最後才送到縣博物館。”邢偉《安徽臨泉縣館藏戰國文物》[①]一文亦曾介紹，但僅附有正面照片。熊長雲《新見秦漢度量衡器集存》一書附有該器正反側三面照片和拓本。

器銘“新蔡斗”之“新蔡”爲詔版附着物的置用地，與其出土地吻合；“斗”爲詔版附着物之名。這種“置用地 + 器名”的秦詔版此前未見著録。

（158）始皇詔銅箍殘件　秦始皇二十六年至三十七年（前 221—前 210 年）

銅質。長條形，殘件整體略帶弧度，一側有一延伸的方穿。長 18.5 厘米、寬 3.5 厘米、厚 0.1 厘米，重 39.6 克。

【藏】安陽博物館 【圖】新見秦漢度量衡器集存8—11 頁；銘三1672 【文】同上。殘存刻銘 1 行 7 字。

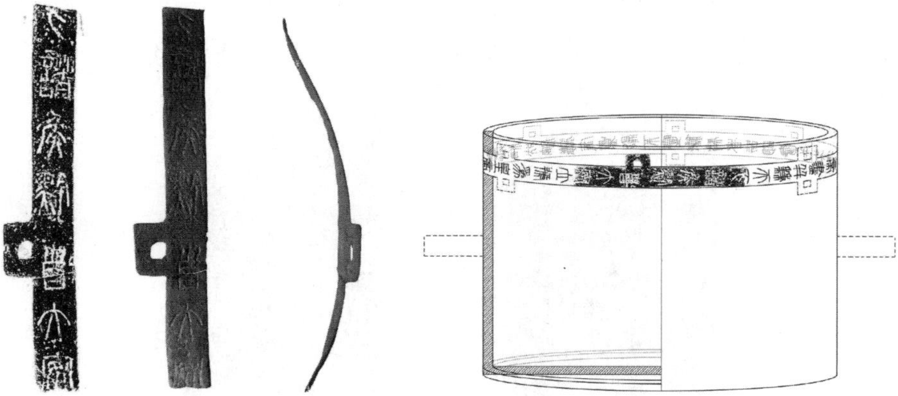

……下諸侯黔首大安……

按：熊長雲《秦詔銅箍殘件與秦桶量之復原 ——兼論桶量與斛量之更替》[②]一文指出，此殘器容量爲一石（十斗，推測容量約 20000 毫升）的秦桶量口沿

① 邢偉：《安徽臨泉縣館藏戰國文物》，《文物研究》第 18 輯，科學出版社，2011 年，第 309—310 頁。

② 熊長雲：《秦詔銅箍殘件與秦桶量之復原 ——兼論桶量與斛量之更替》，《故宫博物院院刊》2017 年第 3 期，第 20—30 頁；此文後收入氏著《新見秦漢度量衡器集存》，中華書局，2018 年。

處銅箍的殘件，應是。

（159）始皇詔故道殘量　秦始皇二十六年至三十七年（前 221—前 210 年）

【藏】武進陶氏 【圖】小校 11.23；貞松 12.39；讀書 2021 年 11 期 55 頁

【文】同上。殘存刻銘 1 行 7 字。

□者䜴明壹之

故道（倒刻）

按：《貞松堂集古遺文》題名爲“廿六年詔殘量”，并云：“此殘方量武進陶氏藏。皆字作䜴，僅此一見。末又逆書‘故道’二字，爲他器所無。”[1] 又李零有文刊發此殘器銘拓片，可參看。[2]

故道，《史記・高祖本紀》：“八月，漢王用韓信之計，從故道還，襲雍王章邯。”又《曹相國世家》：“（參）從還定三秦，初攻下辯、故道、雍、斄。”故道乃《漢書・地理志》武都郡屬縣，地在今陝西鳳縣東北。

此量銘文從摹本字體來看，與其他鑿刻在銅板上的詔書相近，但“䜴”字的寫法罕見，且有標明器物置用或製造地的“故道”二字，值得進一步研究。

（160）三十三年弩機　秦始皇三十三年（下限前 225 年）

銅質。1973 年出土於湖南省長沙馬王堆 M2，廓長 11.5 厘米、寬 2.5 厘米、

---

① 羅振玉編纂：《貞松堂集古遺文》，北京圖書館出版社，2003 年，第 148 頁。

② 李零：《陳寶怒特解：隕鐵與羚牛》，《讀書》2021 年第 11 期。

高 2.9 厘米。弩機構件保存完整，郭、望山和牙兩邊有錯金雲紋。

【藏】湖南博 【圖】馬王堆二三號漢墓 22 頁圖一二，1；圖版九，3；中國出土青銅器全集第 14 卷 236 頁 277 號 【文】同上。懸刀一面刻銘 1 行 10 字。

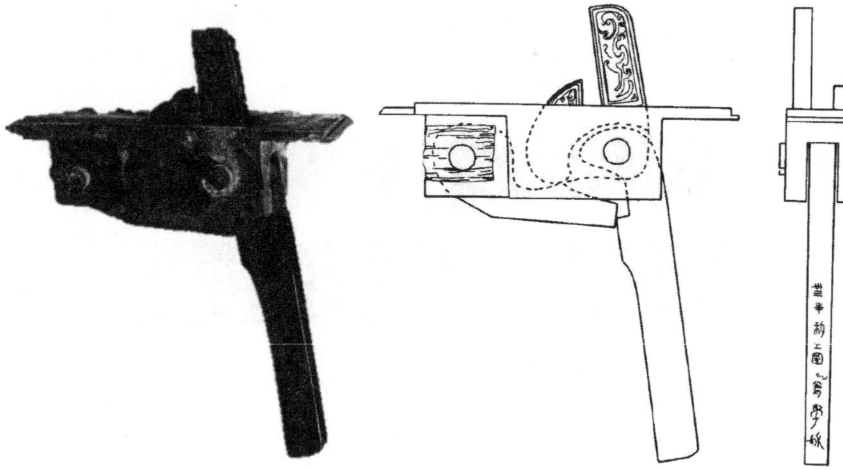

卅（廿？）三年私工室

按：《馬王堆二三號漢墓》僅有刻銘摹本，云：“懸刀一面用極細的筆劃刻篆文十字，字作‘卅三年私工室’，可能爲秦始皇二十三年（公元前 225 年）所造”，前後所言刻銘首字一爲“卅”一爲“二十”，必有一誤。《中國出土青銅器全集》亦無刻銘照片，而其文字説明中作“廿三年”。

目前所見尚不能判定弩機刻銘首字是“卅”或“廿”，存疑待考。

（161）三十四年少府戈（含戈鐓） 秦始皇三十四年（前 213 年）

銅質。2001 年 4 月至 2002 年 11 月出土於湖北襄樊市襄陽王坡戰國晚期至秦代墓葬（M61.5）。戈援上揚，尖鋒，中脊明顯，短胡三穿，闌下出齒，内上一橫穿。鐓的橫截面呈玉墜形，中腰有一道箍，其下有對穿釘孔。戈頭通長 19 厘米、闌高 12.2 厘米、鐓高 10.5 厘米。

【藏】襄樊市博物館 【圖】王坡墓 165 頁圖 122.3—4、圖版 43.2；珍秦齋秦 220 頁圖 2；銘圖 16667 【文】同上。戈内刻銘文 8 字，鐓上刻銘文 3 字。

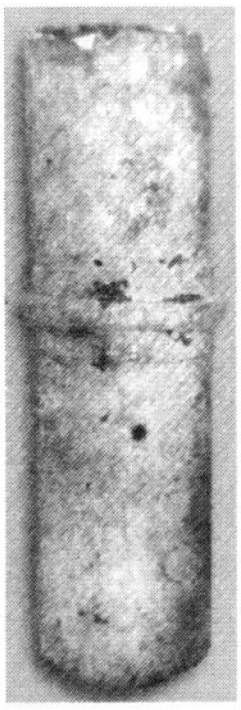

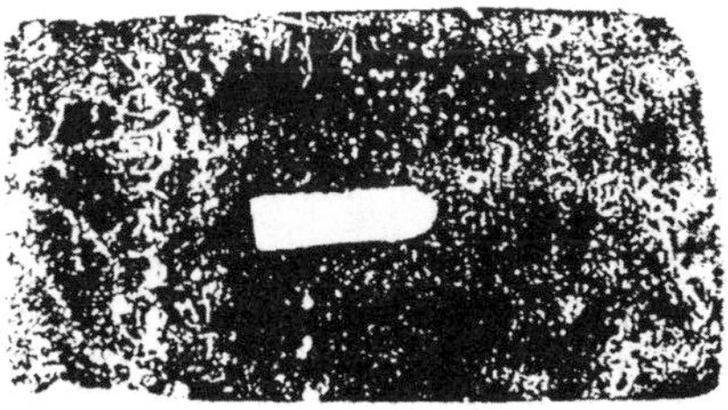
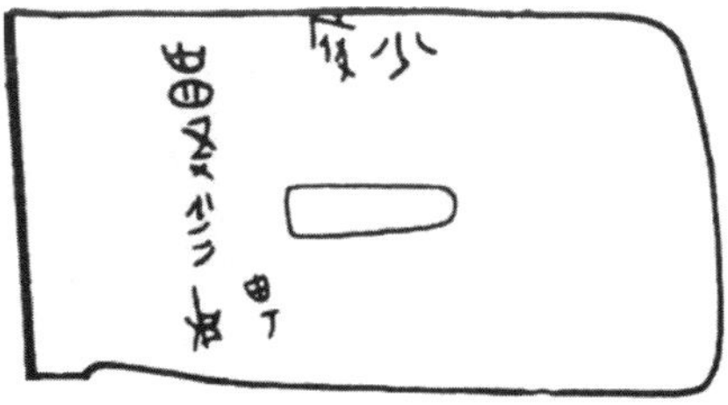

戈銘：少府，卅四年，少工梈

鐓銘：少府，去

按：此戈器形、文字刻畫風格均與十六年少府戈（《訂補》290）和二十三年少府戈（《訂補》316）相近。上述兩戈《訂補》所定時代均爲秦王政時期，故暫定此戈時代爲秦始皇三十四年。另，“少工”爲“少府工”之省，又見於二十三年少府戈（《訂補》316）。

（162）潁陽矛　秦王政時期至秦代（下限前206年）

銅質。2009年9月江蘇宿遷市曉店鎮青墩村出土。刺的横截面呈菱形，前鋒尖鋭，有中脊，骹呈橢圓形筒狀，中空，上有一釘孔。通高17.7厘米、兩耳相距18厘米。

【藏】宿遷市博物館 【圖】文物2015年2期63頁圖四，2，圖五，2；銘續1289 【文】同上。正面有三晉韓刻銘文2行30字，背面2字爲秦人加刻銘文。

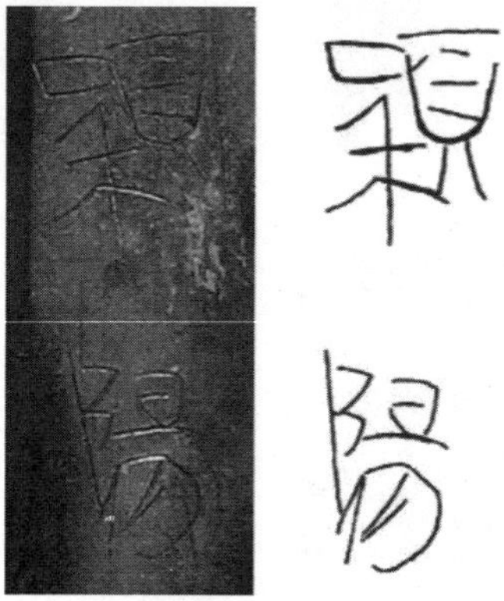

潁陽

按：該器原屬韓，《銘圖》稱爲“冢子韓政戟刺”。吴桂兵等已指出“潁陽”即“潁陽”，爲秦人補刻。[1] 秦封泥有“潁陽丞印”[2]，《漢書·地理志》潁川郡有潁陽縣，治今河南許昌縣西南。[3]

潁陽歸秦的時間，據《史記·韓世家》“（王安）九年，秦虜王安，盡入其地，爲潁川郡。韓遂亡”推測，或於此時前後屬秦，韓王安九年，即秦王政十七年（前230年）。

（163）銅鞮戈　秦始皇時期（前221—前210年）

銅質。1973年大白楊廢品庫徵集。前鋒寬大，前鋒與援刃處曲折痕明顯，窄援上揚，援中起脊，長胡四穿，穿爲長橢圓形，闌上下出齒，内略微上翹，有一倒三角形穿。通長26.7厘米，援長16.2厘米、内長10.2厘米、胡長14.5

---

① 吴桂兵、周言、張萍萍：《宿遷青墩發現戰國銅戟刺》，《文物》2015年第2期，第61—64頁。

② 周曉陸、路東之編：《秦封泥集》，三秦出版社，2000年，第303頁。

③ 周振鶴編著：《〈漢書·地理志〉彙釋》，安徽教育出版社，2006年，第110頁。

厘米、闌高 16.3 厘米。

【藏】西安博物院 【圖】秦始皇帝陵 2017 年總柒輯 158 頁 【文】同上。鑄銘 2 字。

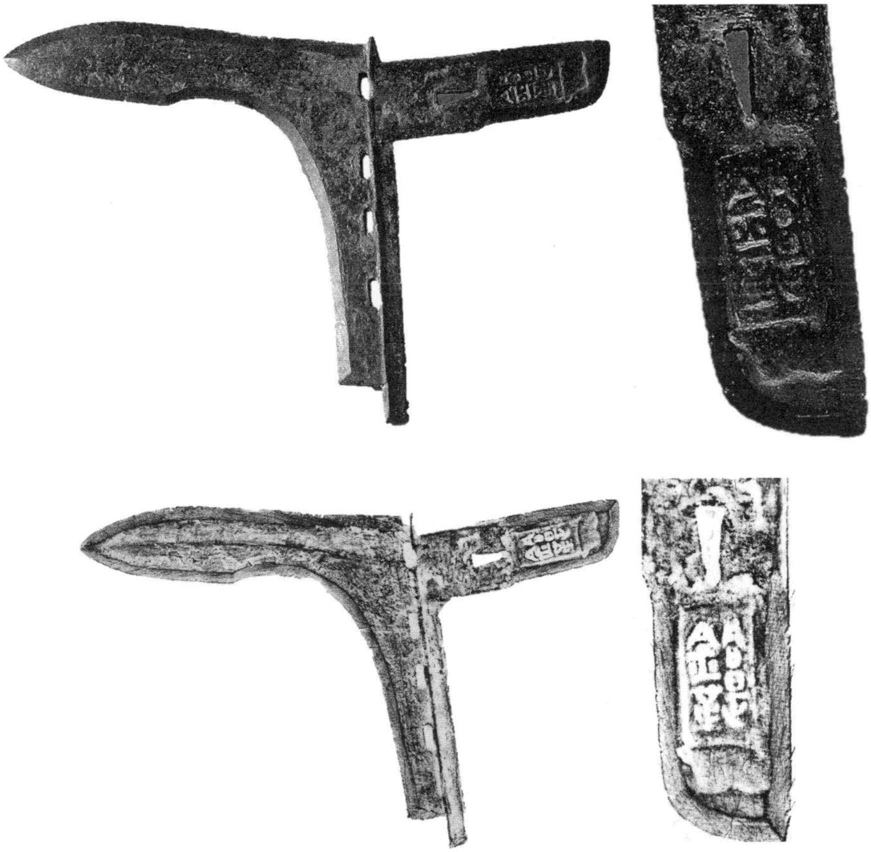

銅鞮

按：徐衛民、李超《新發現秦始皇時期“銅鞮”戈考》[①]公布了此戈器形圖片和銘文，并對其所屬年代和銘文做了考察。徐文認爲該器長胡四穿，戈内銘文簡略且爲鑄銘，鋒與援交叉處有明顯曲折痕迹，符合秦始皇時期戈的形制特點，如成固戈（《訂補》1426）等。“銅鞮”爲地名，徐文考證後認爲“銅鞮”

① 徐衛民、李超:《新發現秦始皇時期“銅鞮”戈考》,《秦始皇帝陵博物院》2017 年總柒輯，三秦出版社，2017 年，第 158—166 頁。

原屬韓國上黨，秦始皇時期已歸屬秦國。徐説應是。另，《銘圖》16702 有同是戈（銅鞮戈），銘文爲“同（銅）是（鞮），右庫”，是三晉兵器，亦可知“銅鞮”原屬三晉，秦始皇時屬秦。

（164—208）秦兵馬俑一號坑新出土陶文　約秦王政元年至秦始皇三十七年間（前 246—前 210 年）

陶質。2009—2011 年出土於秦始皇帝陵一號兵馬俑陪葬坑（T23）。

【藏】秦陵博物院 【圖】文物 2015 年 9 期 23 頁；秦始皇帝陵一號兵馬俑陪葬坑發掘报告（2009—2011 年）70—72 頁圖五一—五三 【文】同上。今以蘭德省等《秦俑一號坑第三次考古發掘新出陶文淺析》一文所公布陶文種類爲準，下表收録陶文共計 76 件 45 種（部分陶文蘭德省文未附圖版）。

序號	釋文	件數	陶俑編號
1	三	2	G10-58，G10-88
2	四	3	G9-7，G10-57，G8-4
3	五	9	G9-19，G9-32（2 處），G10-45，G10-53（2 處），G10-57，G10-58，G10-82
4	六	1	T23G9-C1
5	七	7	G10-28，G10-43，G10-57（2 處），G10-82，G11-58（2 處）
6	八	2	G10-75，G11-48
7	十	1	G9-2
8	十一	1	G10-14
9	十三	2	G9-21，G10-14
10	十三仐四	2	G10-15，G10-38
11	十四	2	G10-30，G10-42
12	廿	1	G9-15
13	廿一	1	G9-24
14	廿五	1	G9-20
15	廿六	1	G9-19
16	卅（米？）	2	G9-22，G10-15
17	卅五	1	G9-32

續表

序號	釋文	件數	陶俑編號
18	卅九	1	G11-4
19	六十四	1	G10-36
20	七十一	1	G10-27
21	八十	1	G10-35
22	宫臧（？）	1	T23G11-3（戳印文）
23	宫係	2	T23G11-58（戳印文），T23G11-25（刻文）
24	頗（？）	1	T23G11-58
25	宫彊（？）	1	T23G11-22（戳印文）
26	宫積（？）	1	T23G11-48（戳印文）
27	弋□上	1	G9-21
28	小遫	2	G10-12，G10-27
29	衛	1	G10-13
30	申	1	G10-35
31	木	1	G10-35
32	悲	1	G10-36
33	辰	2	G10-28，G10-41
34	氏	4	G10-40，G10-61，G10-67，G10-75
35	屈	2	G10-42，G10-82
36	高	2	G10-15，G10-79
37	文	1	G11-35
38	巳	1	G10-82
39	車（？）	1	T23G9-C2
40	蟜	1	G10-78
41	冉（？）	1	G11-3
42	庫/七庫	2	G10-45，G11-35
43	馬	1	G10-15
44	北	1	G11-23
45	工（？）	1	G8-3

按：秦俑一號坑新出土陶文資料先後刊布過三次。

第一次是《秦始皇帝陵一號兵馬俑陪葬坑2009—2011年發掘簡報》[1]。簡報指出："初步發現陶文44例，均爲陰刻，無固定刻畫位置，是製陶工匠的記名或計數。工名類獨立刻文共16例，其中2例同名，釋文包括蟜、申、木、米、高、訷、勿、衛、屈、氏、悲、辰、馬、禾等；數字與工名符合類刻文4例，釋文分别爲'二十八友'、'一辰'、'七庫'、'一高'；數字編號類刻文24例，出現十以上百以下的數字中夾'十'的編號方式，如'六十四'等。"簡報公布的11例陶文詳情如下：

圖41.1		圖41.2	圖41.3
六十四		米	馬（馮？）
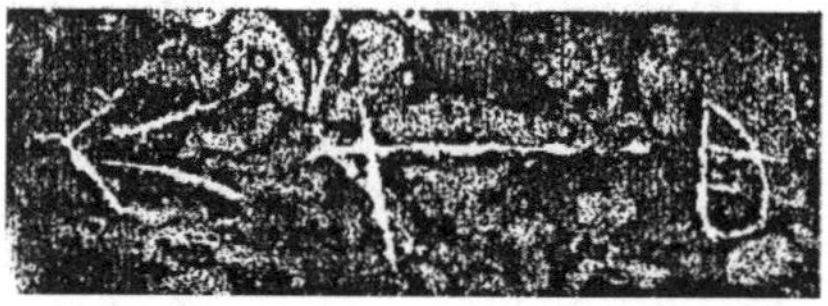			
圖41.4	圖41.5	圖41.6	圖41.7
七庫	辰（？）	木	衛

圖41.8	圖41.9	圖41.10	圖41.11
蟜	悲	氏	悲（？）

① 秦始皇帝陵博物院兵馬俑坑考古隊：《秦始皇帝陵一號兵馬俑陪葬坑2009—2011年發掘簡報》，《文物》2015年第9期，第4—38頁。

第二次是《秦始皇帝陵一號兵馬俑陪葬坑發掘報告（2009—2011 年）》[①]。該書第二章《陶俑》有表一“陶文統計表”，共列示陶文 42 例（未計入 2 例文字不識者），其中“工名類”14 例（圖五一），“數字與工名複合類”4 例（圖五二），“數字類”24 例（圖五三）。發掘報告公布了 34 例陶文的釋文和圖版，另有 8 例“數字類”陶文僅有釋文而無圖版，詳下表：

圖五一：1	圖五一：2	圖五一：3	圖五一：4	圖五一：5	圖五一：6
米	屈	申	高	訥（？）	悲忿（？）
	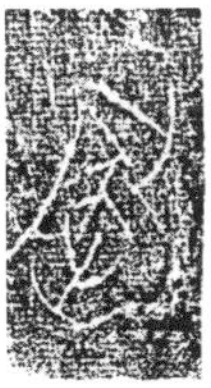		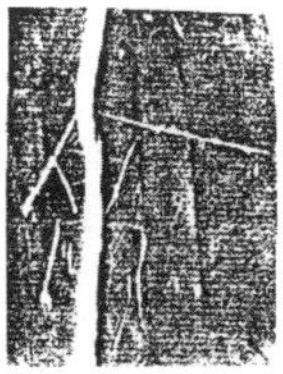		
圖五一：7	圖五一：8	圖五一：9	圖五一：10	圖五一：11	圖五一：12
蟜	刎（？）	辰	衛	木（？）	氏
		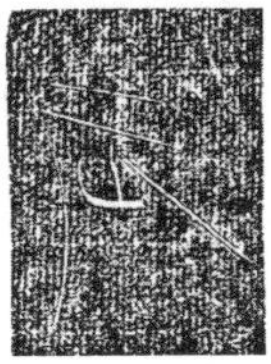			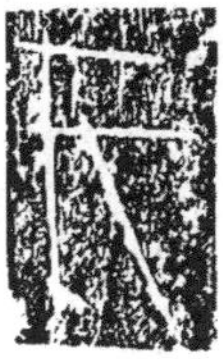
圖五一：13	圖五一：14	圖五二：1	圖五二：2	圖五二：3	圖五二：4
馮（？）	禾（？）	七庫	高一	辰一	安十八
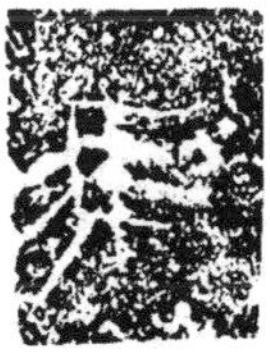					
圖五三：1	圖五三：2	圖五三：3	圖五三：4	圖五三：5	圖五三：6
十三	七十一	四	十三	八十	三十

① 秦始皇帝陵博物院編著：《秦始皇帝陵一號馬俑陪葬坑發掘報告（2009—2011 年）》，文物出版社，2018 年，第 69—72 頁。

續表

圖五三：7	圖五三：8	圖五三：9	圖五三：10	圖五三：11	圖五三：12
六十四	十三斗四	十三斗四	一	十一	廿一
		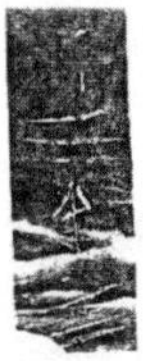	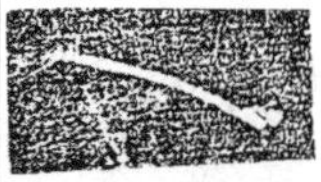		
圖五三：13	圖五三：14	圖五三：15	圖五三：16	G9：15	G9：17
七	廿六	卅五	十	廿	四
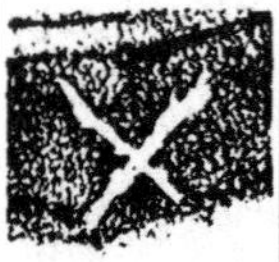			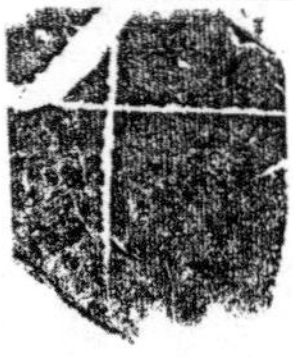	無圖	無圖
G9：18	G9：20	G9：21	G9：37	G10：46	G10：86
五	廿五	十三	五	十	四
無圖	無圖	無圖	無圖	無圖	無圖

按：表中所列圖五一：13 原釋“馬”，似應爲“馮”字；圖五二 :4 首字原釋“友”，似應爲“安”字。

第三次是蘭德省等《秦俑一號坑第三次考古發掘新出陶文淺析》[①]。該文公布的陶文分爲三類：①“數字類”共計 43 件 21 種，均爲刻畫陶文。②“工名類”共計 33 件 24 種（其中“宫某”類 6 件 5 種；其餘含陶工名者 27 件 19 種），除 4 枚戳印文外其餘均爲刻畫。③押印或刻符 3 件 3 種（T23G9-21、T23G10-15、T23G8-3），不識。前兩類陶文合計 76 件 45 種。蘭文除公布 45 條陶文資

① 蘭德省等：《秦俑一號坑第三次考古發掘新出陶文淺析》，《秦始皇帝陵博物院》2016 年總陸輯，陝西師範大學出版總社，2016 年，第 223—233 頁。按：該文“前言”部分説“（2009 年發掘以來至 2015 年底）在已保護修復的 100 多件陶俑殘片上遺留陶文 75 處，2 件陶馬殘片上遺留陶文 2 處”，但與正文所説數量不合，此暫存疑待考。

料外，還附有19件陶文拓片，但文字多模糊不清，此略。

此外，兵馬俑坑早期出土的陶文可參看《訂補》1262—1424。

（209）秦始皇陵馬廄坑出土銅洗　約秦始皇末年（下限前210年）

銅質。敞口，平沿外折，肩附圓形雙耳，圜底，口徑42.8厘米、高9.6厘米。

【藏】秦陵博物院　【圖】考古與文物1980年4期圖版伍，7；古文字論集（一）69頁圖一：6；陝集1475；銘三1193　【文】同上。

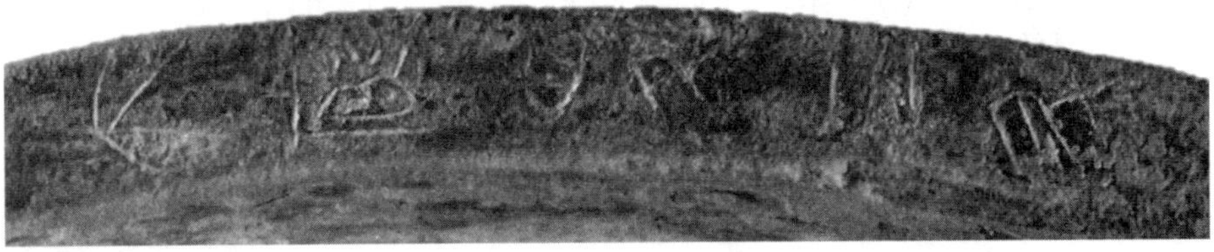

大廄四斗三升

按：簡報稱爲盤，編號76D·G64，01，在叙述器物文字時列舉有“大廄四斗三升”，僅有銘文摹本。[1] 袁仲一改稱銅洗，指出銘文刻於器外沿背面。[2]《陝西金文集成》有器物彩圖和銘文照片。

① 秦俑坑考古隊：《秦始皇陵東側馬廄坑鑽探清理簡報》，《考古與文物》1980年第4期，第31—42頁。

② 袁仲一：《論秦的廄苑制度——從秦陵馬廄坑出的刻辭談起》，《考古與文物》叢刊第二號《古文字論集》（一），1983年。此文亦見於秦始皇兵馬俑博物館編：《秦俑學研究》，陝西人民教育出版社，1996年，第208—215頁。

（210）咸亭權一　約秦二世元年至三年（前209—前207年）

銅質。長方體，頂部有橋形鈕。高2.7厘米，重17克。

【藏】私人 【圖】銘續1368 【文】同上。正面刻銘文2字。

咸亭

按：咸亭，爲"咸陽亭"之省稱。咸陽半兩銅權（《訂補》1468）與該器形制相似，"咸""亭"二字亦寫法相近。巫鴻《秦權研究》[①]指出，秦始皇與秦二世時期權的形制不同，二世權多爲高體小鈕，該器與《訂補》所收"咸陽半兩銅權"皆爲此形制。

另外，《訂補》在咸陽半兩銅權按語中提到《源流——金石篆刻藝術》（北京匡德2013年秋季藝術品拍賣會圖録）1209號有一銅質"砝碼印"，大小爲2.2厘米×1.1厘米×0.5厘米，一面陰刻"咸亭"二字，二者或爲一器。

（211）咸亭權二　約秦二世元年至三年（前209—前207年）

銅質。略呈長方體，上寬下窄，頂部鼻鈕。長高2.46厘米、底寬1.14厘米、頂寬1.1厘米、厚0.45厘米，重7.9克。

【藏】私人 【圖】新見秦漢度量衡器集存64—65頁 【文】同上。刻銘文2字。

咸亭

① 巫鴻：《秦權研究》，《故宫博物院院刊》1979年第4期，第33—47頁。

（212—214）秦小權三件　約秦二世元年至三年（前 209—前 207 年）

銅質。一組七件，除第一件外，其餘均爲長方體，頂部有薄片狀鼻鈕。尺寸不詳。

【藏】私人 【圖】聽風樓金石文字 19 號 【文】同上。第 3、5、7 件上共有刻銘 5 字。

半兩

一兩

咸

按：此三器与本書所收兩件“咸亭”權性質相同，其刻銘“半兩”“一兩”應指其屬半兩權和一兩權；刻“咸”字者體形最大。

（215）秦“六朱”銅權　约秦代（下限前 206 年）

銅質。長方體，長 1.11 厘米、寬 0.79 厘米、厚 0.58 厘米，重 3.7 克。

【藏】私人 【圖】新見秦漢度量衡器集存66—67 頁 【文】同上。一面刻2 字。

六朱（銖）

按：《説文 · 金部》：“錙，六朱也。”

（216）西安閻良新發現秦石刻　約秦二世時（前 209—前 207 年）

2010 年 1 月西安市閻良區群眾在石川河道内挖沙時發現。刻石近長方體，灰岩青石質，通體有鑿痕。長 2.11 米、寬 0.69 米、厚 0.6 米—0.62 米，重約 6 吨。

【藏】陝考古院 【圖】文物 2019 年 1 期 86 頁圖二、三、四 【文】同上。三面有陰刻文字。

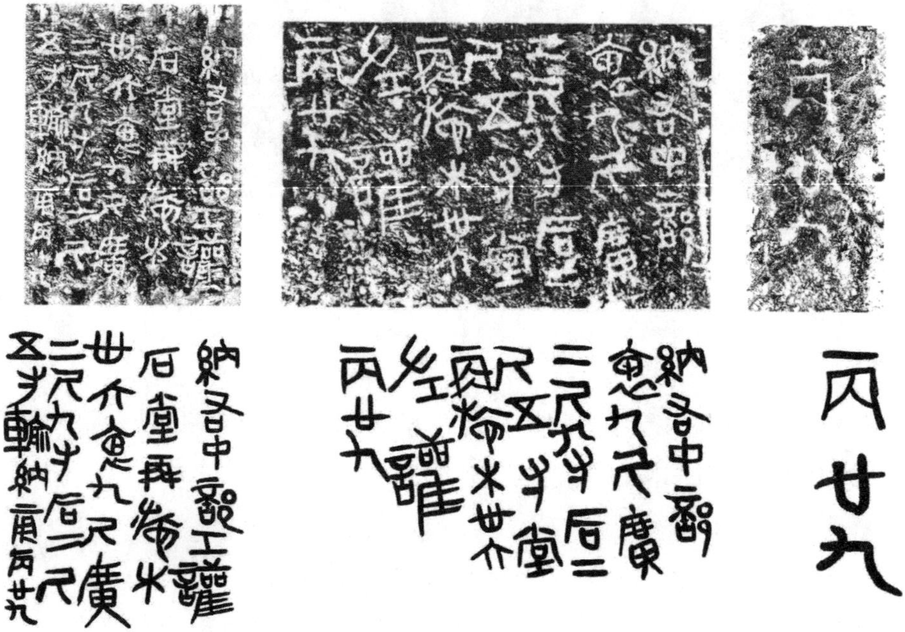

1. 石刻底部寬 0.28 米、高 0.38 米的範圍經打磨平整，刻文 5 行 32 字。

納右中部　工讙

石堂再施木

卅六。袤九尺，廣

二尺九寸，后（厚）二尺

五寸。輸納旁（房）丙廿九

2. 一側稍經打磨，刻 7 行 28 字。

納右中部。

袤九尺，廣

二尺九寸，后（厚）二

尺五寸。堂

再施木卅六。

左讙

丙廿九

3. 另一側未經打磨，刻 3 字。

丙廿九

按：孫偉剛認爲此刻石“當是秦始皇帝陵内的建築用石材”[①]。董珊文附有刻石文字摹本，且將孫偉剛釋文的“勾”改釋爲“再”，讀“旁”爲“房”；解“纳右中部”爲（石料）輸納給大匠中校下設的“中部”，應是。[②]

（217）秦始皇帝陵園内城石刻　約秦二世時（前 209—前 207 年）

青石質。1975 年秦始皇帝陵園内城北部西區出土。

【藏】秦陵博物院 【圖】秦始皇陵考古發現與研究 480 頁圖一七〇：1—3

【文】同上。共出土 3 件刻銘石板，其中一件刻銘“内西七”（見下末圖），《訂補》1473 已收録。今收入其餘兩件，計 1 條。

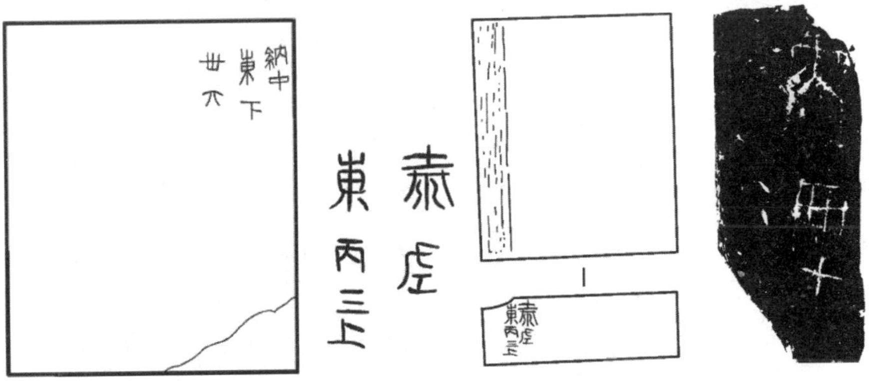

1. 納中，東下卅六

2. 泰左，東丙三上

按：1975 年秦始皇帝陵園内城北部西區出土 3 件銘刻青石板，完整著録於

① 孫偉剛：《西安閻良新發現秦石刻及相關問題研究》，《文物》2019 年第 1 期，第 84—88 頁。

② 董珊：《西安閻良發現秦銘刻石新考》，《文物》2019 年第 10 期，第 60—68 頁。

《秦始皇陵考古發現與研究》一書（圖一七〇：1—3）。[①] 其中刻銘“内西七”已見於《秦文字集證》第六章《雜器文字考釋》“晏南石板刻文”（圖版 227）和《訂補》1473。

另，1975 年秦始皇帝陵園内城北部西區便殿遺址亦出土一塊有菱花形紋石板，刻銘“泰右東十八”[②]，内容與本條石板刻銘同類，已見《訂補》3415—3540 條之 65 號。

（218）長安馬氏藏二世元年詔版　秦二世元年至三年（前 209—前 207 年）

銅質。長方形，四角原有 4 個釘孔，左側兩孔已殘，長約 9.9 厘米、寬約 7.2 厘米，重 133 克。

【藏】長安馬氏 【圖】金石書學 2015 年第 19 號 5 頁；金石研究 4—5 頁；新見秦漢度量衡器集存 16—19 頁；青少年書法（青年版）2020 年 4 期封底 【文】同上。刻秦二世元年詔書銘文 6 行，每行 10 字。

① 袁仲一：《秦始皇陵考古發現與研究》，陝西人民出版社，2002 年，第 480 頁。

② 袁仲一：《秦代陶文》，三秦出版社，1987 年，第 340 頁圖版 1197；袁仲一：《秦始皇陵考古發現與研究》，陝西人民出版社，2002 年，第 480 頁圖一七〇：3。

元年制詔丞相斯去疾灋
度量盡始皇帝爲之皆有
刻辭焉今襲號而刻辭不
稱始皇帝其於久遠也如
後嗣爲之者不稱成功盛
德刻此詔故刻左使毋疑

按：馬驥《秦二世元年詔版》一文指出，此二世詔版保存完好，刻字精整，且第一行“疾”，第三行“焉”，第四行“帝”等字下有“、”狀符號，尤值得注意。①

（219）兩詔方升　秦二世元年至三年（前209—前207年）

銅質。1952年陝西咸陽縣窑店（今咸陽市渭城區窑店鎮）出土，段紹嘉捐。體呈長方形，口大底小，四壁微斜，平底，一短邊中部有長方筒形柄，前部有一箍棱。通長26.7厘米、高5.5厘米、口長13.8厘米、口寬14厘米，重706克，容沙930毫升。

【藏】陝歷博　【圖】陝西古代文明55頁；銘續1370；文博2016年3期51頁圖3　【文】同上。外壁兩側刻始皇二十六年詔書40字和二世元年詔書60字。

① 馬驥：《秦二世元年詔版》，陳建貢主編：《金石研究》第一輯，世界圖書出版公司，2017年，第3—5頁。

按：二世時期兩詔器還有銅權、橢量、詔版等，方升少見。經比對，韓建武《陝西歷史博物館藏東周秦漢有銘銅器叢考》[①] 所收兩詔方升與此同爲一器。

（220）兩詔銅橢量甲　秦二世元年至三年（前 209—前 207 年）

銅質。1982 年出土於江蘇東海縣雙店鄉竹墩大隊。橢圓形，直口平腹，平底，一邊有上平下圜的筒狀柄。通長 18.2 厘米、高 7 厘米、口長 13.4 厘米、口寬 11.8 厘米，容積 630 毫升。

【藏】東海縣博物館 【圖】文物 1984 年 11 期 96 頁圖 2；銘圖 18835 【文】同上。外壁兩側刻秦始皇二十六年詔書 40 字和二世元年詔書 60 字。

① 韓建武：《陝西歷史博物館藏東周秦漢有銘銅器叢考》，《文博》2016 年第 3 期，第 50—56 頁。

按：目前所見秦兩詔橢量資料列表如下：

序號	器名	現藏地	《訂補》號	《銘圖》號
1	兩詔銅橢量一	上海博物館	559	18836
2	兩詔銅橢量二	中國國家博物館	560	18837
3	兩詔銅橢量三	中國國家博物館	561	18838
4	兩詔銅橢量四	范季融首陽齋	562	18840
5	兩詔銅橢量甲	東海縣博物館	未收	18835
6	兩詔銅橢量乙	不明	未收	18839

（221）兩詔銅橢量乙　秦二世元年至三年（前 209—前 207 年）

銅質。

【藏】不明 【圖】愙齋 24.9.1–2；恒軒 102；銘圖 18839 【文】同上。表面刻秦始皇二十六年詔書 40 字和二世詔書 60 字。

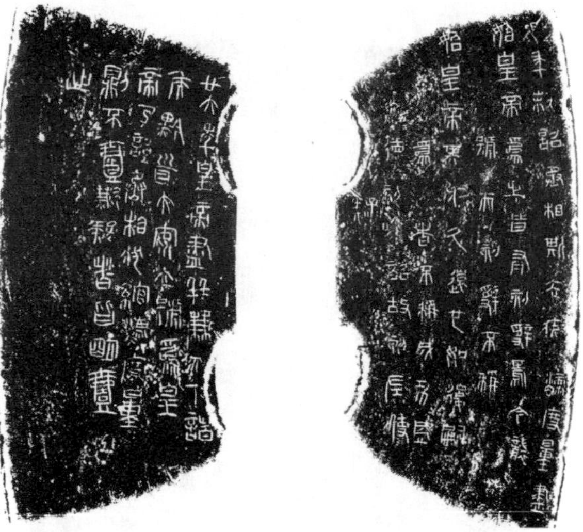

按：此器銘《訂補》漏收。

（222）日本求古齋藏兩詔銅橢量　秦二世元年至三年（前 209—前 207 年）

銅質。橢圓形，直口收腹，平底，有一上平下圓的空心短柄。

【藏】求古齋 【圖】金石書學 2013 年第 18 號 12—13 頁；新見秦漢度量衡器集存 22—23 頁 【文】同上。右側外壁刻始皇詔書 3 行，二世詔書 4 行。

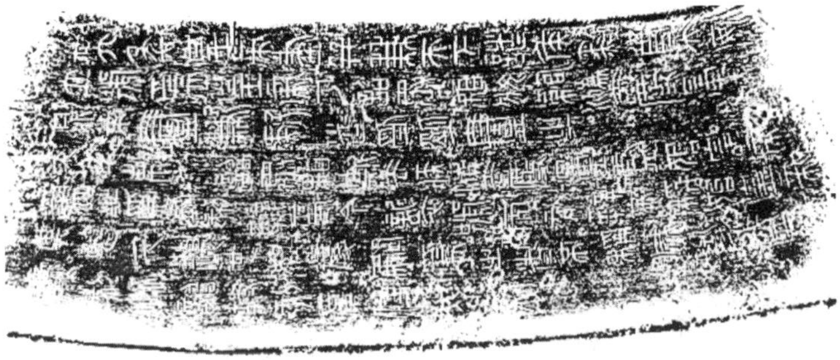

按：日本求古齋橋本開藏器[①]，所刻始皇詔書與二世詔書接續刻在橢量右外壁，字體風格一致，推測兩件詔書應是同時刻製完成，則此器時代應爲秦二世元年至三年間。

（223）兩詔銅權甲　秦二世元年至三年（前209—前207年）

銅質。1978年出土於陝西臨潼縣秦始皇陵園内城西門以北300米。體呈鐘形，夾心渾鑄，横截面呈十七邊形，頂部有鼻鈕，中有透孔。通高6.86厘米、鈕中孔徑0.6厘米、壁厚0.4厘米，重254.6克。

【藏】秦陵博物院 【圖】文博1985年4期34頁圖；秦文字圖版45—46；銘圖18921 【文】同上。面鑄始皇二十六年詔書40字和二世元年詔書60字，肩部刻1字。

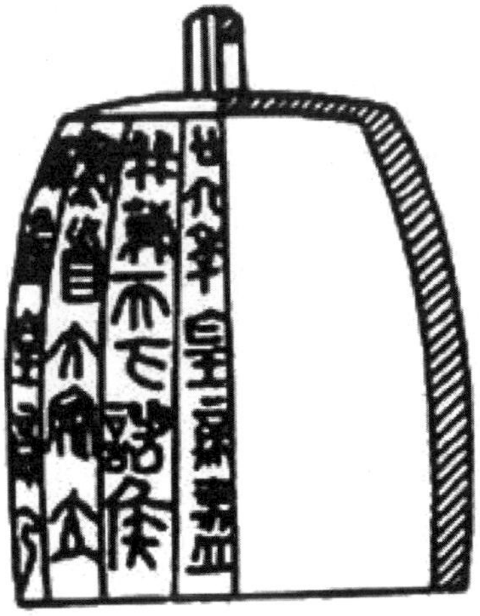

① 橋本開：《求古齋吉金圖譜》，谷川雅夫主編：《金石書學》第18號，日本藝文書院，2013年。

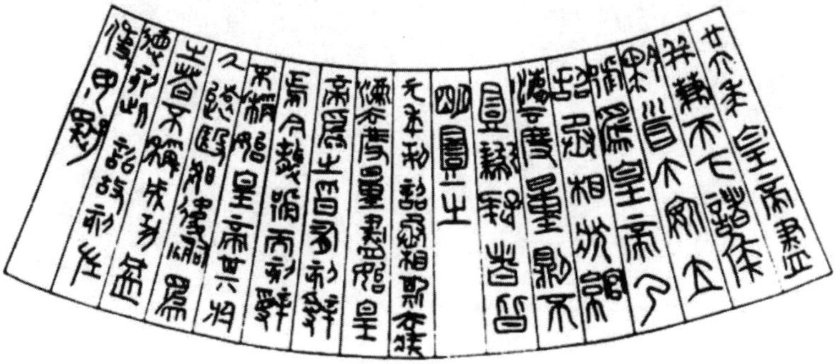

肩部刻字：左

按：此權《訂補》漏收，今補。相關考釋參《秦文字集證》67—69 頁。

目前所見兩詔銅權資料列表如下：

序號	器名	現藏地	《訂補》號	《銘圖》號
1	兩詔銅權一	中國國家博物館	1461	18923
2	兩詔銅權二	甘肅省博物館	1462	18920
3	兩詔銅權三	陝西歷史博物館	1463	18919
4	兩詔銅權四	不明	549、1464[①]	18925
5	兩詔銅權五	秦始皇兵馬俑博物館	1465	未收

① 經比對，《訂補》549、1464 和《銘圖》18925 三者或爲一器，待考。

續表

序號	器名	現藏地	《訂補》號	《銘圖》號
6	兩詔銅權甲	秦始皇兵馬俑博物館	未收	18921
7	兩詔銅權乙	秦始皇兵馬俑博物館	未收	18922
8	兩詔銅權丙	不明	未收	18924
9	左樂兩詔銅權	西安碑林博物館	未收	18931

（224）兩詔銅權乙　秦二世元年至三年（前 209—前 207 年）

銅質。1975 年出土於陝西臨潼縣秦始皇陵園内城西門以北 300 米。體呈鐘形，夾心渾鑄，横截面呈十七邊形，頂部有鼻鈕，中有透孔。通高 7.3 厘米、鈕中孔徑 0.35 厘米、壁厚 0.4 厘米—0.5 厘米，重 325 克。

【藏】秦陵博物院 【圖】秦文字圖版 47.2—49；銘圖 18922 【文】同上。面鑄始皇二十六年詔書 40 字和二世元年詔書 60 字，肩部刻 1 字。

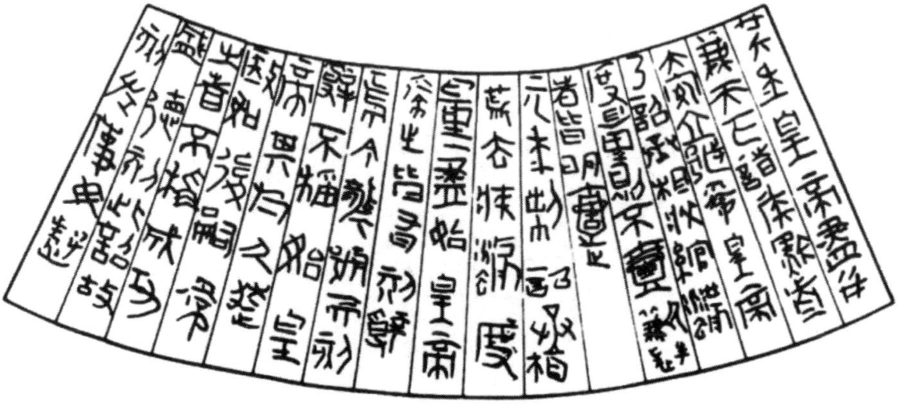

肩部刻字：右

按：該器《訂補》漏收，今補。

（225）兩詔銅權丙　秦二世元年至三年（前 209—前 207 年）

銅質。饅頭形，頂部有鼻鈕。高 5.8 寸、底徑 10.5 寸，重 864 兩。

【藏】不明 【圖】陶齋 4.4；秦金 1.19.1；小校 11.13.1；尊古 3.38；秦銘文圖版 179.1、179.2；銘圖 18924 【文】同上。兩外壁刻有秦始皇二十六年詔書 40 字和二世元年詔書 60 字。

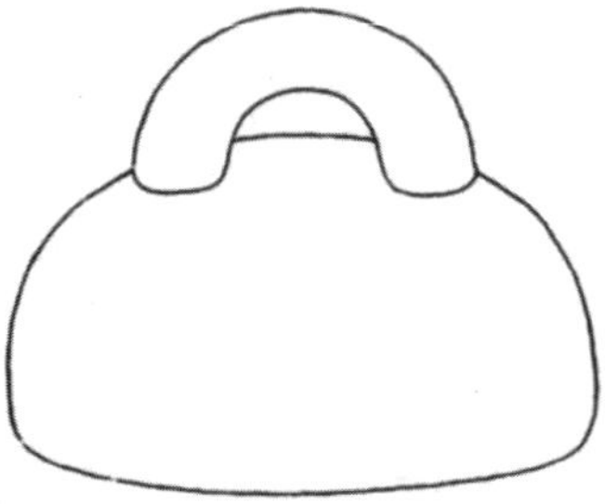

按：此權《訂補》漏收，今補。

（226）兩詔銅權丁　秦二世元年至三年（前 209—前 207 年）

銅質。高 6.2 厘米，底徑 5.3 厘米，鈕高 0.7 厘米，高體，圓肩，小鈕，薄壁空腹無底，外形如鐘。重 220 克。

【藏】河北大學博物館 【圖】文物春秋 2016 年 Z1 期 96 頁圖一、二 【文】同上。刻有秦始皇二十六年詔書 7 行 40 字和秦二世元年詔書，共 10 行 60 字。

按：銅權表面淺磨 17 道棱，棱間刻有秦始皇二十六年詔書和秦二世元年詔書。[①]

（227）左樂兩詔銅權　秦二世元年至三年（前 209—前 207 年）

銅質。1991 年 8 月出土於陝西華陰縣赤水鎮喬家村。半球形，鼻鈕，鈕有圓孔，底部鑄造時有一圓孔，孔周圍凹凸不平，有較重的挖鑿痕迹，孔内填鉛。通高 9.9 厘米、底徑 12.7 厘米，重 7.620 公斤。

【藏】秦陵博物院 【圖】文博 1992 年 1 期封三；秦文字圖版 42—43；銘圖 18931；陝集 1675 【文】同上。權面刻有秦始皇二十六年詔書 40 字和二世元年詔書 60 字。鼻鈕旁刻 1 字，權面下沿刻 2 字。

① 邵鳳芝、李文龍：《河北大學博物館藏秦代兩詔銅權》，《文物春秋》2016 年第 Z1 期。

鼻鈕旁銘：樂

權面下沿銘：左樂

按：該權《訂補》漏收，今補。原藏西安碑林博物館[①]，後調撥今秦始皇帝

① 馬驥、咏鐘：《陝西華縣發現秦兩詔銅鈞權》，《文博》1992年第1期。按：《銘圖》標注爲“原藏陝西省博物館”。

陵博物院。

（228）兩詔銅版　秦二世元年至三年（前209—前207年）

銅質。長方形平板，下邊角有缺殘。長10厘米、寬6.5厘米、厚0.2厘米。

【藏】陝歷博 【圖】陝集1874；銘三1674 【文】同上。面上刻有秦始皇二十六年詔書40字（基本完整）和二世元年詔書60字（殘損約半）。

（229）秦"錘"字銅權　約秦代（下限前206年）

銅質。長方體，長1.39厘米、寬0.96厘米、厚0.5厘米，重4.9克。

【藏】私人 【圖】新見秦漢度量衡器集存66—67頁 【文】同上。刻1字。

錘

按：《説文·金部》："錘，八朱也。"

（230）路里鼎　約戰國晚期至秦代（下限前 206 年）

銅質。體呈扁圓形，斂口圜底，口沿下有一對附耳，腰部有一道箍棱，蓋面隆起，上部有三個環鈕，鈕頂作釘蓋形突起，倒置可作盛盤，三條蹄形足。通體光素。通高 19.5 厘米、口徑 17.5 厘米、腹深 12.7 厘米。

【藏】私人 【圖】銘圖 01889 【文】同上。上腹刻鑄銘文 2 處，秦刻 3 字。

路里斤

按：該器原爲魏器，《銘圖》稱其爲“匡上官鼎”，銘文爲“匡，𢊁（容）𠦂（半）酓（齎），上官。路里斤”。“路里斤”三字疑爲秦加刻，其餘爲魏刻。“路”爲里名。《史記・魏世家》：“三年，秦灌大梁，虜王假，遂滅魏以爲郡縣。”王假三年即公元前 225 年，此前秦魏交戰多次，該器秦刻時間既可能在秦滅魏以前，亦可能在秦滅魏以後，故以公元前 225 年爲參考，定其時代爲戰國晚期至秦代（下限前 206 年）。

（231）信宮鼎　約戰國晚期至秦代（下限前 206 年）

銅質。通體光素，子口内斂，扁圓形腹，一對附耳向外曲張，蓋面隆起，沿下折，頂部有三個環形鈕，鈕上有乳突，三條蹄足。通高 18.7 厘米、口徑 16.1 厘米、兩耳相距 23.1 厘米，重 4.93 公斤。

【藏】洛陽文物收藏學會 【圖】中原文物 2014 年 2 期 78 頁圖 1、2，79 頁圖 3；銘續 0142；古文字研究 31 輯 222 頁 【文】同上。蓋面刻銘文 2 處 5 字，腹底刻銘文 3 字，共 8 字。

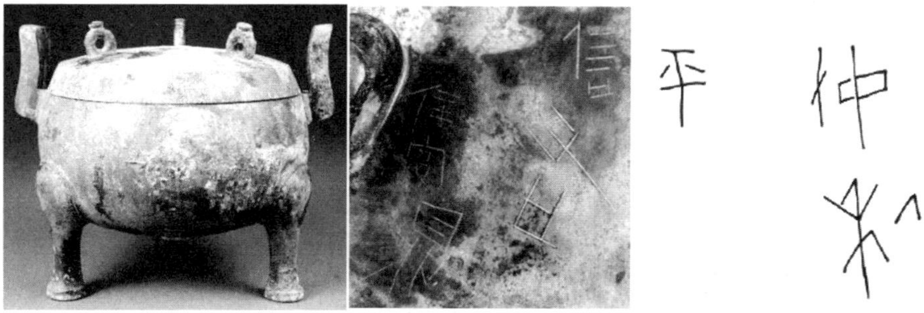

蓋銘：信右信宮鼎

器銘：平中和（私？）

按：蔡紅艷《信右佞宮銅鼎銘文考略》[①] 將銘文隸定爲“信右佞宮鼎，示（蓋銘）；卜，中，禾平（器銘）”，并將該器命名爲“信右佞宮鼎”，《銘續》從之。拙文《新見秦信宮鼎銘文補釋》[②] 對銘文進行了校正，指出“信右”應爲“信宮右般”之省，“佞”實爲“信”，“示”爲符號非文字，鼎腹底銘文應作“平，中和（私？）”，并將該器命名爲“秦信宮鼎”。

（232）平宮鼎　約戰國晚期至秦代（下限前 206 年）

銅質。

① 蔡紅艷：《信右佞宮銅鼎銘文考略》，《考古與文物》2014 年第 2 期，第 78—80 頁。

② 王偉：《新見秦信宮鼎銘文補釋》，《古文字研究》第三十一輯，中華書局，2016 年，第 222—225 頁。

【藏】上博 【圖】集成 02576；銘圖 02097 【文】同上。上腹刻銘文 4 行 16 字。

平宫右般

十三兩

十七斤

大（太）官，二斗，左中

按：拙文《平宫鼎銘文新考》指出《集成》《銘圖》將“大宫”二字隸作“大宫”，實際應爲“大（太）官”，且根據銘文字體風格、内容等方面信息，推斷此鼎爲秦器，銘文爲秦刻。[①]

（233）沙羨銅鼎　約戰國晚期至秦代（下限前 206 年）

銅質。1983 年出土於赤壁市赤壁鎮金鑾山 2 號漢墓，子母口，方形雙附耳，圓腹略鼓，橢圓形底下附三個較矮蹄足，蹄足外撇。通高 16.2 厘米、口徑 14.5 厘米、足高 9 厘米、腹徑 18.4 厘米，重 1.56 公斤，容水 2200 毫升。

【藏】赤壁市博物館 【圖】江漢考古 2010 年 2 期 121 頁圖一一三 【文】同上。腹部外壁鏨刻銘文 3 行 14 字；器底鏨刻銘文 1 行 4 字。

---

① 王偉:《平宫鼎銘文新考》,《中國古代文明研究論集》，科學出版社，2018 年，第 161—164 頁。

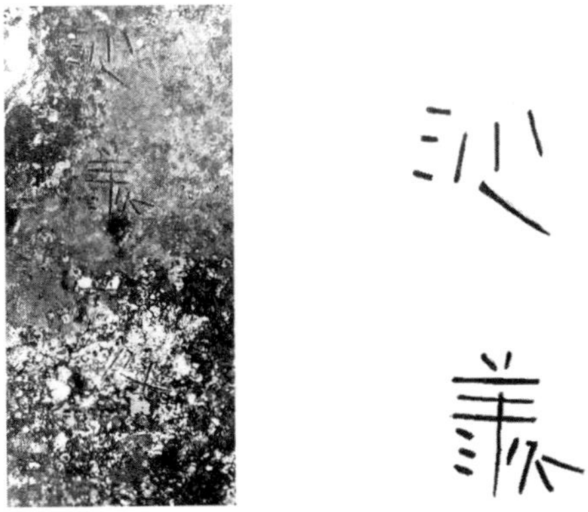

鼎腹銘文：六斤十二两

沙羡一斗一升

宿寺御

鼎底銘文：沙羡一斗

按：蔡丹《赤壁出土銅鼎銘文考釋》[①]一文認爲鼎及銘文時代爲漢，但據鼎形制來看是戰國晚期典型樣式，同類型鼎有秦始皇帝陵博物院藏“宜陽”鼎（《訂補》111）、陝西歷史博物館藏“雕陰”鼎（本編 234）和“高陵君”鼎（《訂補》130）、陝西咸陽塔兒坡出土三十六年“私官”鼎（《訂補》157）、“工

① 蔡丹：《赤壁出土銅鼎銘文考釋》，《江漢考古》2010 年第 2 期，第 121—123 頁。

攺”鼎（《訂補》190）、“半斗”鼎（《訂補》1484）、“平”鼎（《訂補》1483）等。此類鼎鑄造年代大致在戰國晚期，但使用年代很多可延續到西漢中晚期。

沙羡，又見於加拿大蘇氏藏七年丞相奐殳戈（《訂補》121，摹本見下圖）和本編863收録的沙羡矛（摹本見下圖）。沙羡爲《漢書·地理志》江夏郡屬縣，治所在今湖北武漢市武昌區西金口鎮。

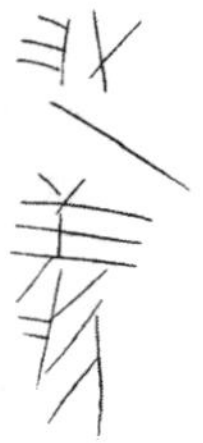

（七年丞相奐殳戈刻銘）

（沙羡矛刻銘）

鼎銘兩處“沙羡”銘文風格和寫法均有不同（摹本見上），如鼎腹刻銘“沙羡”二字“氵”符均作“𣱱”，篆意濃重，“沙”字右邊的“少”由五筆組成；且“羡”所從的“欠”還能看出接近篆形□，與古文“欠”的寫法“□”亦較接近。鼎底刻銘“沙羡”二字水旁均作“氵”，是隸書常見寫法，且“沙”字右邊“少”旁只有四筆；而“羡”字上下兩部分筆劃已有部分融合，即𦍌符中間竪筆已延伸下來，將“次”的“氵”和“欠”隔開了。鼎底“沙羡”二字的寫法與七年丞相奐殳戈和“沙羡矛”銘文的寫法一致。

此外，鼎腹刻銘除“宿寺御”外，鏨刻筆劃字口淺深，多數筆劃兩頭細中間稍粗，文字風格略顯古拙；鼎底部刻銘，其筆劃字口較規整，粗細較均匀，筆畫更嫻熟流暢。

整體來看，鼎腹銘文中“六斤十二两”“一斗一升”和“沙羡”刻寫似較早；鼎底銘文“沙羡一斗”刻寫時間稍晚。“宿寺御”三字與鼎腹三處銘文應非同時所刻，先刻的“沙羡一斗一升”的最後兩字“一升”另起一行；而後刻“宿寺御”三字的時候無意間接續在了“一斗”之後，導致“沙羡一斗”與“宿寺御”三字連成了一行，似乎“一升”接續在“宿寺御”三字之後了。從已知此類鼎的計量銘文文例來看，“一斗一升”連讀應無問題，也與此鼎2200毫升的實測容量吻合。總之，鼎腹與鼎底兩處銘文非同時所刻應該沒有問題。准此，則兩處記載鼎容量的銘文之間有“一升”差異也就更容易理解了，至於鼎底標示容量僅“一斗”，比鼎腹所刻少了“一升”的原因，我們推測可能是二次刻銘時對容量做了校正。

“宿寺御”三字，蔡丹文認爲“寺”爲官署通稱，“御”爲製作之意，并認爲“宿寺”是一個製造機構，具體職能待考。今按，既然此鼎及刻銘時代和國別是秦，則“宿寺御”應是秦的官署機構名稱，但應是此鼎的使用機構，而不是製造機構。已知的秦文字資料中有“寺工”“寺從”“寺車”“寺司空”等，有“御府”“御弄”“御史”“御羞”“御廄”等，但尚未見名爲“宿寺御”的職官或機構名稱。“宿寺御”三字與鼎腹銘文中“六斤十二两”“沙羡”及“一斗一升”的筆劃粗細、刻痕深淺及字體風格也有一些差異，或非同時所刻。此“宿寺御”的含義目前暫無從索解，待考。

（234）雕陰鼎　約戰國晚期至秦代（下限前206年）

銅質。1990年陝西黄龍縣出土。體扁圓，弇口鼓腹，長方形附耳稍外撇，三條蹄足，蓋有三環鈕，腹部飾有凸棱。通高17厘米、口徑15.1厘米，容積2500毫升。

【藏】陝歷博　【圖】秦文字圖版52；銘圖00706；陝集1801　【文】同上。一環鈕外側刻銘文2字，耳側2字，共4字。

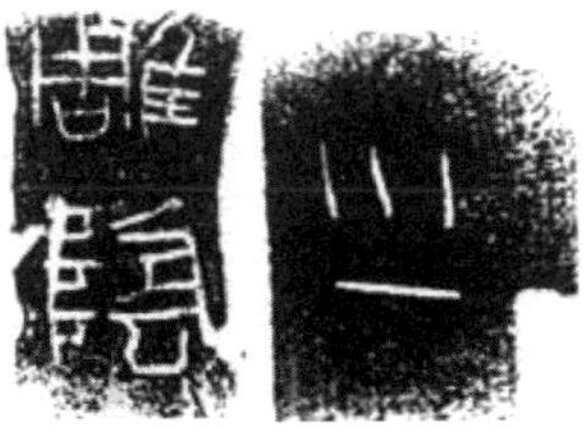

雕陰

卅一

按：“雕陰”二字，又見於黄龍采集“雕陰”陶罐（《訂補》1778）和本編 270 雕陰戈，《史記・魏世家》：“（襄王）五年，秦敗我龍賈軍四萬五千於雕陰。”魏襄王五年即秦惠文王後元十一年，雕陰是年入秦。《漢書・地理志》上郡雕陰縣條《漢書補注》先謙曰：“戰國魏地，秦敗龍賈軍於此，見《魏世家》……故城今鄜州北，雕山在州西南。一名雕陰山。”治今陝西富縣北。①

（235）平陸鼎　約戰國晚期至秦代（下限前 206 年）

銅質。

【藏】不明 【圖】貞松堂吉金圖卷下 6 頁；漢金一・十四② 【文】同上。口沿處刻 7 字。

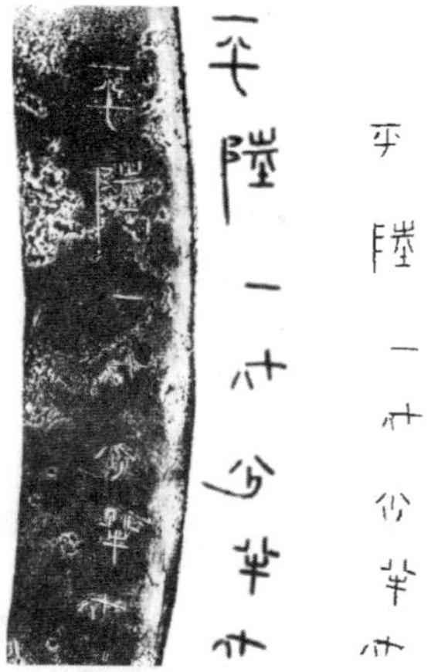

按：《貞松堂集古遺文》卷十三第三葉亦著録一件“平陸鼎”，所附銘文摹本（末圖）與此鼎文字筆畫略有出入，但内容完全相同，應是同一件器物。③

“平陸”屢見於秦文字資料，如上海博物館藏蛇鈕秦官印“平陸丞印”④，珍秦齋藏十四年□平匽氏戟（《訂補》103）和元年上郡叚守暨戈（《訂補》187）内部刻銘；後者“平陸”二字寫作“”，與此鼎的寫法較爲接近。“平陸”亦見於張家山漢簡《二年律令・秩律》簡 542，與漆垣、定陽、平陸、饒、陽周等

① 周振鶴編著：《〈漢書・地理志〉彙釋》，安徽教育出版社，2006 年，第 378 頁。
② 容庚：《容庚學術著作全集・秦漢金文録》（第 6 册），中華書局，2011 年，第 145 頁。
③ 羅振玉編纂：《貞松堂集古遺文》（下册），北京圖書館出版社，2003 年，第 156 頁。
④ 孫慰祖：《孫慰祖論印文稿》，上海書店，1999 年，第 33 頁（圖五三）。

并列，應是秦漢上郡屬縣，《漢書·地理志》屬西河郡。

（236）陰密鼎一　約戰國晚期至秦代（下限前 206 年）

【藏】未知　【圖】未見　【文】貞松 13.6[①]

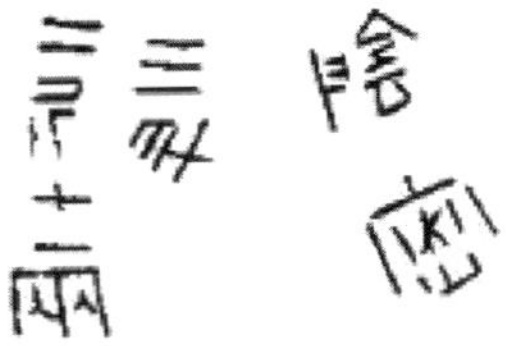

陰密

三升

二斤七兩

（237）陰密鼎二　約戰國晚期至秦代（下限前 206 年）

【藏】未知　【圖】未見　【文】貞松 13.7[②]

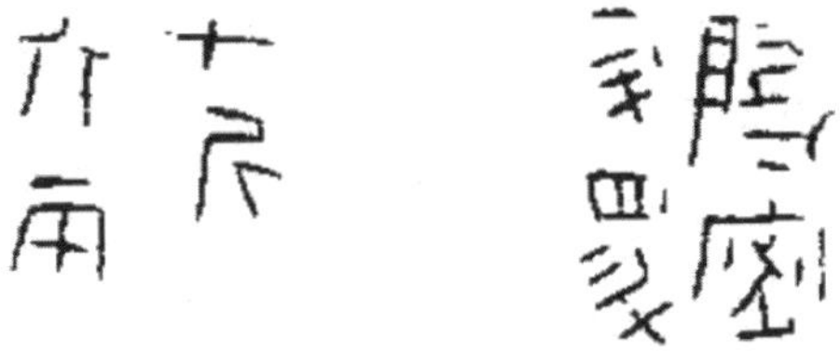

陰密

一斗四升

七斤

六兩

（238）宣曲鼎　約戰國晚期至秦代（下限前 206 年）

【藏】未知　【圖】小校 11.42　【文】貞松 13.7[③]；漢金一·十五[④]。

① 羅振玉編纂：《貞松堂集古遺文》（下册），北京圖書館出版社，2003 年，第 162 頁。

② 羅振玉編纂：《貞松堂集古遺文》（下册），北京圖書館出版社，2003 年，第 163 頁。

③ 羅振玉編纂：《貞松堂集古遺文》（下册），北京圖書館出版社，2003 年，第 164 頁。

④ 容庚：《容庚學術著作全集·秦漢金文録》（第 6 册），中華書局，2011 年，第 148 頁。

宣曲六斤

一斗

半升

按：據《小校經閣金石文字》所附拓本，右上部尚有一筆畫較深的“甲”字，但與其餘刻銘風格略有差異，或是漢代刻銘。另表容量的銘文，《小校經閣金石文字》釋文爲“八升半升”，《貞松堂集古遺文》摹本爲“一斗半升”，或後者爲是，因拓本字迹不清，暫難斷定是非。

“宣曲”見秦官印“宣曲喪吏”和秦封泥“宣曲”。[①]

（239）熒陽鼎　約戰國晚期至秦代（下限前 206 年）

【藏】未知 【圖】未見 【文】小校 11.47；貞松 13.11；漢金一・二一[②]；秦漢金文 80 頁圖 111。

 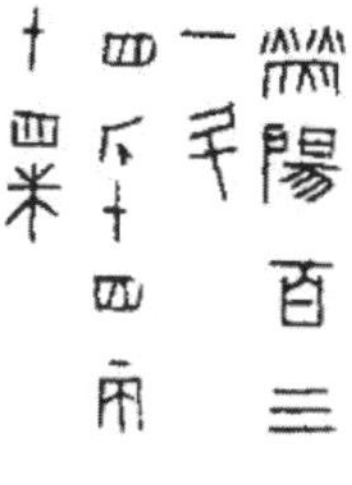

熒陽百三

一斗

① 羅福頤：《秦漢南北朝官印徵存》65 號，文物出版社，1987 年，第 12 頁；任紅雨編著：《中國封泥大系》上册 03740—03741 號，西泠印社，2018 年，第 313 頁。

② 容庚：《容庚學術著作全集・秦漢金文録》（第 6 册），中華書局，2011 年，第 148 頁。

四斤十四兩

十四朱（銖）

按：銘文第四行《貞松堂集古遺文》釋爲“四斤十二兩”，似爲筆誤。[1]“煢陽”見本編302所收滎陽矛、鑒印山房藏秦封泥和北大漢簡《妄稽》等[2]，文獻作“滎陽”。滎陽本戰國韓邑，《史記·秦始皇本紀》“東至滎陽，滅二周，置三川郡。”《史記·韓世家》：桓惠王“二十四年（前249年），秦拔我成皋、滎陽”。

（240）西鼎　約戰國晚期至秦代（下限前206年）

銅質。2006年6月陝西省興平市西吴鎮上官道村出土。器略殘，失蓋，通體光素，子母口，方形對稱雙附耳，斂口圜底，橢圓形深腹，三矮蹄形足。通高19厘米、口徑18.5厘米，重1960克。

【藏】咸陽博 【圖】文物2009年5期95頁圖一 【文】同上。文物2015年5期95頁。耳外豎刻銘文2行6字。

西

九斤十五兩

按：王亞慶《咸陽博物館收藏的漢代銅器》將“西”字當作刻符，定其時代爲西漢中期。[3]陳曉捷《西鼎考》釋出“西”字，改定時代爲戰國晚期，下限不晚於秦統一，并指出“這件西鼎是目前發現的唯一一件有西縣刻銘的秦國銅

① 羅振玉編纂：《貞松堂集古遺文》（下册），北京圖書館出版社，2003年，第171頁。

② 許雄志編輯：《鑒印山房金石文存·鑒印山房藏古封泥選粹》16號，鑒印山房2019年9月；北京大學出土文獻研究所編：《北京大學藏西漢竹書［肆］》，上海古籍出版社，2016年。

③ 王亞慶：《咸陽博物館收藏的漢代銅器》，《文物》2009年第5期，第95—96頁。

鼎”[①]。西，《漢書·地理志》隴西郡有西縣，治今甘肅禮縣北。[②]

（241）脩鼎　約戰國晚期至秦代（下限前206年）

銅質。

【藏】不明 【圖】小校11.45；貞松堂吉金圖卷下8頁，秦漢金文77頁圖105 【文】同上。

脩

十一斤十二兩

一斗少半

按：“脩”銘又見本編347“脩鋪手”。“脩”或爲“脩武”之省。

（242）烏氏鼎一　約戰國晚期至秦代（下限前206年）

銅質。1979年8月面世于寧夏彭陽縣古城鄉古城遺址内。失蓋，附耳，子母口，半球形腹，圜底，蹄狀三短足，腹部有凸棱一周。鼎通高23.5厘米，口徑17.5厘米、耳高7厘米、腹徑23.5厘米、腹深13.2厘米、足高9.2厘米，鼎重2900克，容積4200毫升。

【藏】固原市博物館 【圖】文物1982年12期；固原文物精品圖録中册17頁 【文】同上。鼎腹刻有三段銘文，“朝那”段7行18字應爲漢代刻銘；其餘含“烏氏”的兩段應爲戰國末到秦代所刻。

① 陳曉捷：《西鼎考》，《文物》2015年第5期，第95—96頁。

② 周振鶴編著：《〈漢書·地理志〉彙釋》，安徽教育出版社，2006年，第344頁。

秦刻銘一：二斗一升 烏氏

秦刻銘二：今二斗一升

十一斤十五兩

按：較早披露此鼎資料的有韓孔樂、武殿卿《固原出土之戰國秦鼎》和《寧夏固原發現漢初銅鼎》兩文[①]，但前者對鼎僅有文字描述和刻銘釋文，無圖版；後者附鼎器形和“朝那”部分刻銘圖版，并將鼎時代定爲西漢初。王彦輝、魏永康《朝那鼎銘文相關史事探論》對此鼎相關著録情況有詳細梳理，附有三段刻銘圖版，將鼎的時代定爲西漢初年，“朝那”應該是銅鼎的鑄造地，而後兩次補刻的内容，應是對銅鼎檢校的結果。[②] 鄔文玲《朝那鼎小議》[③] 認爲“鼎的年代當爲西漢初”，“朝那”爲第一置用地，此段銘文是第一次核准的容量和重量；

① 韓孔樂、武殿卿：《固原出土之戰國秦鼎》，《固原師專學報（社會科學版）》1981 年第 1 期，第 94 頁；韓孔樂、武殿卿：《寧夏固原發現漢初銅鼎》，《文物》1982 年第 12 期，第 35 頁。

② 王彦輝、魏永康：《朝那鼎銘文相关史事探論》，《絲綢之路暨秦漢時期固原區域文化國際學術研討會論文集》，寧夏人民出版社，2016 年，第 60—67 頁。

③ 鄔文玲：《朝那鼎小議》，《絲綢之路暨秦漢時期固原區域文化國際學術研討會論文集》，寧夏人民出版社，2016 年，第 68—71 頁。

“今（？）二斗一升”是第二次核准的容量，“烏氏”是第二置用地；“今二斗一升，十一斤十五兩”是第三次核准的容量和重量。付建《朝那鼎與烏氏、朝那》比較了同類型鼎的形制後認定鼎的鑄造時代應爲戰國晚期早段，使用年代可延伸到西漢中晚期，并推測刻銘“烏氏”部分時代爲戰國晚期，“朝那”部分爲西漢中期，朝那鼎最初是惠文王到昭襄王時期中央政府爲烏氏縣鑄造的鼎。[①]

以上諸家對所謂“朝那鼎”的討論中，付建一文所論應大致無誤。“烏氏”爲秦縣應在秦惠文王時，見於出土資料者有烏氏漆耳杯（《訂補》325）、烏氏扁壺（本編 43）和多枚秦封泥“烏氏丞印”等。若依據刻銘時代，則該鼎可改稱“秦烏氏鼎”。

此外，“二斗一升　烏氏”刻銘中“氏”字刻痕較其他幾字明顯淺細，與第二次所刻“今二斗一升　十一斤十五兩”的痕迹極爲相似，推測第一段銘文的“氏”字是第二次加刻銘文時補刻所致；且第二次加刻時爲了區別先後而加了“今”字，并在確認容量的基礎上補刻了器物重量。

（243）烏氏鼎二　約戰國晚期至秦代（下限前 206 年）

【藏】海豐吴氏舊藏　【圖】未見　【文】貞松 13.3[②]，蓋和鼎耳各有刻銘 6 字。

蓋銘：烏氏　一斗　□（六？）斤

器銘：烏氏　一斗　六斤

按：秦文字資料所見“烏氏”已有數例，此鼎銘僅見摹本，據內容和文字風格判斷應爲秦刻銘。

① 付建：《朝那鼎与烏氏、朝那》，《考古與文物》2020 年第 3 期，第 61—64 頁。

② 羅振玉編纂：《貞松堂集古遺文》（下册），北京圖書館出版社，2003 年，第 155—156 頁。

（244）襄成鼎　約戰國晚期至秦代（下限前 206 年）

【藏】不明 【圖】未見 【文】銘圖 01492；貞松 13.2。

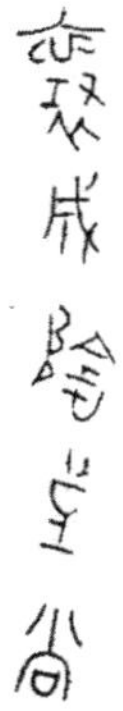

襄成陰□尚

按：羅振玉《貞松堂集古遺文》云“據拓本入録”。[1] 襄成，《漢書・地理志》潁川郡屬縣。出土秦文字中“襄成”屢見，如本編 349 襄成環權、多枚“襄成丞印”秦封泥和秦兵器刻銘等。[2] 此鼎銘摹本“襄成”二字與秦文字寫法基本相同。

（245）瀕陽鼎　約戰國晚期至秦代（下限前 206 年）

銅質。體呈扁球形，器蓋字母口相合，蓋上有三半環鈕，附耳，圓腹、圜底，三矮蹄足，鼎腹有凸棱一周。口徑 15.4 厘米、通高 16.4 厘米。

【藏】銅川市耀州區博物館 【圖】秦始皇帝陵 2014 年總肆輯 350 頁圖一：3；陝集 1757 【文】同上，口沿下刻銘文 8 字。部分文字鏽蝕不清。

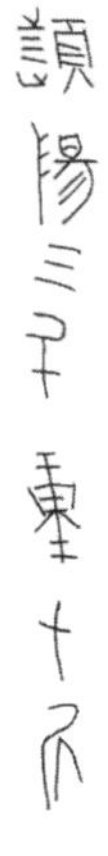

① 羅振玉編纂：《貞松堂集古遺文》（下册），北京圖書館出版社，2003 年，第 153 頁。

② 詳參拙文《戰國襄成環權銘文校釋》，《出土文獻》第十四輯，中西書局，2019 年，第 204—206 頁。

瀕陽 三斗 重十斤

按：瀕陽，文獻作“頻陽”，《漢書・地理志》左馮翊屬縣。《史記・秦本紀》秦厲公二十年“初縣頻陽”，治今陝西富平縣美原鎮古城村。陳曉捷認爲頻陽“確是因頻水而得名”，“瀕陽”被改作“頻陽”大約不早於西漢晚期。[①]應是。又《訂補》1504“石邑戈”内上刻銘有“瀕陽”和“瀕”。

（246）上洛鼎　約戰國晚期至秦代（下限前206年）

銅質。商州城區出土。字母口，雙附耳，鼓腹略深，圜底，三蹄足，腹部有凸棱一周。口徑12厘米、高17.7厘米，重1.525公斤。

【藏】商洛市博物館 【圖】陝集1772 【文】同上。

按：《陝西金文集成》定其時代爲西漢；陳曉捷《上各鼎再考》據鼎的形制與字體風格認爲“上各鼎應爲秦上雒縣寺署所使用之物”[②]。殆是。

① 陳曉捷：《秦漢封泥銘刻五例新解——兼論昌平君昌文君》，《秦始皇帝陵博物院》2014年總肆輯，陝西人民出版社，2014年，第349—356頁。

② 陳曉捷：《上各鼎再考》，《秦始皇帝陵博物院》2018年總捌輯，西北大學出版社，2014年，第77—82頁。

（247）平鼎二　約戰國晚期至秦代（下限前 206 年）

銅質。1966 年 4 月咸陽塔兒坡秦墓出土。口徑 14.6 厘米、高 15.3 厘米，重 1.285 公斤。

【藏】陜歷博 【圖】陜集 1134 【文】同上。

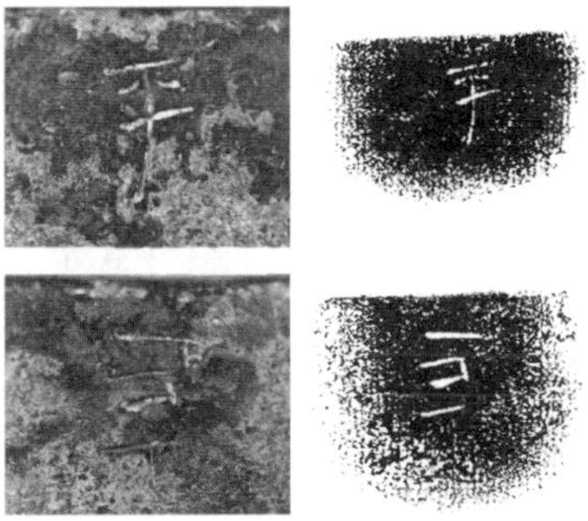

平

一斗

按:《訂補》1483 已收録“平鼎”一件（陜集 1133），同爲塔兒坡秦墓出土。

（248）大官鼎　約戰國晚期至秦代（下限前 206 年）

銅質。扁圓體，斂口鼓腹，口沿下有一對外張的附耳，圜底，下具三條蹄形足。腹部有一道箍棱，球面形蓋，上有三個環鈕，鈕上有釘蓋形突起。通高 24.5 厘米、口徑 33 厘米。

【藏】陜西漢陰縣博物館 【圖】銘圖 02255；陜集 1786 【文】同上。鼎上刻銘文 2 處，第一處 13 字（其中合文 1），第二處 2 行 10 字爲秦刻。

大（太）官，一斗半，重

三斤十兩

按：該器原爲韓器，《銘圖》02255稱其爲“春成冢子鼎”，三晉韓刻銘爲“萅（春）成冢子，半（半）𠆭（齍），冢（重）十三益（鎰）□□□”；另一處銘文爲秦刻。

“大（太）官”秦漢器常見，如大官盉（《訂補》1508和本編256）、栒邑鼎（本編745）等。《史記・韓世家》：“九年，秦虜王安，盡入其地，爲潁川郡。韓遂亡。”秦滅韓在秦王政十七年（前230年），此鼎或是滅韓後流入秦地。

（249）泰官鼎　約戰國晚期至秦代（下限前206年）

銅質。

【藏】不明　【圖】小校11.42；漢金一・十五[①]；秦漢金文66頁圖80　【文】同上。

泰官 二斗 十一斤 右般中

按：“般”字《秦漢金文彙編》未釋，徐正考《〈秦漢金文彙編〉釋文訂補》[②]指出“右”後一字釋作“般”，是。

秦漢文字屢見“某般”，如本編232有“平宮右般”、342有“華陽右般”，

① 容庚：《容庚學術著作全集・秦漢金文録》（第6册），中華書局，2011年，第147頁。

② 徐正考：《〈秦漢金文彙編〉釋文訂補》，《古籍整理研究學刊》2000年第1期，第22—25頁。

秦封泥有“尚浴右般”“弄右般印”“私官左般”和“私官右般”等，珍秦齋藏秦信宮罍腹刻銘“古西共左，今左般；信宮左般”；河北高莊漢墓出土銅執爐上鏨刻銘文“常食中般”；[①] 安徽巢湖北山頭一號墓出土漆器上有“甘泉右盤”針刻銘文。[②] 我們推測左、中、右般之分應是秦漢時某些特定官職用以區分曹署之用。[③] 泰官，即大（太）官，掌管君王膳食，“泰”屬秦統一後寫法。[④]

（250）亭里鼎　約戰國晚期至秦代（下限前206年）

銅質。陝西延安地區出土。體略呈扁圓形，子口内斂，圜底，一對附耳外張，三條蹄足，蓋面隆起，上有三個環鈕，腹部有一道箍棱。通體光素。

【藏】延安市文物管理委員會 【圖】銘圖00713；陝集1799 【文】同上。刻銘文2字。

亭里

（251）朱公鼎　約戰國晚期至秦代（下限前206年）

銅質。子母口内斂，鼓腹較深，圜底，附耳，三矮蹄足。圓蓋隆鼓，上有三喙狀突環鈕。通體光素無紋飾。口徑16厘米、腹深11厘米、高19厘米，重

① 河北省文物研究所、鹿泉市文物保管所編：《高莊漢墓》，科學出版社，2006年，第103頁。

② 安徽省文物考古研究所、巢湖市文物管理所編著：《巢湖漢墓》，文物出版社，2007年，第111頁（圖七九）。

③ 王偉：《秦璽印職官地理研究》，中國社會科學出版社，2014年，第159—160、216頁；又參拙文《秦璽印封泥文字研究三題》，《考古與文物》2016年第2期，第77頁。

④ 王偉：《秦璽印職官地理研究》，中國社會科學出版社，2014年，第57、159頁。

2.7 公斤。

【藏】扶風縣博物館 【圖】扶風文物志 128 頁；陝集 0586 【文】同上。沿下腹側有刻銘 2 字。

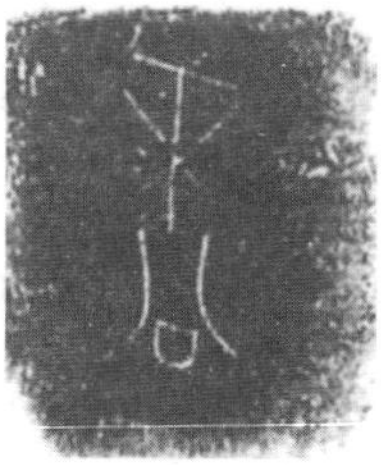

朱公

（252）䄍度鼎 約戰國晚期至秦代（下限前 206 年）

銅質。失蓋，體呈扁圓形，斂口鼓腹，口沿下有一對外張的附耳，圜底，下具三條蹄形足。腹部有一道箍棱。

【藏】銅川市博物館 【圖】銘圖 00712；陝集 1785 【文】同上。口沿刻銘 2 字。

䄍度

（253）官斗壺　約戰國晚期至秦代（下限前206年）

銅質。傳安徽淮安出土。

【藏】美國堪薩斯市納爾遜美術陳列館 【圖】美集A767；古文字研究17輯33頁；銘圖12212 【文】同上。蓋上有刻銘2字，器上5字，共7字。

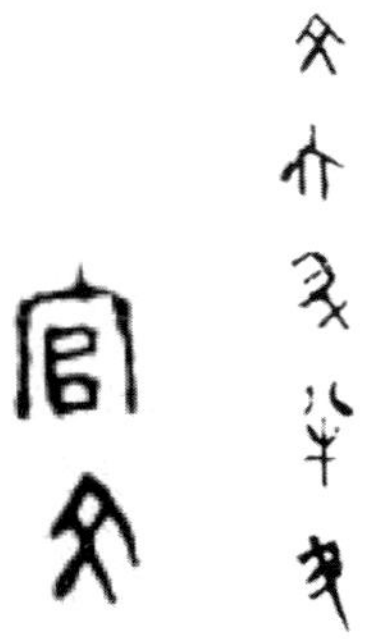

蓋銘：官斗

器銘：斗六升半□

按：黄盛璋指出該器“斗”字與私官鼎、安邑下官鐘中的“斗”字形相近，并認爲該器出土之處當屬三晉之魏。[①] 卅六年私官鼎（《訂補》157）爲秦昭襄王三十六年器，安邑下官鐘（《訂補》140）器屬魏，頸部和腹上的“安邑下官鐘”爲魏人鑄器時所刻，但器口沿“十三斗一升”爲秦人加刻。黄文提到與該器“斗”字字形相近的兩器均爲秦刻，由於該器器形信息暫缺，故暫定其銘文亦爲秦刻。

（254）邦右茜鈁　約戰國晚期至秦代（下限前206年）

銅質。直口方唇，口沿加厚，長頸溜肩，平底方圈足，肩上有一對銜環鋪首，盝頂蓋，上有四個獸頭環鈕。通體光素。通高44.5厘米、圈足邊長13.5厘米，重6.15公斤。

【藏】私人 【圖】銘圖12192 【文】同上。腹壁刻銘文2行6字。

① 黄盛璋：《三晉銅器的國別、年代與相關制度》，《古文字研究》第十七輯，中華書局，1989年，第1—66頁。

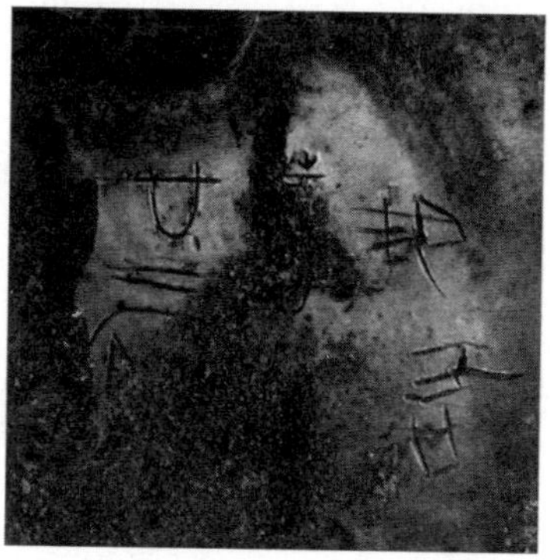

邦右莤（糟）

廿二□（斤？）

（255）公敦　約戰國晚期至秦代（下限前 206 年）

銅質。傳陝西榆林地區出土。體呈扁圓形，弇口圓腹，口沿下有一對鋪首銜環鈕，腹部有一道箍棱，三條矮蹄足，弧面形蓋，上有三個圓環形鈕，鈕上有圓凸。通體光素。

【藏】私人 【圖】銘續 0520 【文】同上。外底鑄銘文 1 字。

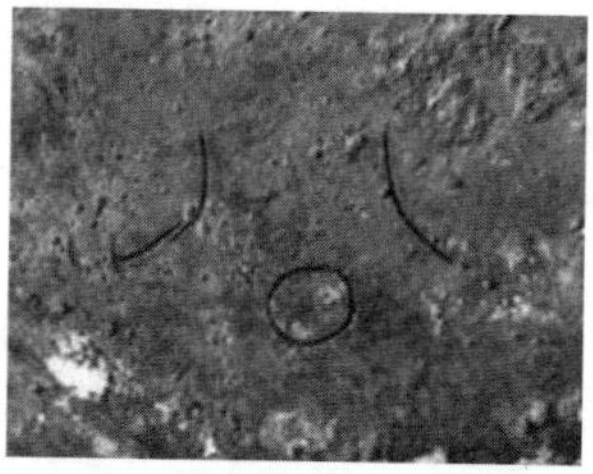

公

按：吴鎮烽《銘續》0520 將其時代定爲戰國晚期，應是。

（256）大官盉　約戰國晚期至秦代（下限前 206 年）

銅質。體呈扁圓形，直口低領，窄沿方唇，蓋已失，溜肩小平底，肩部有固定的龍形提梁，前尾後首，腹部有一個乙字形獸首管狀流。獸頸飾鱗紋，三條蹄形足，肩腹之間有一道綯索形箍棱。肩部和腹部均飾蟠螭紋。通高22厘米、通長25厘米。

【藏】臺北震榮堂 【圖】金銅器247頁盉09；銘續0974 【文】同上。腹上部刻銘文10字。

大（太）官一斗四升九斤十兩

按：刻有“大（太）官”的盉，又見於大官盉（《訂補》1508）。“大（太）官”秦漢器常見，如本編248大官鼎、745栒邑鼎等。此盉與《訂補》1508大官盉形制相近，銘文“大官”“四升”“斤”等字寫法極爲相似，應屬同一時期。

（257）咸少銅燈　約戰國晚期至秦代（下限前206年）

銅質。20世紀40年代初購於陝西西安市古董市場。燈盤侈口平沿，盤口向一側傾斜，盤中立一錐狀燭簽。燈盤外壁飾兩道瓦紋，燈盤與燈把相接處飾兩道凸弦紋。燈把呈傘柱狀，上粗下細。燈把與燈座相接處飾凸棱弦紋。燈座及燈把内中空。銅燈通高36.6厘米—37.8厘米，燈盤口徑22.5厘米、厚0.2厘米，盤中燭簽高約2.9厘米，燈把上部直徑爲4.6厘米、下部直徑爲2.8厘米，燈座直徑16.5厘米、厚0.4厘米。

【藏】北京安峰堂 【圖】中國國家博物館館刊2011年5期15—18頁；銘三1715 【文】同上。燈盤下竪刻銘文8字，燈座下刻1字。

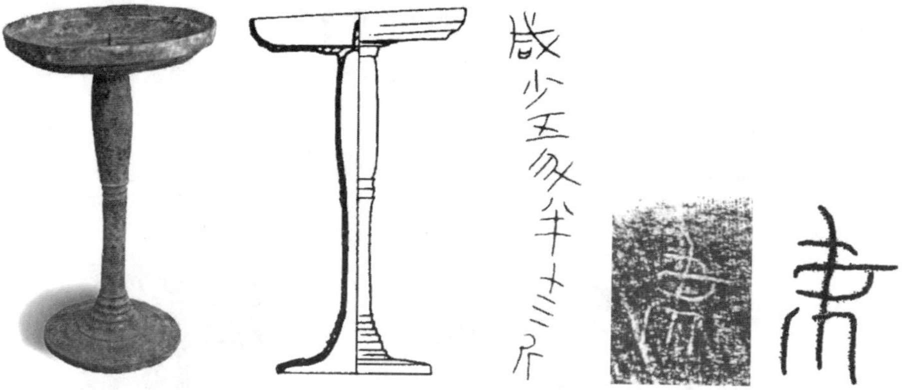

燈盤銘：咸少，五升半，十三斤

燈座銘：聿

按：蔡運章等指出該器形制特徵與湖北江陵望山二號戰國中期楚墓出土的豆形銅燈相同，時代爲戰國中期，并認爲銘文“咸”爲“咸陽”省稱，“少”爲“少府”省稱，“聿”無明確意義，反映了古代“製器尚象”的習俗。[①] 應是。

（258）少府戈一　約戰國晚期至秦代（下限前 206 年）

銅質。窄援尖鋒，中脊鼓起，長胡，闌側三半圓形穿，闌下出齒，長方形内，中前部有一横穿，後部圓角。通長 19.2 厘米、闌高 10.8 厘米。

【藏】私人 【圖】銘圖 16661 【文】同上。内部刻銘文 5 字，含合文 1 字。

内後部銘：少府

内穿下部銘：工帀（師）尹

① 蔡運章、張應橋、趙曉軍：《秦國有銘銅燈及其相關問題》，《中國國家博物館館刊》2011 年第 5 期，第 15—18 頁。

（259）少府戈二　約戰國晚期至秦代（下限前 206 年）

銅質。直援，有中脊，前鋒尖鋭，中長胡，闌下出齒，闌側三穿，内上有一横穿。

【藏】私人 【圖】銘圖 16662 【文】同上。内部刻銘文 6 字。

少府，阿，阿，杏陵

按："少府""杏陵"又見 2002 年河南宜陽縣韓城鄉城角村出土的"少府杏陵戈"（《訂補》1537）。

（260）櫟左工戈一　約戰國晚期至秦代（下限前 206 年）

銅質。

【藏】不明 【圖】秦兵器銘文編年集釋 177 頁一百七十七號 【文】同上。内鑄銘文 3 字。

櫟左工

按：此戈資料圖片來自“盛世收藏”網站。“櫟左工”應是“櫟陽左工師”之省，“櫟陽左工”見於遼寧寬甸縣出土的元年丞相斯戈（《訂補》1446）。秦戈鑄銘少見，此戈僅見戈内照片，與下條未見圖文之“櫟左工”或爲同批次鑄造。

（261）櫟左工戈二　約戰國晚期至秦代（下限前 206 年）

銅質。

【藏】上博 【圖】未見 【文】古文字研究第 21 輯 258 頁。戈内鑄款 3 字。

櫟左工

按：黄盛璋《秦兵器分國、斷代與有關制度研究》云：“此戈藏上海博物館，十多年前蒙馬承源同志寄來拓本中有此戈，顯爲秦體，第一字雖很像‘櫟’，但已簡化較多，疑莫能定，後見元年丞相斯戈發表，中有‘櫟陽左工’，而秦中央官府所造兵器，也有謹記官府作坊，如寺工、詔事，并多爲鑄款，此‘櫟左工’既同於丞相斯戈，又爲鑄款，應爲櫟陽左工，此戈爲櫟陽左工所鑄，未刻用地。”① 未見圖文。

（262）燕下都出土櫟陽戈一　約戰國晚期至秦代（下限前 206 年）

銅質。河北易縣燕下都西沈村采集，標本 66XSH：025。援前寬後窄，微上揚，援脊凸起，中長胡三方穿，内上一方穿，三面有刃。通長 25.5 厘米。

【藏】河北省文物研究所 【圖】燕下都上册 831 頁圖四七八，7 【文】同上。内一面鏨刻 1 字；另一面穿下原刻有 2 字，但字筆劃被毁壞；内近末端鏨刻 2 字。

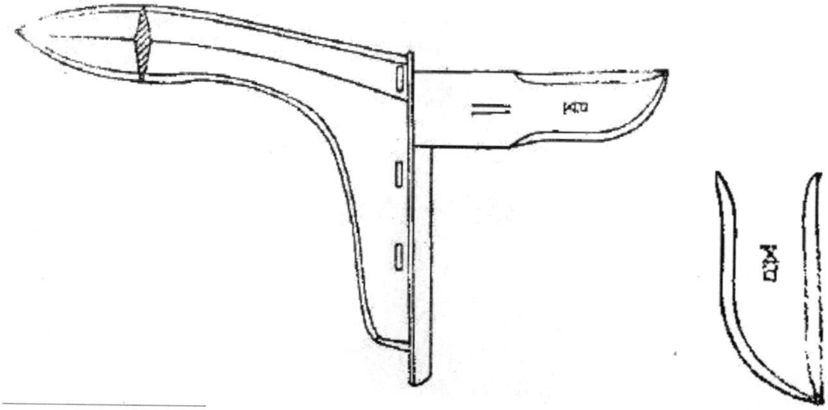

① 黄盛璋：《秦兵器分國、斷代與有關制度研究》，《古文字研究》第二十一輯，中華書局，2001 年，第 258 頁。

吾

櫟陽

按:《訂補》92“四年相邦樛斿戈”和106“吾宜戈”均有銘文“吾”字。《燕下都》未公布此戈内背銘文“櫟陽”的情況。

(263)燕下都出土櫟陽戈二　約戰國晚期至秦代(下限前206年)

銅質。河北易縣燕下都西沈村采集,標本72XSH:065。援前寬後窄,微上揚,援脊凸起,中長胡三方穿,内上一方穿,内三面刃均有銼痕。通長21.85厘米。

【藏】河北省文物研究所 【圖】燕下都上册831頁圖四七八,8—9;東方收藏2020年3期19頁圖1—9 【文】同上。戈一面内部和胡部各鏨刻2字;另一面内部和胡部各鏨刻1字。

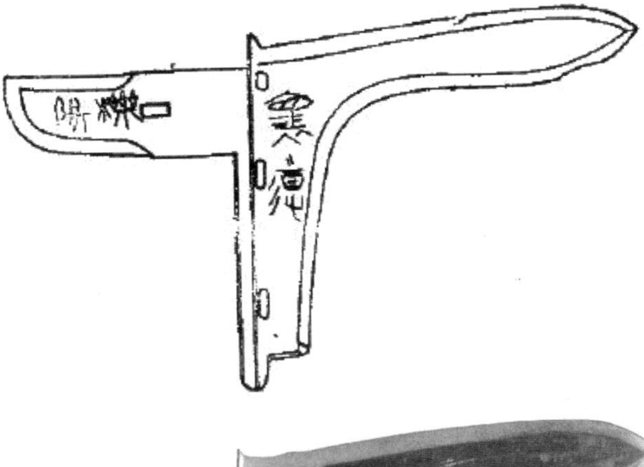

内部銘一:櫟陽　胡部銘一:褱德

内部銘二：壞　　胡部銘二：褱

按：從《燕下都》附圖和另一面刻銘“褱德”來看，所謂胡部銘文“田褱”兩字位置較遠，應不連讀。所謂“田”字作“□”，可能是未刻成的字又被劃去的痕迹。胡部铭文“褱”即“褱德”之省。

又據秦戈銘文通例，胡部或内部銘文一般均爲置用地名，此戈另一面的“櫟陽”和“褱德”正反映了這種情況，但内部刻铭“何𡊅”似難以索解。從摹本字形來看，戈部所謂“何𡊅”二字釋讀也有問題，即“□”與“何”字形差距較大，釋“何”無據，或是某字殘劃；而所謂“𡊅”字與秦文字的“壞”字寫法“□□□”等形基本相同[①]，故“𡊅”應是“壞”字，即地名“壞德”的省稱。

戈銘“褱德”和“壞德”均已見於秦封泥[②]，文獻作“懷德”，《漢書・地理志》左馮翊有“褱德”縣，顔師古注：“褱亦懷字。”秦、西漢時期懷德縣的位置應在今陝西富平縣西南。[③]

秦兵器刻銘“櫟陽”見於《訂補》196“櫟陽戈”和1562“櫟陽武當矛”。

（264）中陽戈　約戰國晚期至秦代（下限前206年）

銅質。

【藏】國博 【圖】貞松16.1；集成10986；銘圖16515 【文】同上。内兩面共刻銘文3字。

① 王輝主編，楊宗兵、彭文、蔣文孝編著：《秦文字編》，中華書局，2015年，第1895頁。

② 周曉陸：《秦封泥集》，三秦出版社，2011年，第282頁。

③ 王輝：《秦西漢懷德縣小考》，《考古與文物》2020年第2期，第110—113頁。

中陽

饒

按：銘文“中陽”，又見於廣衍戈（《訂補》177）、中陽矛（《訂補》1425）、十五年上郡守壽戈（《訂補》131）、三十年詔事戈（《訂補》151）、中陽鐓（本編 329）、中陽馬銜（本編 338）等。此外，黄盛璋《秦兵器分國、斷代與有關制度研究》收有秦器“中陽弩機”，但未見銘文拓本。[①]

中陽，置用地名，原屬趙地。《史記·趙世家》：“（武靈王）十年，秦取我中都及西陽。”《史記·秦本紀》：“（昭襄王）二十二年，……與趙王會中陽。”趙武靈王十年即秦惠文王後元九年（前 316 年），三十年詔事戈（《訂補》151）按指出中陽在這一年歸秦，但“中陽”地望今不能確指，待考。

饒，張家山漢簡《二年律令·秩律》中有“饒”縣，《漢書·地理志》西河郡有饒縣。今地無考。[②]

（265）河陰戈　約戰國晚期至秦代（下限前 206 年）

銅質。

【藏】不明　【圖】貞松堂吉金圖卷下三十四頁；小校 14.1；秦漢金文 397 頁圖 572　【文】同上。

① 黄盛璋：《秦兵器分國、斷代與有關制度研究》，《古文字研究》第二十一輯，中華書局，2001 年，第 254 頁。

② 周振鶴編著：《〈漢書·地理志〉彙釋》，安徽教育出版社，2006 年，第 383 頁。

河陰

按：《貞松堂吉金圖》稱爲“河陰戟”，定爲漢器。黄盛璋《秦兵器分國、斷代與有關制度研究》以爲是秦器[①]，殆是。

（266）郁郅戈　約戰國晚期至秦代（下限前206年）

銅質。傳解放前易縣出土。

【藏】不明 【圖】未見 【文】同上，古文字研究第二十一輯256頁。

按：黄盛璋《秦兵器分國、斷代與有關制度研究》云：“解放前曾在北京大學紀念會展出，北大《古銅兵器展覽會目録》[②]：‘郁郅戟，戰國晚期，易縣出土。’歸邑人陳紫蓬燕陶館，燕陶館藏品解放後皆歸歷史博物館，此戈亦在焉。”[③]據黄文所述，此戈與《訂補》1529收秦都咸陽遺址長陵車站南沙坑出土“郁郅”殘戈絶非同一件。

（267）西都戈　約戰國晚期至秦代（下限前206年）

銅質。直援上揚，前部肥大，平脊長胡，闌下出齒，闌側三穿，内上翹，三邊開刃，中部有一横穿。通長21.6厘米、援長13厘米。

【藏】不明 【圖】録遺582；集成11360；總集7548；銘圖17198 【文】同上。胡部或爲三晉趙刻銘，内部2字爲秦刻銘。

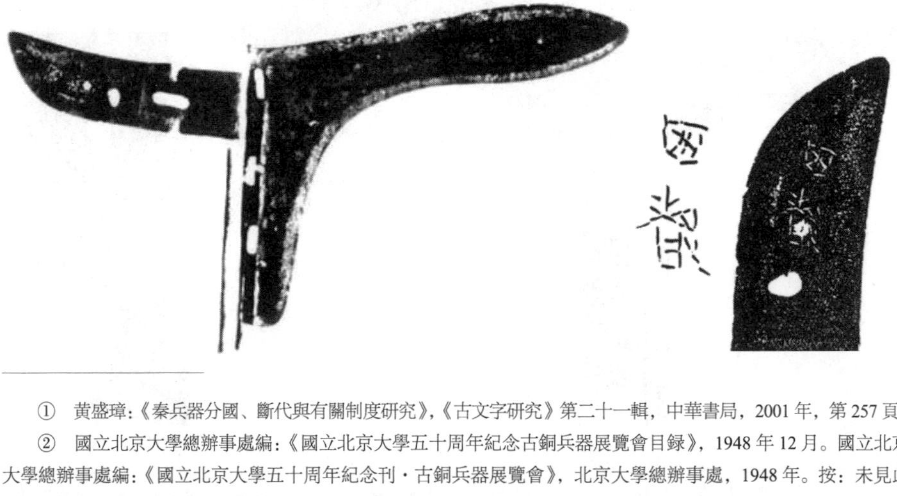

① 黄盛璋：《秦兵器分國、斷代與有關制度研究》，《古文字研究》第二十一輯，中華書局，2001年，第257頁。

② 國立北京大學總辦事處編：《國立北京大學五十周年紀念古銅兵器展覽會目録》，1948年12月。國立北京大學總辦事處編：《國立北京大學五十周年紀念刊·古銅兵器展覽會》，北京大學總辦事處，1948年。按：未見此書，不知其中是否有此戈銘文資料。

③ 黄盛璋：《秦兵器分國、斷代與有關制度研究》，《古文字研究》第二十一輯，中華書局，2001年，第256頁。

西都

按：黄盛璋曾將“西都”二字釋爲“渠囟（搜）”，讀爲《漢書・地理志》之“渠搜”[1]，誤。

（268）臨江戈　約戰國晚期至秦代（下限前206年）

銅質。通長22.5厘米。

【藏】達觀齋 【圖】有銘青銅兵器圖録13頁11號；銘三1470【文】同上。

正面：臨江 成 武

背面：臨江 武

按：此戈鏽蝕較大，部分文字漫漶不清，釋文暫依《有銘青銅兵器圖録》説明。臨江有二，一爲《漢書・地理志》“南郡，秦置，高帝元年更爲臨江郡，五年復故。景帝二年復为臨江，中二年復故”。二爲《漢書・地理志》巴郡有臨江縣，治今重慶忠縣。戈銘“臨江”應爲置用地，所指巴郡臨江縣可能性較大。

（269）臨江矛　約戰國晚期至秦代（下限前206年）

銅質。

【藏】不明 【圖】網絡資料 【文】同上。骹部刻有2字銘文。

---

① 黄盛璋：《秦兵器分國、斷代與有關制度研究》，《古文字研究》第二十一輯，中華書局，2001年，第262—264頁。

臨江

按：骹部刻有“臨江”，水旁作“𝍫”，與本編 279“江魚戈”之“江”字寫法基本相同。

（270）雕陰戈　約戰國晚期至秦代（下限前 206 年）

銅質。1991 年出土於湖南益陽市軸承廠基建工地，標本 M390：1，中長胡三穿，内後部向下弧折爲刃，援窄，棱脊隆起，胡狹長，通長 26.6 厘米、内長 10.5 厘米、胡長 16.5 厘米。

【藏】益陽市博物館 【圖】益陽楚墓 147 頁圖一二九：1，153 頁圖一三四：4；中國出土青銅器全集第 14 卷 212 頁 236 號 【文】同上。内部刻銘 2 字。

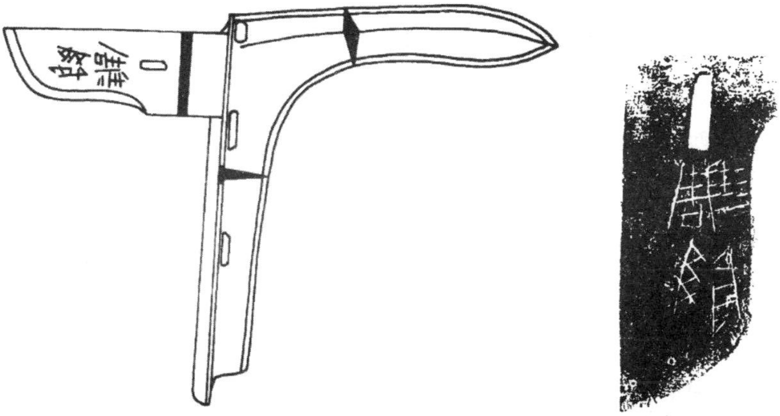

雕陰

按：雕陰，見於黃龍采集“雕陰”陶罐（《訂補》1778）、本編 234 雕陰鼎、本編 330 雕陰戈鐓等器，治今陝西富縣北。

又《益陽楚墓》彩版二四：1 爲一件銅戈（M452：40），長 26 厘米，形制與此雕陰戈（M390：1）極爲相似，戈内似有刻銘，報告未作描述，暫存疑。

（271）郫戈　約戰國晚期至秦代（下限前 206 年）

銅質。

【藏】不明 【圖】私人提供 【文】同上。内上刻 1 字。

郫

按：此戈爲網絡資料。郫，戈置用地，《漢書·地理志》蜀郡屬縣，治今四川省郫縣。

（272）饒戈　約戰國晚期至秦代（下限前 206 年）

銅質。援狹長，援中起脊，前端尖鋭上翹，内上端、下端和末端有刃，内部一穿，闌側三穿。通長 21.2 厘米、援長 12.7 厘米、内長 7.7 厘米、内寬 3 厘米、闌長 9.6 厘米、闌寬 0.8 厘米、胡長 8.5 厘米。

【藏】安徽某氏 【圖】古文字研究 27 輯 326 頁；銘圖 17311；安徽彙編 315 【文】同上。内一面有銘文 2 行 15 字，一面有銘文 1 字。

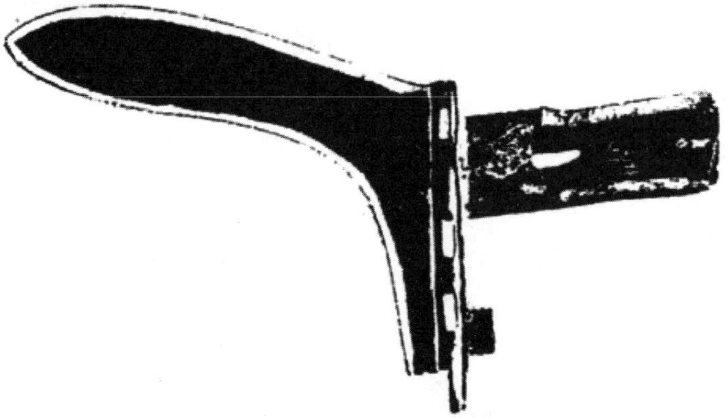

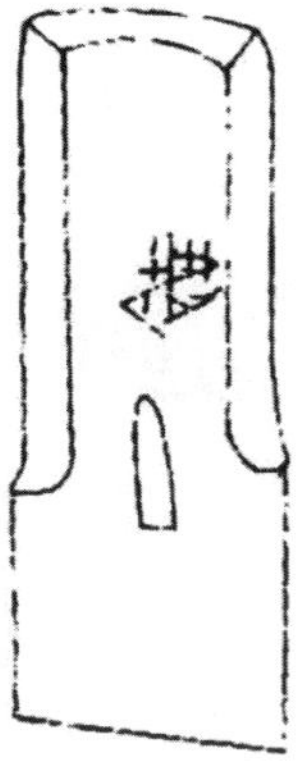

饒

按：韓自强稱該器爲“廿七年涑　戈”，其内一面銘文爲“廿七年涑　嗇夫担，冶匀嗇夫雩冶叡”，一面爲“⿰飠幸”。韓文指出該器原屬魏，將内上銘文“⿰金圭”

字隸作“銲”[1]，吴鎮烽《銘圖》及孫合肥均從之[2]。

今按：“[illegible]”應隸作“饒”，應爲秦人加刻的置用地名。本編 264 中陽戈内上亦有一銘文“[illegible]”，審之應爲一字。張家山漢簡《秩律》中有“饒縣”，《漢書·地理志》西河郡有饒縣，具體地望不詳。

（273）柏人戈一　約戰國晚期至秦代（下限前 206 年）

銅質。1984 年出土於河北臨城縣西豎鎮柏暢村柏暢城。長援微上翹，有脊，援後部較窄，長胡，闌側三穿，内上一横穿，後部三面開刃。通長 28.3 厘米，援長 17.5 厘米、援寬 3 厘米，内長 10.8 厘米、寬 3.8 厘米。

【藏】河北省臨城縣文物管理所 【圖】文物 1988 年 3 期 51 頁圖 3.2；52 頁圖 4、5；近出 1102；新收 1306；銘圖 16474 【文】同上。内上有秦刻銘 2 字。

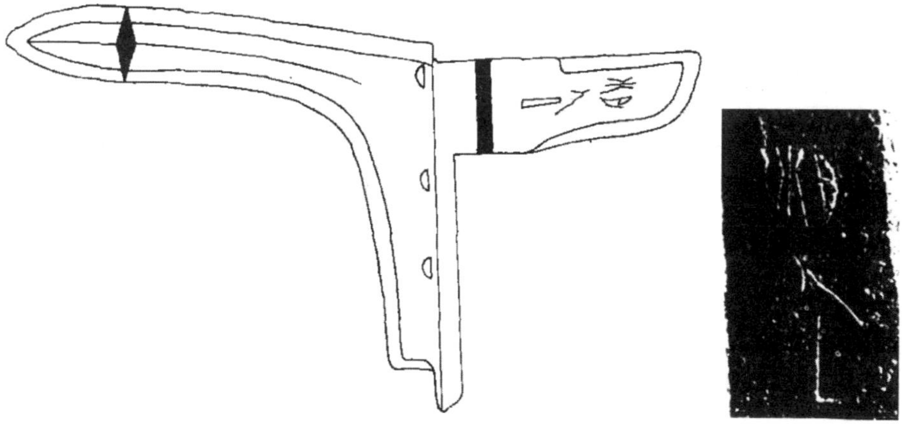

柏人

按：該器原屬趙，内上銘文爲秦刻名。劉龍啟、李振奇《河北臨城柏暢城發現戰國兵器》[3] 指出該器和柏人戈二（本編 274）是秦國兵士所刻的置用地名，該器時代應在秦滅趙後。

柏人，地名。《史記·趙世家》載：“晉定公二十一年，簡子拔邯鄲，中行

① 韓自强：《過眼雲煙——記新見五件晉系銘文兵器》，《古文字研究》第二十七輯，中華書局，2008 年，第 323—327 頁；此文後收入《韓自强文物考古集》，合肥工業大學出版社，2018 年，第 76—80 頁。

② 孫合肥：《安徽商周金文彙編》，安徽大學出版社，2016 年，第 642—645 頁。

③ 劉龍啟、李振奇：《河北臨城柏暢城發現戰國兵器》，《文物》1988 年第 3 期，第 50—54 頁。

文子奔柏人。簡子又圍柏人，中行文子、范昭子遂奔齊，趙境有邯鄲、柏人。”《史記·樊酈滕灌列傳》載：“（樊噲）戰襄國，破柏人。”《漢書補注》：“先謙曰：堯都，見《帝王世紀》。春秋晉地，見《左》哀傳。戰國入趙，王遷城之，見《趙世家》。高帝過此弗宿，見《高紀》。”治今河北隆堯縣西[①]。

（274）柏人戈二　約戰國晚期至秦代（下限前206年）

銅質。1984年出土於河北臨城縣西豎鎮柏暢村柏暢城。援、内微上翹，中有脊隆起，長胡，闌側三穿，直内一横穿。援、胡、内均有刃鋒。援長16.9厘米、寬2.9厘米，内長9.6厘米、寬3.1厘米，胡長9厘米，通長26.5厘米。

【藏】河北省臨城縣文物管理所 【圖】文物1988年3期51頁圖3.3；52頁圖6、7；近出1191；新收1307；銘圖17315 【文】同上。内上有刻銘2行17字，胡上有秦刻銘2字。

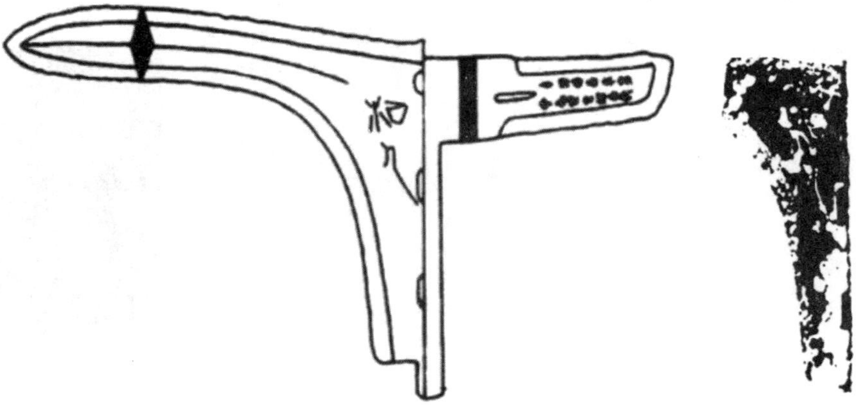

胡銘：柏人

按：該器原屬趙，内銘爲“二年埅（邢）倫（令）孟柬慶、□庫帀₌（工帀）樂參、㖬（冶）明教（執）齋（劑）”。胡銘“柏人”爲秦刻。劉龍啟、李振奇《河北臨城柏暢城發現戰國兵器》稱其爲“二年邢令戈”[②]，《銘圖》17315稱其爲“邢令孟柬慶戈”。柏人，地名。參本編273柏人戈一。

---

① 周振鶴編著：《〈漢書·地理志〉彙釋》，安徽教育出版社，2006年，第442頁。

② 劉龍啟、李振奇：《河北臨城柏暢城發現戰國兵器》，《文物》1988年第3期，第50—54頁。

（275）柏人矛　約戰國晚期至秦代（下限前 206 年）

銅質。傳河北臨城柏暢城遺址出土。

【藏】不明 【圖】秦兵器銘文編年集釋 192 頁一百九十七號 【文】同上。

按：據陳林《秦兵器銘文編年集釋》稱爲“戈”，但就所附圖片看似乎是矛骹部分，暫以矛稱之。

（276）陭氏戈一　約戰國晚期至秦代（下限前 206 年）

銅質。1981 年河北正定縣牛家莊出土。援略上揚，前鋒圓鈍，中部起脊，長胡三穿，内甚長，内上一橫穿，後端作刀狀，上下有刃。通長 22.2 厘米、内長 8.5 厘米、闌高 12.5 厘米。

【藏】正定縣文物保管所 【圖】文物 1999 年 4 期 88 頁圖 3；近出 1136；新收 1705；銘圖 16619 【文】同上。内上刻銘文 4 字。

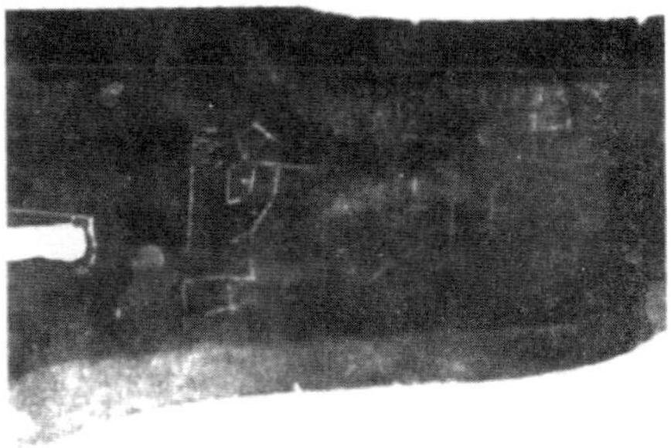

隋氏帀（師）廿

按：樊瑞平、王巧蓮《正定縣文物保管所收藏的兩件戰國有銘銅戈》[①]一文著録了該器和高望戈（《訂補》1514）。隋氏，爲《漢書・地理志》上黨郡屬縣。《漢書補注》："先謙曰：《説文》隋下云，上黨隋氏阪也。後漢因。《一統志》，故城今岳陽縣東南百里。"治今陝西安澤縣南。[②]廿，樊文認爲應是編號。

（277）隋氏戈二　約戰國晚期至秦代（下限前206年）

銅質。

【藏】私人 【圖】西泠藝林76頁 【文】同上。内一面鑄陽文1字（未見），一面有長方形戳印2字。

王

隋氏

按：參本編276隋氏戈一。石峰指出這種長方形戳印鑄銘格式又見於閼輿戈（《訂補》336）、屯留戈（《訂補》335）等。[③]

---

① 樊瑞平、王巧蓮：《正定縣文物保管所收藏的兩件戰國有銘銅戈》，《文物》1999年第4期，第87—88頁。

② 周振鶴編著：《〈漢書・地理志〉彙釋》，安徽教育出版社，2006年，第82頁。

③ 石峰：《秦漢吉金遺珍》，《西泠・藝林》第四輯，西泠印社，2013年，第75—81頁。

（278）郝戈　約戰國晚期至秦代（下限前206年）

銅質。

【藏】不明 【圖】簡帛第十輯5—7頁 【文】同上。内正面刻2行殘13字，背面1字。

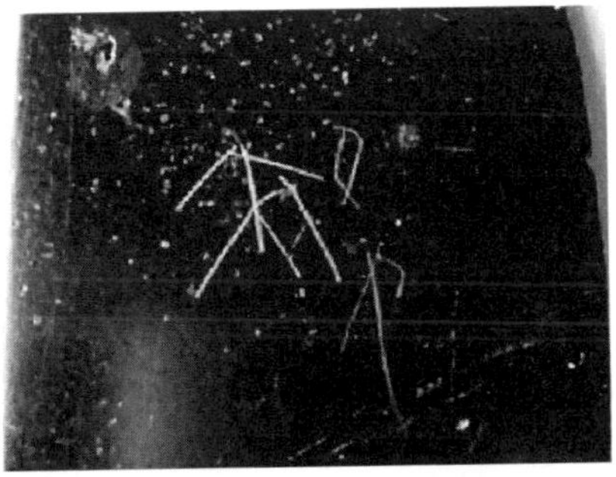

邧（郝）

按：此戈有戰國晚期韓刻銘"［□年□］陽命犮（左）坵（丘）嘉司寇＝［□□□］庫工帀（師）＝長犀（遲）冶□"。吴良寶指出戈内背銘文"邧"爲後刻秦國銘文，"既可能是今陝西周至縣東的秦地'郝'，也可能是今河南汝州市西的韓地'赫'"。[①]

對比《中國封泥大系》"郝卿"及"郝丞之印"之"郝"字[②]，内背"邧"或可直接隸定爲"郝"。

（279）江魚戈　約戰國晚期至秦代（下限前206年）

銅質。1974年廣西桂林平樂縣張家鄉燕水村銀山嶺4號戰國墓出土。器身光亮，内平直，援上揚，援、胡、内均爲利刃。内上一穿，闌側三穿。

【藏】廣西壯族自治區博物館 【圖】考古學報1978年2期238頁圖32；集成10934；銘圖16445 【文】同上。内部刻銘文2字。

---

① 吴良寶：《新見戰國兵器地名"邧"、"陷"考》，《簡帛》第十輯，上海古籍出版社，2015年，第5—10頁；此文收入氏著《出土文獻史地論集》，中西書局，2020年，第86—91頁。

② 任紅雨編著：《中國封泥大系》，西泠印社，2018年，第109頁。

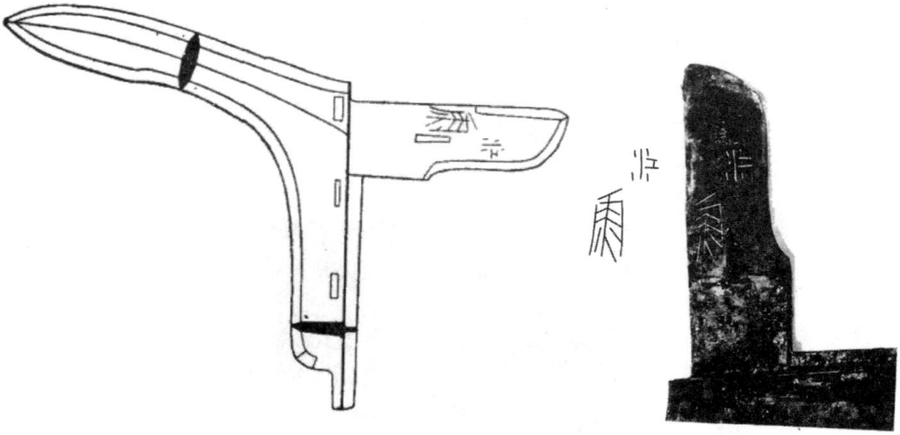

江 魚

按：蔣廷瑜、韋仁義《平樂銀山嶺戰國墓》提到戈內另一面也有細刻文字，因筆畫太細和磨損，已無法釋讀。[①] 黄盛璋《秦兵器分國、斷代與有關制度研究》説戈“背刻文字尚有一‘陽’字明確可以辨認”。[②] 程曉偉《再議平樂銀山嶺墓地出土的兩件秦兵器》認爲該器中“魚”即魚復，今重慶奉節。“江”即江州，今重慶渝中。程文認爲“江”“魚”二字皆爲張若伐楚之後所刻，魚復在江州東北，兩者相距不遠，均在伐楚的作戰路綫上。[③] 今按，“江”“魚”二字應爲置用地，但地望尚有待進一步討論。

（280）魚戈　約戰國晚期至秦代（下限前206年）

銅質。1988年湖南省益陽市赫山廟益陽科技館工地出土。長胡四穿，內一穿，內後端呈刀形，三面有刃，通長28.6厘米、內長10.6厘米。

【藏】湖南博 【圖】湖南考古輯刊第7輯圖版4.2；益陽楚墓150頁圖一三一：3，153頁一三四：2，彩版二三：1；中國出土青銅器全集第14卷210頁233號 【文】同上。援部近闌處刻1字。

---

① 蔣廷瑜、韋仁義：《平樂銀山嶺戰國墓》，《考古學報》1978年第2期，第211—258、273—284頁。

② 黄盛璋：《秦兵器分國、斷代與有關制度研究》，《古文字研究》第二十一輯，中華書局，2001年，第265頁。

③ 程曉偉：《再議平樂銀山嶺墓地出土的兩件秦兵器》，《黑龍江史志》2014年第1期，第10—11頁。

按：從戈内刻銘“武王之童⿰火害（胡）”來看，此戈爲戰國晚期楚器，但援部刻銘“魚”字與本編 279 廣西平樂銀山嶺 4 號戰國墓出土“江魚”戈之“魚”字寫法如出一轍。

（281）析戈　約戰國晚期至秦代（下限前 206 年）

銅質。2016 年深圳市南山博物館徵集。傳廣東北江三水河段打撈出水。戈體瘦長，器表青黑。援瘦長，微上揚，呈弧曲狀，援鋒呈尖葉形，中脊隆起，未成凸棱；内中有長條形穿，上下緣平直，後援下斜；胡較長，闌有三穿，下闌突出。通長 22.6 厘米、援長 13 厘米，胡長 11.5 厘米、寬 3 厘米、厚 0.72 厘米。

【藏】南山博物館 【圖】中國文物報 2017 年 5 月 30 日第 7 版 【文】同上。胡側刻銘 2 行 16 字，内正面刻銘 2 字，内背面刻銘 3 字，共 21 字。

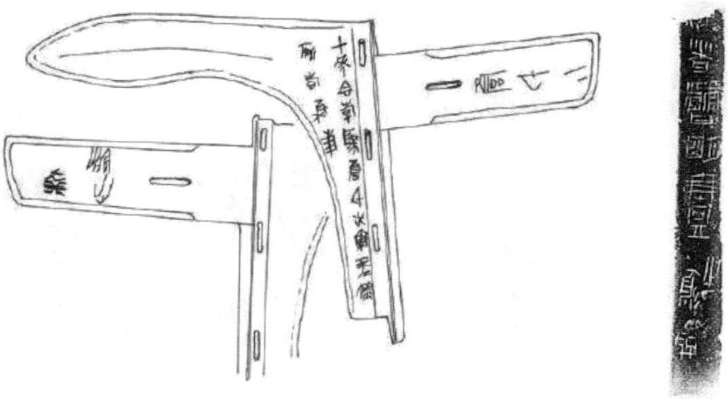

内背面銘：析

比陽

按：戈正面胡銘爲“七年，令韓陽，雍氏右庫工師備所，治集事”，正面内銘爲“雍氏”，内背面銘爲“比陽”和“析”。“比陽”原誤釋爲“峭山”。[①]

戚鑫指出該器與河南新鄭“鄭韓故城”出土的Ⅲ式戈形制相似，且銘文“雍氏”爲韓國都城，在今河南省禹州市。“雍氏”“峭山”皆爲韓刻，“析”爲秦刻；進而推測該器於三川之役（前249年）或秦滅韓（前230年）時爲秦所獲，加刻“析”字。[②] 析，置用地名，治今河南西峽縣。[③] 前揭吴良寶文認爲“比陽”爲《漢志》南郡屬縣的可能性更大。另，該器發現於嶺南地區，或於秦始皇統一嶺南時留在此地。張振林亦有類似意見。[④]

（282）武安戈　約戰國晚期至秦代（下限前206年）

銅質。援作束腰形，中胡三穿，内上一横穿，後部作刀形，三面有刃。

【藏】湖南博 【圖】湖南考古輯刊1輯圖版14.3；古文字研究10輯273頁圖27；集成10928；銘圖16453 【文】同上。内部刻銘文2字。

---

① 吴良寶：《戰國兵器地名“比陽”小考》，《中國文字學報》第十一輯，商務印書館，2021年，第102頁。

② 戚鑫：《南山博物館收藏一件秦始皇平定嶺南的兵器》，《中國文物報》2017年5月30日第7版。

③ 周振鶴編著：《〈漢書·地理志〉彙釋》，安徽教育出版社，2006年，第61—62頁。

④ 張振林：《韓陽戈銘文考釋》，戚鑫主編：《南山博物館藏古越族青铜兵器研究》，文物出版社，2017年，第286—287頁；此文後收入氏著《張振林學術文集》，中山大學出版社，2019年，第431—433頁。

武安

按：黄盛璋《秦兵器分國、斷代與有關制度研究》已定爲秦器。[①] 武安，戈置用地。《史記・秦本紀》："王齕將伐趙武安、皮牢，拔之。"睡虎地秦簡《編年紀》："卌八年，攻武安。"《漢書補注》："先謙曰：戰國秦地，昭襄王以封白起爲武安君，趙奢破秦軍於此。蓋以此時屬趙，秦王齕取之，并見《秦紀》。李牧又封武安君，蓋復屬趙，見《趙世家》。高帝封武安侯，見《項羽紀》。武帝封田蚡，哀帝封楚思王子憕爲侯國，見表。"治今河北武安市西南。[②]

（283）咸陽戈　約戰國晚期至秦代（下限前206年）

銅質。

【藏】北京故宫 【圖】集成11390；銘圖17331 【文】同上。内正面刻銘文2行19字（其中合文1），背面2字。

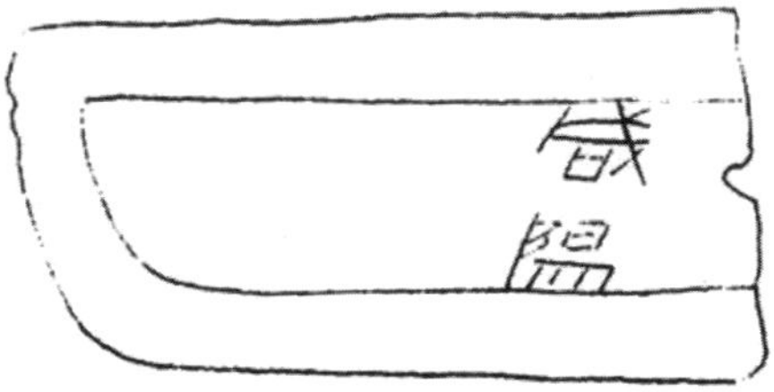

咸陽

① 黄盛璋：《秦兵器分國、斷代與有關制度研究》，《古文字研究》第二十一輯，中華書局，2001年，第260頁。
② 周振鶴編著：《〈漢書・地理志〉彙釋》，安徽教育出版社，2006年，第176—177頁。

按:《銘圖》17331 稱其爲“邦府大夫趙閒戈”，内正面銘文爲“□年，邦府大夫肖（趙）閒，邦上庫工帀（師）𢧐（韓）山，冶冋敎（執）齋（劑）”。咸陽，置用地名，應爲秦刻，參本編 42 咸陽鼎。

（284）啟封戈　約戰國晚期至秦代（下限前 206 年）

銅質。1974 年冬出土於遼寧新金縣元臺公社後元臺漢墓。直援尖鋒，援前部較寬，中後部較窄，長胡三穿，内上一横穿，後部三邊開刃。通長 22 厘米、援長 18 厘米、高 10.2 厘米。

【藏】旅順博物館 【圖】考古 1980 年 5 期 479 頁圖 1.4 下；集成 11306；銘圖 17197 【文】同上。内部正面刻銘文 3 行 12 字（其中合文 1），背面有秦刻 2 字。

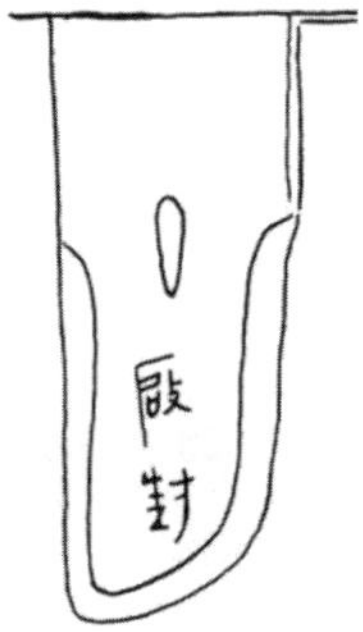

内背面銘文：啟封

按:《銘圖》17197 稱其爲“啟封令癕戈”，其内正面銘文爲“廿一年，啟𡉚（封）命（令）癰（癕），工帀（師）鈙、𡚬（冶）者”。黄盛璋指出該器爲魏國兵器，但兩處“啟封”寫法不同，背銘應是秦刻。[①] 應是。

啟封，置用地名，原戰國屬魏地。《史記・韓世家》：“（釐王）二十一年，使暴鳶救魏，爲秦所敗，鳶走開封。”《史記・秦本紀》：“（昭襄王）三十二年，相穰侯攻魏，至大梁，破暴鳶，斬首四萬，鳶走，魏入三縣請和。”睡虎地秦簡《編年紀》有“卅二年攻啟封”。《史記・魏世家》：“三年，秦灌大梁，虜王

① 黄盛璋:《旅大市所出啟封戈銘的國别、地理及相關問題》,《考古》1981 年第 4 期，第 332、345 頁。

假，遂滅魏以爲郡縣。”王假三年即公元前225年，秦於此年滅魏，啟封或于此年入秦。

（285）宜安戈　約戰國晚期至秦代（下限前206年）

銅質。1975年冬出土於山西臨縣永紅鄉窰頭村窰頭古城。援微上揚，有中脊，鋭鋒中胡，闌側有三穿，直内上有一横穿，後段三面開刃。通長28.2厘米、高14厘米，内長11厘米。

【藏】山西博 【圖】山西文118；集成11329；文物1994年4期83頁圖2、3；山西珍163；山西精72；近出1180；銘圖17187 【文】同上。内正面刻銘2行12字（其中合文1），胡背秦銘2字。

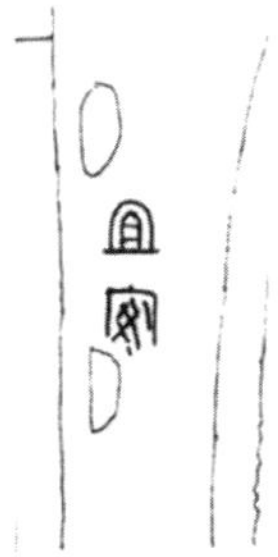

胡背銘文：宜安

按：該器原屬趙，《銘圖》17187稱其爲“王何戈”，其内正面銘文爲“王何立（涖）事，㝵（得）工、㳄（冶）𨟻所教𫠡（馬）重（童）爲”，胡背銘文“宜安”爲秦刻。

《史記·趙世家》：“（武靈王二十五年）立王子何以爲王……是爲惠文王……武靈王自號爲主父。”陶正剛認爲戈銘“王何”即趙惠文王何，“王何立事”應在惠文王何執政期間，即公元前299至前266年，此戈亦作於此時。[1]

宜安，秦人加刻的置用地名。《史記·秦始皇本紀》：“十四年，攻趙軍於平陽，取宜安，破之，殺其將軍。”《正義》引《括地志》云：“宜安故城在常山槀城縣西南二十五里也。”秦取宜安在秦王政十四年，即公元前233年，“宜安”

① 陶正剛：《山西臨縣窯頭古城出土銅戈銘文考釋》，《文物》1994年第4期，第82—85、88頁。

或於此之後加刻。秦人在缴获戈上加刻置用地的例子很多，如《集成》11360 郛令夜㝝戈内部秦刻铭“西都”，《集成》11313 九年戋丘令癰戈胡部加刻秦铭“高望”等。①

（286）畢據戈　約戰國晚期至秦代（下限前 206 年）

銅質。直援，前鋒圓鈍，中長胡，闌下出齒，闌側二長穿一小穿，内上一横穿。通長 20 厘米、闌高 12.5 厘米。

【藏】珍秦齋 【圖】珍秦琳琅 154—155 頁；銘圖 16537 【文】同上。内上刻銘文，殘存 3 字。

……畢據……幾

（287）山陽戈　約戰國晚期至秦代（下限前 206 年）

銅質。1979 年河北隆化縣采集。

【藏】隆化縣博物館 【圖】集成 11338；銘圖 17224 【文】同上。内部正面刻銘文 2 行 12 字（其中合文 1），背面刻 3 字，共 15 字。

① 黄盛璋：《秦兵器分國、斷代與有關制度研究》，《古文字研究》第二十一輯，中華書局，2001 年，第 261—265 頁。

山陽

雝（雍）

按：該器原屬三晉，《銘圖》17224稱其爲“洍令樂痌戈”，其内正面銘文爲“三年，洍（敀）命（令）樂疢（痌），工帀（師）奠（鄭）恙、冶敚（微）”，背面銘文皆爲秦人加刻的置用地名。

山陽，《史記·秦始皇本紀》：“五年，將軍驁攻魏，定酸棗、燕、虚、長平、雍丘、山陽城，皆拔之，取二十城。”《漢書·地理志》河内郡有山陽縣。《漢書補注》：“先謙曰：戰國魏地，秦攻定之，以予嫪毐，見《始皇紀》。後漢因。《一統志》，故城今修武縣西北三十五里。”治今河南焦作市東。①

雝（雍），又見於珍秦齋藏戰國戈（《訂補》315），《漢書補注》：“先謙曰：秦邑，始見《左僖傳》。秦始皇宿此，見《始皇紀》。”治今陝西鳳翔縣南。②

該器内背刻兩個置用地名，底層刻“雍”，上層刻“山陽”；類似情況還見於七年上郡守閒戈（《訂補》120），内背先刻“高奴”，後刻“平周”，反映了置用地的更迭。

（288）燕下都出土上郡武庫戈　約戰國晚期至秦代（下限前206年）

銅質。河北易縣燕下都練台莊村采集，標本78YBLT：08。援前寬後窄，微上揚，援脊凸起，長胡有闌，闌内三方穿，内上一楔形穿，通長26.4厘米。

【藏】河北省文物研究所 【圖】燕下都上册830頁；東方收藏2020年3期

① 周振鶴編著：《〈漢書·地理志〉彙釋》，安徽教育出版社，2006年，第84頁。

② 周振鶴編著：《〈漢書·地理志〉彙釋》，安徽教育出版社，2006年，第49—50頁。

19 頁圖 1—8 【文】同上。内一面刻有“上郡武庫”；另一面刻有 2 字，其他字迹鏽蝕不清。

内 A 面：上郡武庫

内 B 面：工

按:《燕下都》對戈銘僅有文字描述，圖文未見。① 林林《易縣燕下都遺址出土兵器概述》② 一文附有此戈彩圖，且“上郡武庫”銘文可見。

（289）雞冠山出土上郡武庫戈　約戰國晚期至秦代（下限前 206 年）

銅質。遼寧鳳城縣雞冠山鄉白菜地村三道河子出土。長胡三穿，内上一楔形穿。援長 16.5 厘米、内長 10.1 厘米、胡長 11.6 厘米。

【藏】遼寧博 【圖】中國出土青銅器全集第 20 卷 216 頁 322 號 【文】未見。内兩面均有刻銘，一面文字鏽蝕不清，另一面刻 4 字。

---

① 河北省文物研究所:《燕下都》上册，文物出版社，1996 年，第 830 頁。

② 林林:《易縣燕下都遺址出土兵器概述》,《東方收藏》2020 年第 3 期，第 18—21 頁。

上郡武庫

（290）鄂王城出土武庫戈　約戰國晚期至秦代（下限前206年）

銅質。2015年黄石大冶市金牛鎮鄂王城村鄂王城東門出土。戈援上揚、欄側三穿，内上一穿。

【藏】不明 【圖】三苗與南土153頁；湖北出土商周文字輯證中册462—463頁圖 【文】同上。

武庫

（291）公戈　約戰國晚期至秦代（下限前206年）

銅質。1994年西安公安局繳獲。直援中胡，闌側三穿，闌下出齒，内上有一横穿，後部圜收。通長19厘米。

【藏】不明 【圖】集成10813；銘圖16276 【文】同上。内部鑄銘文1字。

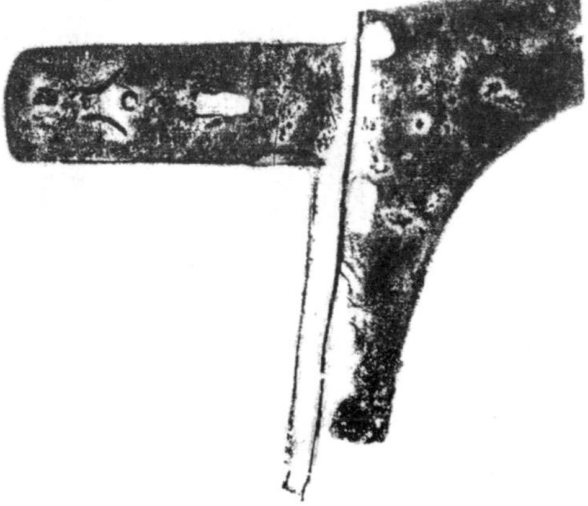

公

按：吴鎮烽《秦兵新發現》認爲此戈與秦子戈形制相同，鏽色一致，當爲同墓或同坑出土，字體風格與秦公鐘、鎛相似，故定其時代爲春秋早期。[①] 王輝師認爲秦子戈與“公”字戈形制相同，都可以爲同一秦君之器；或戈本爲春秋早期無銘器，戰國晚期又烙印一“公”字，且戰國晚期的可能性大。[②]

“公”字單刻見於多件秦器，如六年漢中守戈（《訂補》117）、太后車軎（《訂補》170）、公敦（本編 255）、公矛（本編 25、318）等，時代多屬戰國晚期。

（292）燕下都出土藍田矛　約戰國晚期至秦代（下限前 206 年）

銅質。河北易縣燕下都北沈村采集，標本 72B：08。銎扁圓筒形，骹中部有兩圓穿，脊棱兩側有血槽。全長 15.3 厘米、銎徑 1.7 厘米 × 2.6 厘米。

【藏】河北省文物研究所 【圖】燕下都上册 834 頁圖四八〇，4；圖版一七八，4；東方收藏 2020 年 3 期 19 頁圖 2-2 【文】未見。骹上鏨刻 2 字。

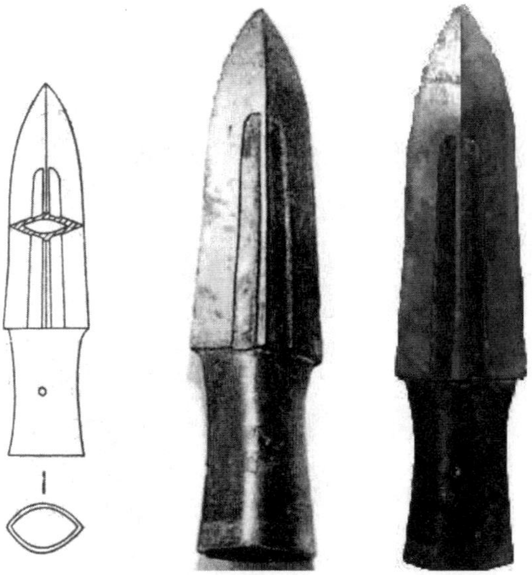

藍田

① 吴鎮烽：《秦兵新發現》，《容庚先生百年誕辰紀念文集 · 古文字研究專號》，廣東人民出版社，1998 年，第 563—572 頁。

② 王輝、程學華：《秦文字集證》，臺北藝文印書館，1999 年，第 18—19 頁。

（293）櫟陽矛　約戰國晚期至秦代（下限前 206 年）

銅質。

【藏】不明 【圖】未見 【文】古文字研究 21 輯 257 頁。骹部 2 字，款識不詳。

櫟陽

按：黄盛璋《秦兵器分國、斷代與有關制度研究》收録，未見圖文。[①]

（294）陽城矛　約戰國晚期至秦代（下限前 206 年）

銅質。全長 15 厘米。

【藏】不明 【圖】秦兵器銘文編年集釋 194 頁 199 號；有銘青銅兵器圖録 57 頁 14 號；銘三 1558 【文】同上。矛骹一面刻 4 字。

陽城

① 黄盛璋：《秦兵器分國、斷代與有關制度研究》，《古文字研究》第二十一輯，中華書局，2001 年，第 257—258 頁。

歸陽

按:《秦兵器銘文編年集釋》注明圖片來自“盛世收藏”網站。此矛後著録於《有銘青銅兵器圖録》第三節“矛殳”第 14 號，其文字説明云:“刻銘 5 字:陽城。歸陽城。”所見銘文均爲局部，有待進一步研究。《銘三》備注云:銘文照片中後一“城”字被裁掉。可與《有銘青銅兵器圖録》一書“歸陽城”的釋文相印證。推測裁掉一“城”字是爲了將“歸陽”作爲一個整體來理解。我們認爲“歸陽城”三字可讀爲“歸陽”和“陽城”兩個地名，這兩個地名共用了一個“陽”字。秦兵器刻銘中類似的例子可能還有《集成》11492—11493 高望矛，兩件矛銘文均爲“高望 博”，或均可讀爲“高望”和“博望”。

（295）成都矛一　約戰國晚期至秦代（下限前 206 年）

銅質。出土於禮縣羅壩鄉崖灣村。柳葉形鋒刃，起脊，附雙耳，其中一耳殘斷。矛長 17.4 厘米、骹口徑 2.5 厘米。

【藏】禮縣某氏 【圖】秦西垂史地 78 頁 【文】同上。骹正面竪刻 2 字，反刻 1 字，背面刻 1 字。

骹正面銘：成都

　　　　　公（倒刻）

骹背面銘：中

按：馬建營《禮縣出土的“成都”銘銅矛》① 認爲該器爲典型巴蜀式兵器，“成都”爲地名，即秦并巴蜀後在蜀郡所設的成都縣，“公”爲當時“蜀郡成都官府製造業的一種稱謂”，“中”爲方位詞，“表器物所屬的工室作坊”。成都，

---

① 馬建營:《秦西垂史地考述》，敦煌文藝出版社，2010 年，第 78—81 頁。

置用地名，或爲秦并巴蜀後刻，治今四川成都市。

（296）成都矛二　約戰國晚期至秦代（下限前 206 年）

銅質。1986 年 5 月出土於四川滎經縣同心村 M1 墓。柳葉形葉，尖鋒長骹，直通中脊，骹上有一對弓形耳鼕。骹兩面飾虎紋，虎頭碩大，身軀如蛇。通長 21.9 厘米、葉長 11.4 厘米、銎徑 2.8 厘米。

【藏】四川省文物考古研究院 【圖】銘圖 17590 【文】同上。骹正面刻銘文 2 字，脊上刻 1 字。

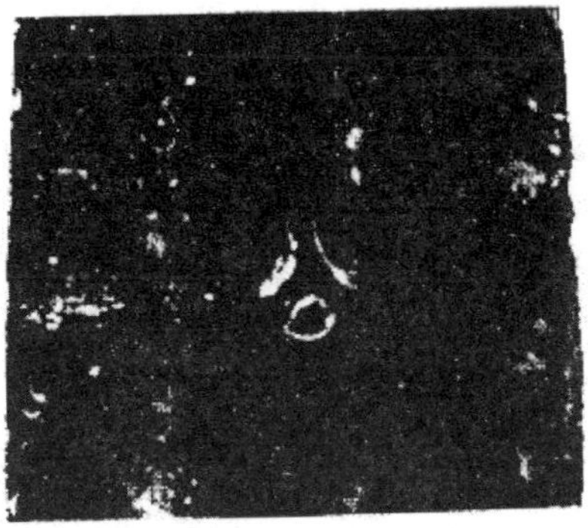

成都

公

按：董珊《戰國題銘與工官制度》[①] 指出該器爲巴蜀式兵器，但銘文皆爲秦刻，時代可能不會晚於秦統一前，“成都”與“公”可能都是庫的簡稱。今按：成都或爲兵器的置用地名，參本編 295 “成都矛一”。

① 董珊：《戰國題銘與工官制度》，北京大學博士學位論文，2002 年，第 251 頁。

（297）□陽矛　約戰國晚期至秦代（下限前 206 年）

銅質。

【藏】不明 【圖】秦兵器銘文編年集釋 194 頁一百九十九號 【文】同上。矛骹一面刻 2 字，另一面刻 1 字。

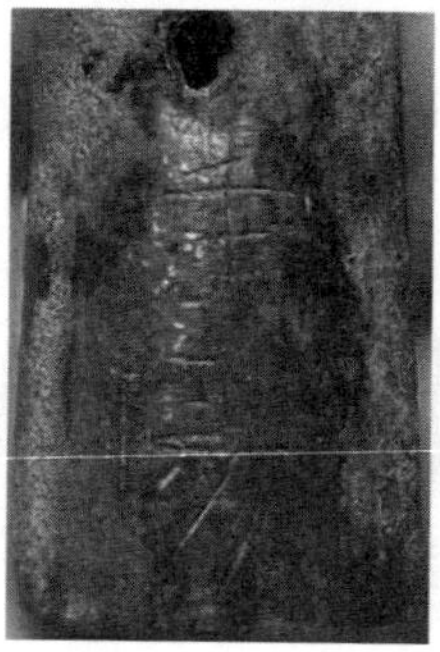

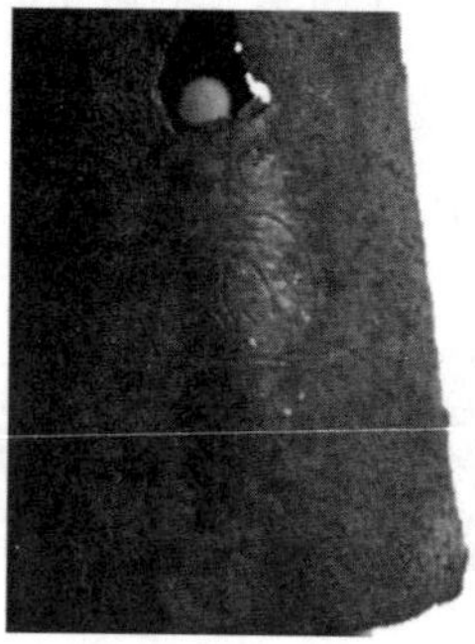

□陽

宜

按：圖片來自“盛世收藏”網站。“宜”或即“宜陽”。

（298）孱陵矛一　約戰國晚期至秦代（下限前 206 年）

銅質。1974 年廣西桂林平樂縣張家鄉燕水村銀山嶺墓地出土。通體寬扁，中脊凸起，血槽寬大，銎口橢圓。通長 15.3 厘米、刃寬 3.3 厘米、銎徑 3 厘米。

【藏】廣西壯族自治區博物館 【圖】考古學報 1978 年 2 期 246 頁圖 38.2；集成 11461；銘圖 17562；中國出土青銅器全集第 19 卷 230 頁 267 號 【文】同上。骹兩面各刻銘文 2 字。

孱陵

按：孱陵，置用地名。《漢書・地理志》武陵郡有孱陵。治今湖北公安縣西。[①] 程曉偉據《史記・秦本紀》“（秦昭襄王）二十九年，大良造白起攻楚，取郢爲南郡，楚王走。”及郢南與孱陵緊鄰，認爲該器銘文當爲白起拔郢之後所刻。[②] 殆是。

（299）孱陵矛二　約戰國晚期至秦代（下限前 206 年）

銅質

【藏】上博 【圖】集成 11462；銘圖 17563 【文】同上。骹部刻 2 字。

孱陵

（300）孱陵矛三　約戰國晚期至秦代（下限前 206 年）

銅質。

【藏】不明 【圖】秦兵器銘文編年集釋 176 頁一百七十三號 【文】同上。骹部刻銘文 2 字。

① 周振鶴編著：《〈漢書・地理志〉彙釋》，安徽教育出版社，2006 年，第 288 頁。

② 程曉偉：《再議平樂銀山嶺墓地出土的兩件秦兵器》，《黑龍江史志》2014 年第 2 期，第 10—11 頁。

按：此矛爲網絡資料，資料圖片取自“盛世收藏”網站。

（301）河南矛　約戰國晚期至秦代（下限前206年）

銅質。造型與寺工矛相同，尖鋒，四棱，葉兩面開刃，中有脊，脊兩側有血槽，銎上部有一小圓釘孔。全長12.1厘米、骹長4.5厘米，重69.2克。

【藏】原藏容庚，現藏臺北故宫【圖】頌齋23圖36；總集7617；貞松16.2；漢金6.13.2；小校14.6；故圖226（圖版肆叁）、227頁；銘圖17561【文】同上。骹兩面各刻銘文2字。

河南

按：舊著録皆斷爲漢，黄盛璋《秦兵器分國、斷代與有關制度研究》據“銘爲鑿鏨，字劃皆斷續不連”的特點以爲是秦器，應是。地爲《漢書·地理志》河南郡河南縣。[①]

洛陽于家營秦墓出土“河亭”“河市”陶文（本編430—432），“河”即“河南”的省稱，屬秦三川郡，治今河南洛陽市，故址猶存。[②]

（302）滎陽矛　約戰國晚期至秦代（下限前206年）

銅質。

【藏】私人【圖】西泠藝林79頁【文】同上。有刻銘2字。

---

① 黄盛璋：《秦兵器分國、斷代與有關制度研究》，《古文字研究》第二十一輯，中華書局，2001年，第254頁。

② 周振鶴編著：《〈漢書·地理志〉彙釋》，安徽教育出版社，2006年，第93頁。

熒陽

按：石峰指出刻銘“榮陽”在秦矛中首見。[1] 熒陽，文獻作滎陽，戰國韓邑。《史記・六國年表》：“秦莊襄王楚元年，蒙驁取成皋、滎陽。初置三川郡。”《史記・秦始皇本紀》：“東至滎陽，滅二周，置三川郡。”《漢書補注》河南郡“滎陽”條下先謙曰：“滎當作熒……春秋鄭制邑……後屬韓，桓惠王時秦拔之”，治今河南滎陽市東北。[2]

（303）平都矛　約戰國晚期至秦代（下限前 206 年）

銅質。前鋒尖銳，有中脊，圓筒形骹粗壯，微顯束腰，骹下部有一對穿釘孔。

【藏】遼寧博 【圖】集成 11542；銘圖 17665 【文】同上。骹兩面共刻銘文 8 字。

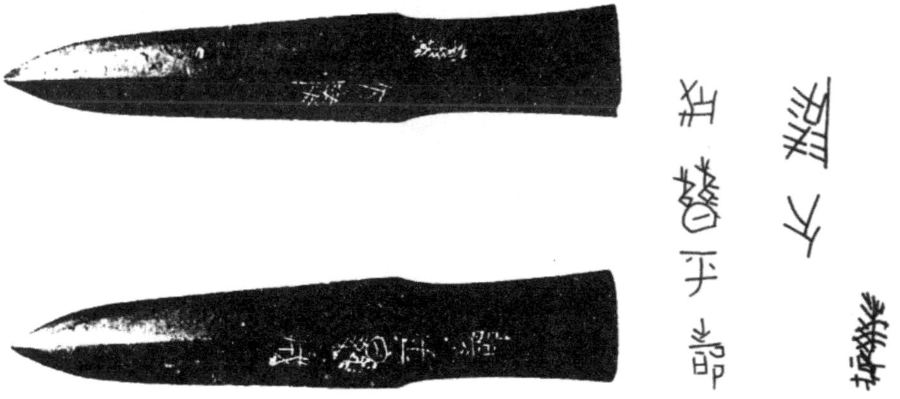

① 石峰：《秦漢吉金遺珍》，《西泠・藝林》第四輯，西泠印社，2013 年，第 75—81 頁。

② 周振鶴編著：《〈漢書・地理志〉彙釋》，安徽教育出版社，2006 年，第 90—91 頁。

平都 濕（隰）成（城）

久陵　萑東

按：平都，黄盛璋《秦兵器分國、斷代與有關制度研究》收有秦器“平都弩機”，但未見銘文拓本。[①] 平都戰國屬趙，《史記・趙世家》：“（悼襄王）二年……君不如遣春平君而留平都。”《正義》引《括地志》云：“平都縣在今新興郡，與陽周縣相近也。”《漢書・地理志》上郡有平都縣，治所當在今陝西子長縣西南。[②]

濕（隰）成（城），《左傳・僖公二十五年》：“夏，四月丁巳，王入于王城，取大叔于温，殺之于隰城。”楊伯峻注曰：“隰城即隱十一年《傳》至隰郕，當在今河南省武陟縣境。”《漢書・地理志》西河郡有隰成縣，治今山西柳林縣西。[③]

矛銘“久陵”“萑東”或亦爲地名，暫不可詳考。

（304）陽周矛　約戰國晚期至秦代（下限前206年）

銅質。

【藏】北京故宫 【圖】集成11463；銘圖17569 【文】同上。骹部刻銘文2字。

陽周

① 黄盛璋：《秦兵器分國、斷代與有關制度研究》，《古文字研究》第二十一輯，中華書局，2001年，第255頁。
② 周振鶴編著：《〈漢書・地理志〉彙釋》，安徽教育出版社，2006年，第377頁。
③ 周振鶴編著：《〈漢書・地理志〉彙釋》，安徽教育出版社，2006年，第384頁。

按：銘文“陽周”又見於陽周矛（《訂補》1522）和秦封泥“陽周丞印”[①]。陽周，地名。《史記・蒙恬列傳》言蒙恬吞藥自殺於陽周。《漢書・地理志》言上郡有陽周縣。班固自注：“橋山在南，有黄帝冢。”《漢書補注》：“秦縣，二世賜蒙恬死處，見《恬傳》。”治今陝西横山縣南。[②]

（305）武戳矛　約戰國晚期至秦代（下限前206年）

銅質。尖鋒，中脊凸起，血槽寬大，圓筒形骹，上部有一釘孔。通長13.9厘米。

【藏】北京故宫 【圖】集成11468；銘圖1756 【文】同上。骹部刻銘文2字。

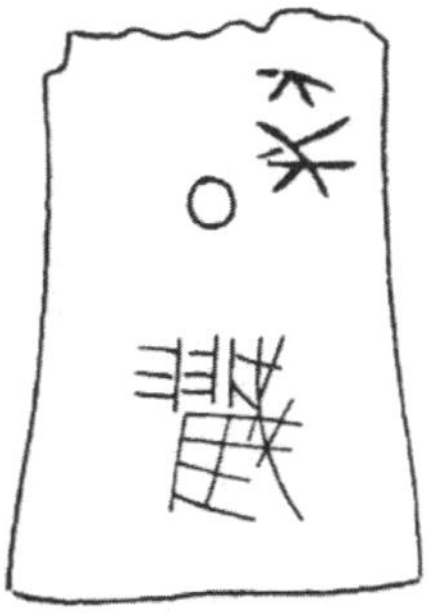

武

戳

按：“武”應爲“武庫”之省。從銘文字體看，應爲兩次刻寫，“戳”含義不明。

（306）武都矛　約戰國晚期至秦代（下限前206年）

銅質。窄葉尖鋒，中脊鼓起，兩邊開刃，脊兩側有寬血槽，長筒形骹，微束腰，下部有對穿釘孔。通長6.4寸（雙吉）、寬1寸（雙吉），銎深4.8寸（雙吉）、銎徑0.8寸（雙吉）。

【藏】北京故宫 【圖】雙吉下39；國史金2741頁圖二三；集成11506；銘

① 任紅雨編著：《中國封泥大系》，西泠印社，2018年，第322頁。

② 周振鶴編著：《〈漢書・地理志〉彙釋》，安徽教育出版社，2006年，第377頁。

圖 17606 【文】同上。骹部刻銘文 4 字。

武都

造庫。

按：黄盛璋《秦兵器分國、斷代與有關制度研究》定爲秦器。[①] 内蒙古烏蘭察布盟清水河拐子上古城曾出土武都矛一件（《訂補》1506）。

（307）漆垣矛　約戰國晚期至秦代（下限前 206 年）

銅質。長 15.7 厘米、葉最寬處 2.8 厘米、骹長 5.5 厘米。矛骹口橢圓形狀，骹口徑 2.8 厘米 × 2.2 厘米。尖鋒，中脊凸起，兩邊開刃，横截面爲八棱形，骹上有一對穿圓孔。

【藏】私人 【圖】銘續 1283；西部史學第三輯 104 頁圖 【文】同上。矛身一面 4 處刻銘，另一面 2 處。

左骹部：漆垣（倒書）洛都（刻後又被劃去）

右骹部：漆工（刻後又被劃去）

① 黄盛璋：《秦兵器分國、斷代與有關制度研究》，《古文字研究》第二十一輯，中華書局，2001 年，第 261—265 頁。

右葉部：高望（倒刻）

右葉近骹：燕

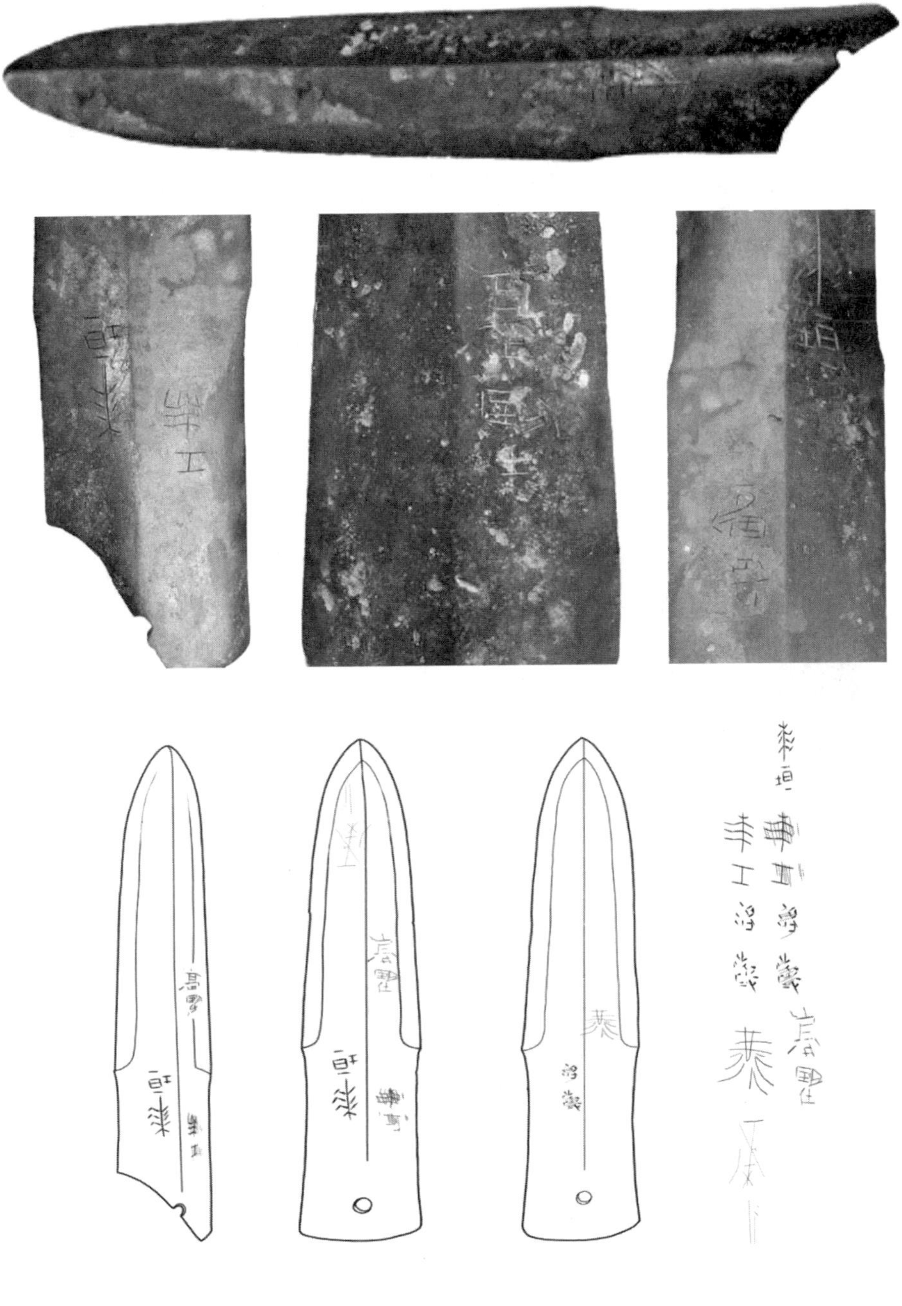

按：陳治軍《新見六處刻銘秦矛介紹與研究》[①]一文公布了該矛修復後的綫圖和新發現的刻銘等信息。“漆垣”二字與《訂補》1512 漆垣戈字形相似，接近隸書。漆垣，秦刻銘屢見，如七年上郡守閒戈（《訂補》120）、十二年上郡守壽戈（《訂補》124）、十三年上郡守壽戈（《訂補》125）、□□年上郡守戈（《訂補》126）、十五年上郡守壽戈（《訂補》131）以及本編 335 漆垣弩機等。《漢書・地理志》上郡有漆垣縣，治今陝西宜君縣西。[②]高望，參本編 71 三十八年上郡守慶戈。

（308）杜陽矛　約戰國晚期至秦代（下限前 206 年）

銅質。1977 年出土於遼寧遼陽市太子河區喇嘛園。圓筒形銎，骹上一孔，脊隆起，有凸棱，脊兩側有血槽，狹前鋒尖銳。長 14.5 厘米、寬 3.4 厘米。

【藏】遼陽博物館　【圖】遼陽圖集 94 頁；考古與文物 2018 年 1 期 124 頁；銘三 1559　【文】同上。骹中部雙面均有刻銘，一面 4 字，一面 1 字。

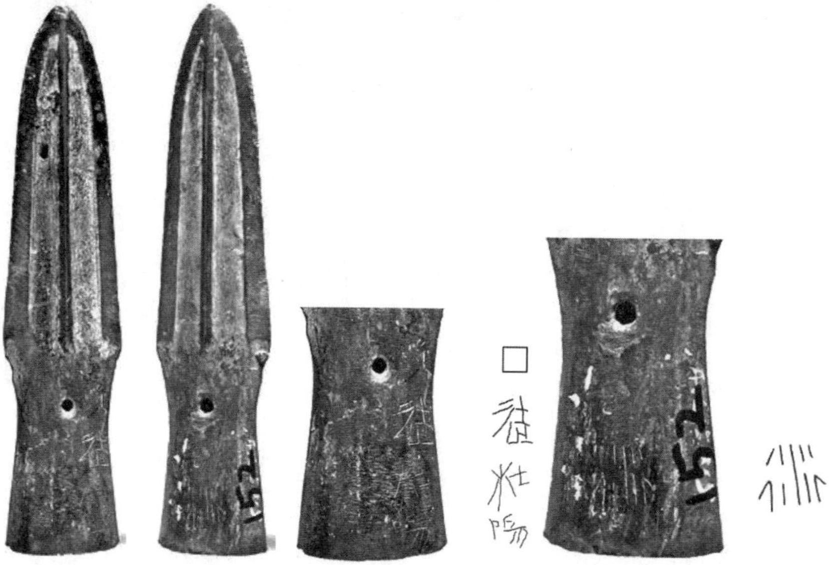

① 陳治軍：《新見六處刻銘秦矛介紹與研究》，黃賢全、鄒芙都主編：《西部史學》第三輯，西南師範大學出版社，2019 年。

② 周振鶴編著：《〈漢書・地理志〉彙釋》，安徽教育出版社，2006 年，第 378 頁。

□徒 杜陽

衍

按："徒"字，《遼陽博物館館藏精品圖集》釋作"造"[①]，李智裕改釋。[②]杜陽，地名，治今陝西麟游縣西北。[③]相家巷出土秦封泥有"杜陽丞印"。《史記·樗里子甘茂列傳》："今公與楚解口地，封小令尹以杜陽。"《索隱》曰："又封楚之小令尹以杜陽。杜陽亦秦地，今以封楚令尹，是秦楚合也。"

衍，地名。《史記·魏世家》："（景湣王）五年，秦拔我垣、蒲陽、衍。"《集解》曰："衍，地名，在鄭州。"

（309）原都戈　約戰國晚期至秦代（下限前206年）

銅質。

【藏】上博 【圖】集成10937；銘圖16451 【文】同上。内部刻銘文2字。

原都

按：《集成》原釋作"昜都"，後《集成》增補本改釋"原都"；《銘圖》釋作"寡（陽）都"；陳林亦釋"原都"。[④]實際上，黄盛璋較早前已釋爲"原都"，并定此戈爲秦器，但黄文未附拓本。[⑤]睡虎地秦簡《法律答問》第196簡"原"

① 邢愛文主編：《遼陽博物館館藏精品圖集》，遼寧大學出版社，2009年，第94頁。

② 李智裕：《遼陽博物館藏秦國有銘矛》，《考古與文物》2018年第1期，第124、125頁。

③ 周振鶴編著：《〈漢書·地理志〉彙釋》，安徽教育出版社，2006年，第51—52頁。

④ 陳林：《秦兵器銘文編年集釋》，復旦大學碩士學位論文，2012年，第180—181頁。

⑤ 黄盛璋：《秦兵器分國、斷代與有關制度研究》，《古文字研究》第二十一輯，中華書局，2001年，第255頁。

字作“𡧍”形，[1]與戈銘接近，故應釋“原都”無疑。原都爲戈的置用地，《漢書·地理志》上郡轄原都縣，今地無考。[2]

陳林文中提及的“二十五年上郡守周戈”，即二十五年上郡守厝戈（《訂補》144，《銘圖》17287）。該戈銘文“原都”二字，以往多隸定爲“□南”，董珊認爲是“原都”，系第一次刻銘，但被斜綫劃去，故筆畫錯亂難以辨認。[3]

（310）西矛　約戰國晚期至秦代（下限前206年）

銅質。

【藏】北京故宫 【圖】集成11431 【文】同上。骹上刻1字。

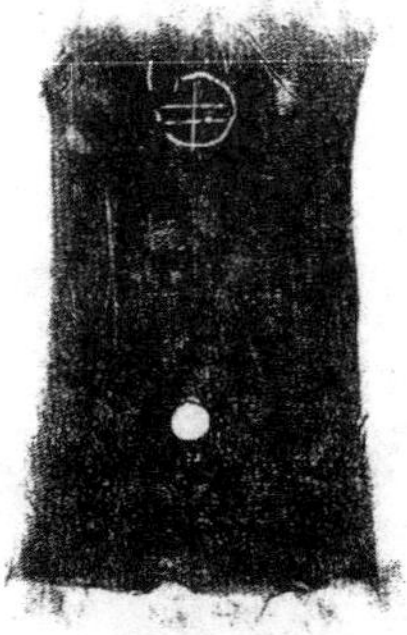

西

按：“西”應是秦隴西郡西縣，治今甘肅天水禮縣北。本編240收咸陽博物館藏西鼎，可參看。

（311）葉矛　約戰國晚期至秦代（下限前206年）

銅質。1972年於安徽臨泉縣城關廢品收購站揀選。一鋒兩刃，中脊隆起，直通前鋒，脊兩側有血槽，銎孔呈橢圓形，骹中部有對穿釘孔。通長14.8厘米。

【藏】臨泉縣博物館 【圖】東南文化1991年2期259頁圖3；安徽金文101；近出1203；新收1699；銘圖17527；安徽彙編348 【文】同上。骹部有銘文1字。

---

① 張守中：《睡虎地秦簡文字編》，文物出版社，1994年，第174頁。

② 周振鶴編著：《〈漢書·地理志〉彙釋》，安徽教育出版社，2006年，第378頁。

③ 董珊：《論陽城之戰與秦上郡戈的斷代》，《古代文明》第3卷，文物出版社，2004年，第343—358頁。

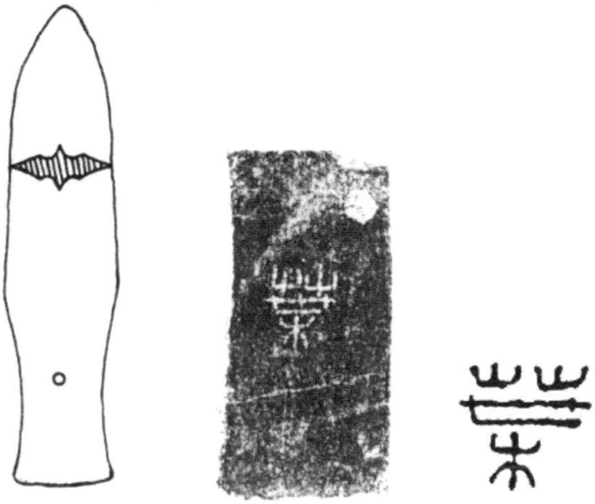

葉

按：韓自强、馮耀堂認爲“葉”春秋時爲楚邑，戰國時屬韓，後秦攻韓，葉屬秦。該器銘文“葉”字近秦篆，應是秦滅韓後所刻。①《史記・韓世家》：“九年，秦虜王安，盡入其地，爲潁川郡。韓遂亡。”崔恒昇認爲“葉”爲地名，在今河南葉縣西南舊縣鄉。②應是。

（312）垣矛　約戰國晚期至秦代（下限前206年）

銅質。

【藏】不明 【圖】秦兵器銘文編年集釋196頁二〇三號 【文】同上。骹上刻銘文1字。

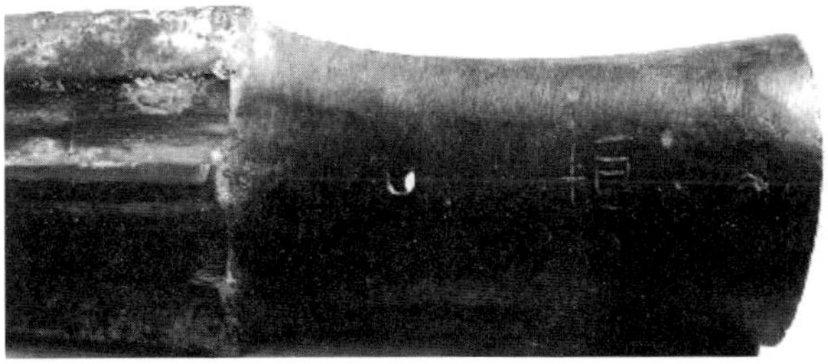

垣

① 韓自强、馮耀堂：《安徽阜陽地區出土的戰國時期銘文兵器》，《東南文化》1991年第2期，第258—261頁。

② 崔恒昇：《安徽出土金文訂補》，黄山書社，1998年，第307—309頁。

按：圖片來自“盛世收藏”網站。《史記・秦本紀》昭襄王“十五年，大良造白起攻魏，取垣，復予之。”正義曰：前秦取蒲阪，復以蒲阪與魏，魏以爲垣。今又取魏垣，復與之，後秦以爲蒲阪皮氏。睡虎地秦簡《編年紀》“十五年，攻魏。十六年，攻宛。十七年，攻垣、枳”。張家山漢簡《二年律令・秩律》“垣、灌（濩）澤、襄陵、蒲子”等并列，《漢書・地理志》河東郡有“垣”縣，治今山西垣曲縣東南。

（313）麗矛　約戰國晚期至秦代（下限前 206 年）

銅質。

【藏】不明 【圖】秦兵器銘文編年集釋 196 頁二〇四號 【文】同上。骹上刻銘文 2 字。

麗

丘

按：此矛資料來自“盛世收藏”網站。

（314）冀矛　約戰國晚期至秦代（下限前 206 年）

銅質。

【藏】不明 【圖】得賢精舍藏金石器物拓片二十品之九 【文】同上。僅見拓本，骹上刻 1 字。

冀

按:《得賢精舍藏金石器物拓片二十品》收録“得賢精舍”所藏金石器物的拓本二十件，其中第七至第十件分別爲秦少府戈鐓（刻銘）、詔事戈（内上鑄銘）、冀矛和陶文“咸陽亭久”（陶器殘片戳印）。此“冀矛”此前未見著録，形制戰國晚期秦矛的典型樣式，今據拓本收録。《銘三》1537亦收録一件“冀”字秦矛（本編未收），與此矛或同爲一件。

（315）降矛　約戰國晚期至秦代（下限前206年）

銅質。矛形，圓骹窄刃，脊綫起自本部，直達鋒尖，脊兩側有血槽，骹中部較細，中部偏下有一對釘孔，銎口銹殘。通長12.2厘米、銎徑2厘米。

【藏】珍秦齋　【圖】珍秦齋吴249頁；銘圖17699　【文】同上。骹正面刻銘文，殘存3行13字（其中合文1），另刻有1字。

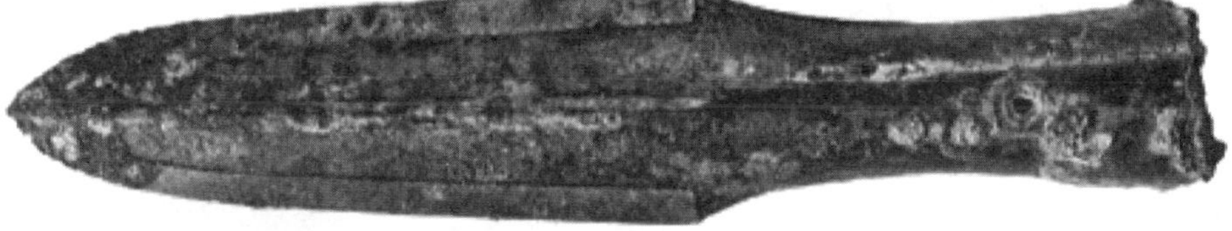

降（絳）

按：器銘“□年宅陽命（令）□懇左庫工帀□馬兑冶鑄”爲戰國魏刻銘，“降”爲秦人加刻置用地名。

降，通“絳”，秦封泥有“降丞之印”。《史記・晉世家》：“（獻公八年）乃使盡殺諸公子，而城聚都之，命曰絳，始都絳。”治今山西侯馬市東。①

（316）武始矛　約戰國晚期至秦代（下限前 206 年）

銅質。

【藏】金鱗軒 【圖】銘續 1288（圖闕）【文】同上。脊兩側刻銘文二處，戰國韓刻銘 3 行 25 字（其中合文 2、重文 1），秦國刻銘 2 字未見。

武始

按：器屬戰國晚期韓，其中韓刻銘爲“貞壯王廿三年，新城令徒徒痏，司寇續順右庫工師棌郚冶寓（？）曹（造）”。韓刻銘時代爲韓桓惠王二十三年（前 250 年）。虞同《二十三年新城令矛考》云矛身有秦刻銘“武始”2 字，② 但未提供銘文摹本。

《史記・秦本紀》：“（秦昭襄王）十三年，向壽伐韓，取武始。左更白起攻新城。”“武始”二字爲秦取韓武始地後加刻，可知該刻銘的時間上限或爲秦昭襄王十三年（前294 年）。《漢書・地理志》武始系魏郡轄縣，治今河北邯鄲市西南。③

（317）詔矛　約戰國晚期至秦代（下限前 206 年）

銅質。尖鋒，中有脊，脊兩旁有血槽，骹作束腰扁圓筒形，上有對穿釘孔。

【藏】私人 【圖】銘續 1276 【文】同上。骹上刻銘文 1 字。

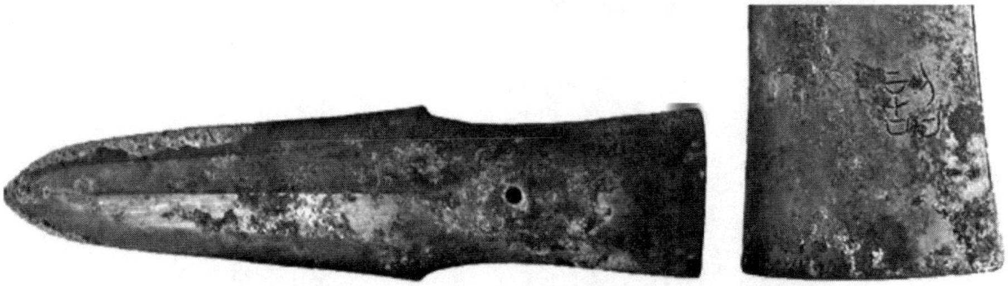

① 周振鶴編著：《〈漢書・地理志〉彙釋》，安徽教育出版社，2006 年，第 70、71 頁。

② 虞同：《二十三年新城令矛考》，簡帛網：http://www.bsm.org.cn/show_article.php?id=1741（2012-09-25）。

③ 周振鶴編著：《〈漢書・地理志〉彙釋》，安徽教育出版社，2006 年，第 175 頁。

詔

按：“詔”或爲“詔事”之省。

（318）公矛　約戰國晚期至秦代（下限前 206 年）

銅質。窄葉形，前鋒圓鈍，葉後部圜收，脊向後漸寬厚，與骹筒合爲一體。

【藏】銅川市博物館　【圖】銘圖 17522　【文】同上。左葉鑄銘文 1 字。

公

按：吴鎮烽《銘圖》將其時代定爲戰國晚期，暫從吴説。

（319）武垣劍　約戰國晚期至秦代（下限前 206 年）

銅質。傳出河北三河市馬起乏村。長條形，扁平脊。寬 3.4 厘米。

【藏】北京故宫　【圖】集成 11686；銘圖 18068　【文】同上。中脊刻銘文 2 行 20 字（其中合文 1），另加刻 2 字。

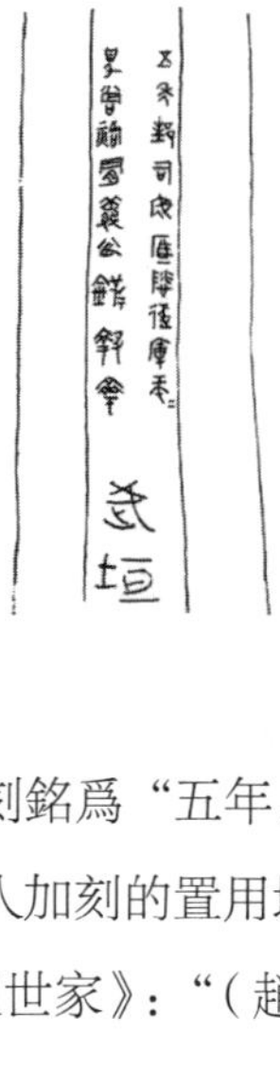

武垣

按：原爲戰國晚期趙器，趙刻銘爲“五年，邦司寇馬慼，迋庫工帀叟尚，𨱥迋肴曦半釪敎齋”。“武垣”是秦人加刻的置用地名。

武垣，置用地名，《史記·趙世家》：“（趙孝成王七年）秦圍邯鄲。武垣令傅豹、王容、蘇射率燕衆反燕地。”《正義》引《括地志》云：“武垣故城今瀛州城是也。”治所當在今陝西子長縣西南。[①]

（320）武矛　約戰國晚期至秦代（下限前206年）

銅質。

【藏】北京故宮 【圖】集成11431 【文】同上。骹上刻1字。

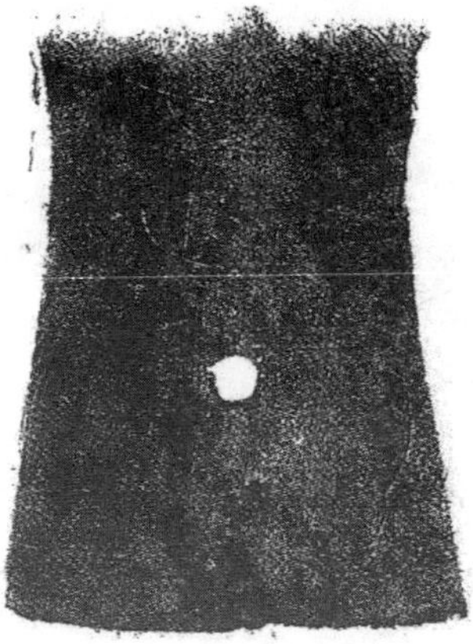

武

按：“武”或是“武庫”之省。

（321）武庫矛　約戰國晚期至秦代（下限前206年）

銅質。窄葉尖鋒，脊較粗，兩側有血槽，圓筒形骹束腰。通高16厘米、最寬處3.4厘米。

【藏】珍秦齋 【圖】珍秦琳琅156頁；銘圖17580 【文】同上。骹部刻銘2字。

① 周振鶴編著：《〈漢書·地理志〉彙釋》，安徽教育出版社，2006年，第197頁。

武庫

（322）武庫受屬邦矛　約戰國晚期至秦代（下限前 206 年）

銅質。全長 15 厘米。

【藏】不明 【圖】秦兵器銘文編年集釋 193 頁一百九十八號；有銘青銅兵器圖録 58 頁 15 號；銘三 1569 【文】同上。一面 5 字，另一面 2 字。

武庫受屬邦

寺工

按：《秦兵器銘文編年集釋》注明圖片來自“盛世收藏”網站；此矛後著録於《有銘青銅兵器圖録》第三節“矛殳”第 15 號。

（323）屬邦矛　約戰國晚期至秦代（下限前 206 年）

銅質。

【藏】不明 【圖】尊古齋古兵精拓 225 頁 【文】同上。

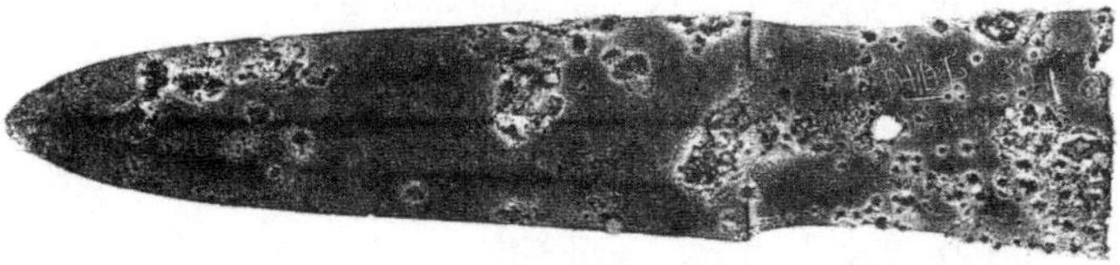

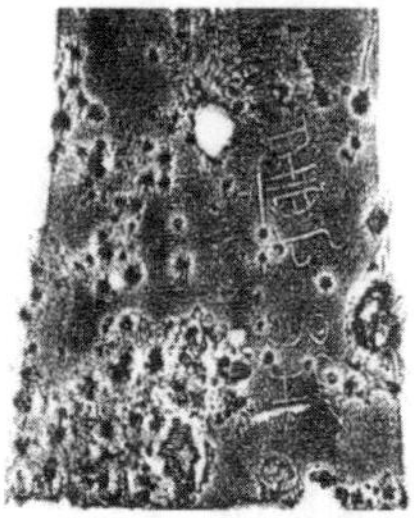

屬邦

按：此矛《集成》《銘圖》《銘圖續》等似均未收録。《訂補》194“二年屬邦守蓐戈”和《訂補》285“十四年屬邦戈”，均爲屬邦監造的兵器等。此矛刻銘字體風格與廣州市羅崗區羅崗鎮4號秦代墓出土的十四年屬邦戈之“屬邦”及《訂補》281“十二年丞相啟顛戈”内刻銘的字體最爲接近。

又，《訂補》1485收録一件未見圖文的“屬邦矛”，系中國歷史博物館藏品（今國博）①，或與此矛爲同一件，存疑待考。

（324）寺工矛甲　約戰國晚期至秦代（下限前206年）

銅質。2009—2011年秦始皇帝陵一號兵馬俑陪葬坑出土（G10：083）。通體扁長且直，中部起脊，兩側各有一道風槽，直刃前聚成鋒，下爲橢圓筒形骹。通長15.5厘米、葉長10.5厘米、葉寬3.3厘米、骹長5厘米、口徑3厘米×2.6厘米。

【藏】秦陵博物院 【圖】文物2015年9期35頁、34頁圖73；秦始皇帝陵一號兵馬俑陪葬坑發掘報告（2009—2011年）164頁圖一〇三:3，彩版三二，1

【文】同上。骹上刻銘文2字。

---

① 袁仲一：《秦中央督造的兵器刻辭綜述》，《考古與文物》1984年第5期，第101—112頁。

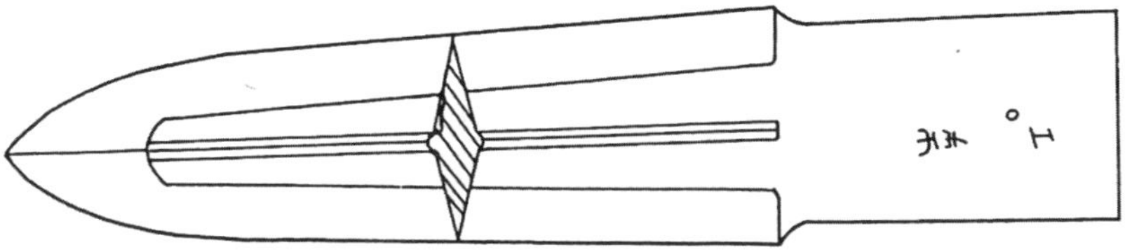

寺工

按:《訂補》1519 寺工矛二與該器同爲秦俑一號坑出土，形制、尺寸、銘文均相近。

（325）寺工矛乙　約戰國晚期至秦代（下限前 206 年）

銅質。2009—2011 年秦始皇帝陵一號兵馬俑陪葬坑出土（G9：028）。通體扁長且直，中部起脊，兩側爲葉，不見風槽，刃部鋒鋭，下爲橢圓筒形骹，骹的兩棱與刃鋒相對。通長 15.4 厘米、葉長 10.7 厘米、葉寬 3.3 厘米、骹長 4.7 厘米、口徑 2.9 厘米 × 2.4 厘米。

【藏】秦陵博物院 【圖】文物 2015 年 9 期 35 頁圖 75.1；秦始皇帝陵一號兵馬俑陪葬坑發掘報告（2009—2011 年）164 頁圖一〇三：7；彩版三二，3—4
【文】同上。骹上刻銘文 2 字。

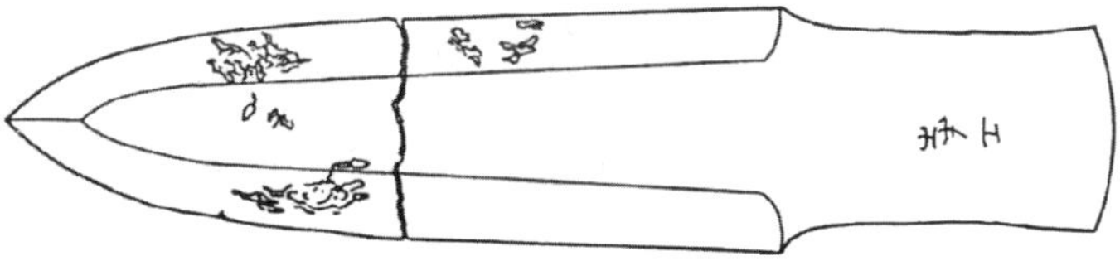

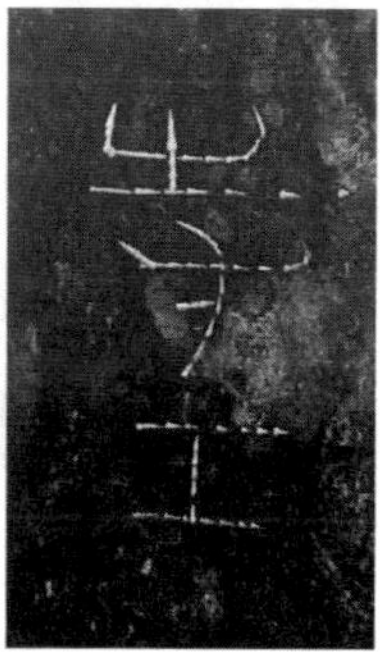

寺工

（326）少府鐓一　約戰國晚期至秦代（下限前206年）

銅質。横截面呈卵圓形，近上部有一寬帶凸起，其上有一箍棱，下部圜收。長10.5厘米、口徑2.8厘米×1.9厘米。

【藏】不明 【圖】銘圖18538 【文】同上。體一側鑄銘文2字。

少府

按:《銘圖》稱該器"2008年1月見於中華青銅器網"。

（327）少府鐓二　約戰國晚期至秦代（下限前206年）

銅質。横截面呈卵圓形，近上部有一寬帶凸起，其上有一箍棱。

【藏】不明 【圖】銘圖18545；有銘青銅兵器圖録68頁7號；銘三1639 【文】同上。體一側鑄銘文4字。

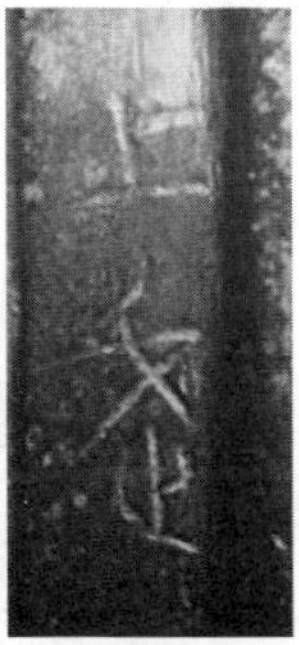

少府，工（江？）慧

上武

按:《銘圖》稱該器“2006年10月見於中華青銅器網”，後著録於《有銘青銅兵器圖録》第四節“雜項”第7號。從刻銘字體和布局來看，“府”字形體稍小而工整，“少工慧”三字一貫而下，字形稍大且散亂，故懷疑“府”“少工慧”或并不連讀。

(328) 武庫戈鐓　約戰國晚期至秦代(下限前206年)

銅質。

【藏】達觀齋 【圖】有銘青銅兵器圖録69頁8號；銘三1638 【文】同上。

武庫

(329) 中陽鐓　約戰國晚期至秦代(下限前206年)

銅質。圓筒形，下部略小，底圜收。通高4厘米、口徑2.65厘米。

【藏】珍秦齋 【圖】珍秦琳琅157頁；銘圖18539 【文】同上。表面刻銘文2字。

中陽

按：參本編 264 中陽戈。

（330）雕陰戈鐓　約戰國晚期至秦代（下限前 206 年）

銅質。

【藏】私人 【圖】西泠藝林 79 頁 【文】同上。有刻銘 2 字。

雕陰

按：石峰認爲“雕陰”二字從文字風格上看當屬先秦。[①] 雕陰，地名，參本編 234 雕陰鼎。

（331）竃鐓　約戰國晚期至秦代（下限前 206 年）

銅質。

【藏】不明 【圖】集成 11904；銘圖 18533 【文】同上。表面鑄銘文 1 字。

① 石峰：《秦漢吉金遺珍》，《西泠·藝林》第四輯，西泠印社，2013 年，第 75—81 頁。

竈

按：該字與十六年大良造鞅戈鐓（《訂補》85）銘文最後一字“[illegible]”完全相同，《訂補》從施謝捷説釋爲“□”，爲雍地工官名。《銘圖》該字後括注爲“革”。

（332）雕陰弩機　約戰國晚期至秦代（下限前 206 年）

銅質。望山、勾牙、懸刀、栓塞（鍵）和勾心（牛）齊備，無郭。

【藏】私人 【圖】銘圖 18577 【文】同上。懸刀刻銘文 4 字，望山 2 字，共 6 字。

上郡武庫

雕陰

按：雕陰，地名。參本編 234 雕陰鼎。

（333）平都弩機　約戰國晚期至秦代（下限前 206 年）

銅質。

【藏】不明 【圖】未見 【文】古文字研究 21 輯 255—256 頁。弩牙刻銘 2 字。

平都

按：黄盛璋《秦兵器分國、斷代與有關制度研究》云：“據傳世拓本摹録。”[1]

---

① 黄盛璋：《秦兵器分國、斷代與有關制度研究》，《古文字研究》第二十一輯，中華書局，2001 年，第 255—256 頁。

（334）直陶雍弩機　約戰國晚期至秦代（下限前206年）

銅質。鍵丟失。通高17厘米、望山高8.2厘米，懸刀長10.5厘米、寬2.2厘米、厚1厘米，牙高1.6厘米、牙距1.1厘米。

【藏】達觀齋 【圖】弩機2；銘圖18578；有銘青銅兵器圖録94頁17號

【文】同上。望山右側刻銘文2字，懸刀正面4字，反面3字。

望山銘：十八

懸刀正面銘：十八□□

懸刀反面銘：直陶雍

按：《銘圖》該器下注："懸刀反面銘文作者釋爲'直陶雍'"；從照片上看似爲"直降雍"。銘文照片和拓片均不甚清晰，刻銘内容難以確認。

（335）漆垣弩機　約戰國晚期至秦代（下限前206年）

銅質。無郭，由望山、勾牙、懸刀、牛、栓塞組成。栓塞已失。望山長8.2

厘米、勾牙長 4.35 厘米、牛 6.1 厘米、懸刀 10.2 厘米。

【藏】珍秦齋 【圖】珍秦琳琅 161 頁；銘圖 18556 【文】同上。懸刀和望山上各刻銘文 2 字。

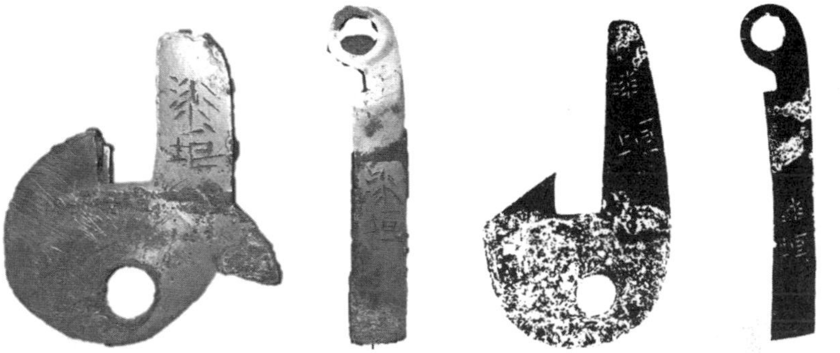

漆垣

按：漆垣，地名。參本編 307 漆垣矛。

（336）西都弩機 約戰國晚期至秦代（下限前 206 年）

銅質。

【藏】于恩和 【圖】于恩和藏“西都”銘文青銅弩機考[1] 【文】同上。郭身和鍵端各有銘文“已”字（圖未見），郭身凹槽處鑿刻“西都”2 字。

西都

① 于恩和博客文章《顧清：〈于恩和藏“西都”銘文青銅弩機考〉》，http://blog.sina.com.cn/yuenhe（2010-07-09）。

按：《集成》11360 郛令夜㬰戈内部有秦人加刻的地名“西都”，見本編 267 西都戈。《漢書・地理志》西河郡有“西都”縣，亦見於張家山漢簡《二年律令・秩律》簡 542，本爲戰國趙地，《史記・趙世家》：“（武靈王）十年，秦取我西都及中陽。”今地無考。

（337）中陽弩機　約戰國晚期至秦代（下限前 206 年）

銅質。

【藏】不明 【圖】未見 【文】古文字研究 21 輯 254 頁。弩牙刻銘 2 字。

中陽

按：黄盛璋《秦兵器分國、斷代與有關制度研究》云：“此爲傳世品，僅見拓本，未著録，刻於弩牙，未見實物。”①

（338）中陽馬銜　約戰國晚期至秦代（下限前 206 年）

銅質。兩鏈條相互套接，鏈條一爲大環，一爲小環。通長 21.2 厘米、環徑 5.4 厘米。

【藏】珍秦齋 【圖】珍秦琳琅 174 頁；銘圖 19065 【文】同上。表面刻銘文 4 字。

中陽□□

按：中陽，地名。參本編 264 中陽戈。

① 黄盛璋：《秦兵器分國、斷代與有關制度研究》，《古文字研究》第二十一輯，中華書局，2001 年，第 254 頁。

（339）竹陽柲冒　約戰國晚期至秦代（下限前 206 年）

銅質。

【藏】私人 【圖】西泠藝林 78 頁 【文】同上。鑄銘 6 字。

三年竹陽工徒

按：石峰認爲銘文從文字風格上看當爲秦文字[①]，殆是。"竹陽"即"筑陽"。《漢書・地理志》南陽郡有筑陽縣，治今湖北穀城縣東北。[②]

（340）高奴銅器座　約戰國晚期至秦代（下限前 206 年）

銅質。圓環座，三蹄足。

【藏】得賢精舍 【圖】聽風樓金石文字 15 號[③] 【文】同上。環座底部刻銘文 2 字。

① 石峰：《秦漢吉金遺珍》，《西泠・藝林》第四輯，西泠印社，2013 年，第 75—81 頁。

② 周振鶴編著：《〈漢書・地理志〉彙釋》，安徽教育出版社，2006 年，第 127 頁。

③ 按：得賢精舍新浪博客 2012 年 5 月 13 日博文亦有及銘文資料（http://blog.sina.com.cn/s/blog_9f7bc710010136ll.html）。

高奴

按：銘文“高奴”，又見於高奴簋（《訂補》1479）、高奴矛（《訂補》1481）、高奴戈（《訂補》1502）等。該器銘文寫法與上述三器（約戰國晚期至秦代）極爲相近，或處於同一時代。

高奴，地名。《史記·項羽本紀》：“立董翳爲翟王，王上郡，都高奴。”《正義》引《括地志》云：“延州州城即漢高奴縣。”治今陝西延安市北。①

（341）臨洮方策 約戰國晚期至秦代（下限前206年）

銅質。1991年禮縣田永明發現於禮縣城北崖城鄉馬河村。豎長方框形，右長邊中部鑄一連體折曲狀鴨首形鈎。長7.8厘米、寬2.6厘米、通高2.7厘米、邊寬0.6厘米、厚0.3厘米，重29.2克。

【藏】禮縣田永明 【圖】秦西垂史地82頁 【文】同上。左長邊表面豎刻銘文2字。

① 周振鶴編著：《〈漢書·地理志〉彙釋》，安徽教育出版社，2006年，第379頁。

臨洮

按：馬建營通過分析該器形制、文字及出土信息，認爲其時代應爲戰國晚期至秦代[①]，殆是。甘肅秦安上袁家秦墓亦曾出土一件方策，形制與此相同。[②]臨洮，地名。《史記·秦始皇本紀》："八年，王弟長安君成蟜將軍擊趙，反，死屯留，軍吏皆斬死，遷其民於臨洮。"《正義》："臨洮水，故名臨洮。"《漢書補注》："先謙曰：秦縣，始皇遷民於此，見本紀。蒙恬築長城，起此至遼東，見本傳。"治今甘肅岷縣。[③]

（342）華陽右般銀釦　約戰國晚期至秦代（下限前206年）

銀質。

【藏】私人　【圖】西泠藝林80頁　【文】同上。有刻銘4字。

華陽右般

按：石峰指出華陽在河南密縣，"般"爲職官名，可訓爲"樂"，其職掌與膳食娛樂相關。[④]

華陽，地名。秦封泥有"華陽丞印"。《史記·秦本紀》："（昭襄王）

---

① 馬建營：《禮縣出土的"臨洮"銘銅方策》，《秦西垂史地考述》，敦煌文藝出版社，2010年，第82—85頁。

② 甘肅省文物考古研究所：《甘肅秦安上袁家秦漢墓葬發掘》，《考古學報》1997年第1期，第65頁圖七，10。

③ 周振鶴編著：《〈漢書·地理志〉彙釋》，安徽教育出版社，2006年，第343、344頁。

④ 石峰：《秦漢吉金遺珍》，《西泠·藝林》第四輯，西泠印社，2013年，第75—81頁。

三十三年，客卿胡攻魏卷、蔡陽、長社，取之。擊芒卯華陽，破之，斬首十五萬。"《集解》引司馬彪曰："華陽，亭名，在密縣。"《正義》引《括地志》云："故華城在鄭州管城縣南三十里。《國語》云史伯對鄭桓公，虢、鄶十邑，華其一也。華陽即此城也。"《漢書・地理志》無華陽縣，或於西漢時廢。

關於"右般"，陳昭容認爲"左般""中般""右般"應爲食官（太官、私官）下屬，分左、中、右，其有司稱"般者"，"般"字或可讀爲"班次"之"班"，即位次、序列之意。① 陳治國等認爲"般"通"盤"，"右般"和"般"應是爲王室製作飲食的機構，不爲宴會提供娛樂。② 可參本編 249 按語。

（343）平都中陽器　約戰國晚期至秦代（下限前 206 年）

銅質。

【藏】不明 【圖】小校 13.81；漢金四・三四；國史金 4038 頁圖六二 【文】同上。

平都

三斗一升少

半升

十三斤八兩

中陽

按：《小校經閣金石文字》和《國史金石志稿》均稱爲"漢中陽銅器"，黄

① 陳昭容：《從封泥談秦漢"詹事"及其所屬"食官"》，《西泠印社：戰國秦漢封泥文字研究專輯》（總第 31 輯），西泠印社，2011 年，第 25—32 頁。

② 陳治國、谷朝旭：《秦封泥中"左般"與"右般"考釋》，《文博》2013 年第 3 期，第 20—22 頁。

盛璋《秦兵器分國、斷代與有關制度研究》云："舊列爲漢器，'平都'、'中陽'字體與秦兵器極似，應改定説秦器。"[1] 黄説應是。

（344）莔陽殘器　約戰國晚期至秦代（下限前206年）

【藏】未知 【圖】貞松堂藏吉金墨本0073[2]；漢金四·三三；國史金4036頁圖五八；秦漢金文377頁圖540 【文】同上。

莔陽

卅斗

□升

按：首字王獻唐、容庚均未釋。[3]《秦漢金文彙編》釋"莔"，應是。

（345）少府器　戰國晚期至秦代（下限前206年）

銅質。平底斂口鼓腹，雙環耳。

【藏】不明 【圖】聽風樓金石文字39號 【文】同上。

---

① 黄盛璋：《秦兵器分國、斷代與有關制度研究》，《古文字研究》第二十一輯，中華書局，2001年，第254頁。

② 羅振玉手拓及蒐集：《貞松堂藏吉金墨本》（拓本）。此殘器拓本是《貞松堂藏吉金墨本》最末一器。

③ 容庚：《容庚學術著作全集·秦漢金文録》（第6册），中華書局，2011年，第450頁；王獻唐：《國史金石志稿》，青島出版社，2004年，第4036頁。

少府

（346）長信宮倉銅箕　戰國晚期至秦代（下限前206年）

銅質。

【藏】不明 【圖】聽風樓金石文字16號 【文】同上。

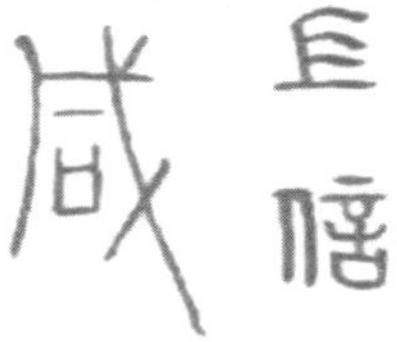

長信

咸

重六斤三兩

納功財用

按："長信""咸"等字刻劃較淺，不能施拓。"長信"應指長信宮；"咸"指"咸陽"。

（347）鷩銅鑰　戰國晚期至秦代（下限前206年）

銅質。一組七件，除第一件外，其餘均爲長方體，頂部有薄片狀鼻鈕。尺寸不詳。

【藏】魯九喜 【圖】聽風樓金石文字 17 號 【文】同上。柄上刻銘 7 字。

鷩未一斤十一兩

按：從銘文摹本看應是秦文字，“鷩”或是地名，“未”或是編號。“一斤十一兩”爲重量。拓本上銘文不可見，柄上文字據藏家描述，待考。

（348）脩鋪首　約戰國晚期至秦代（下限前 206 年）

銅質。1996 年 8 月出土於陝西西安市未央區尤家莊戰國墓（M20∶31）。鏤空獸面形，背面有一對三角形鈕，下有鼻套接圓環。通高 23.1 厘米、盤徑 15.6 厘米、腹深 2.1 厘米。

【藏】西安市文物保護考古研究院 【圖】文物 2004 年 1 期 9 頁圖 14.3；新收 642；銘圖 19308 【文】同上。背面刻銘文 1 字。

脩

按：脩，相近字形又見於許雄志《秦印文字彙編》“脩”（李脩）、“脩”（王脩）、“脩”（脩身）等印[①]，據銘文字體及該器出土的墓葬情況，定其爲戰國晚期秦刻。

（349）襄成環權　約戰國晚期至秦代（下限前 206 年）

銅質。圓環形，直徑 5.5 厘米。

【藏】私人 【圖】銘圖 18846 【文】同上。表面鏨刻銘文 2 字。

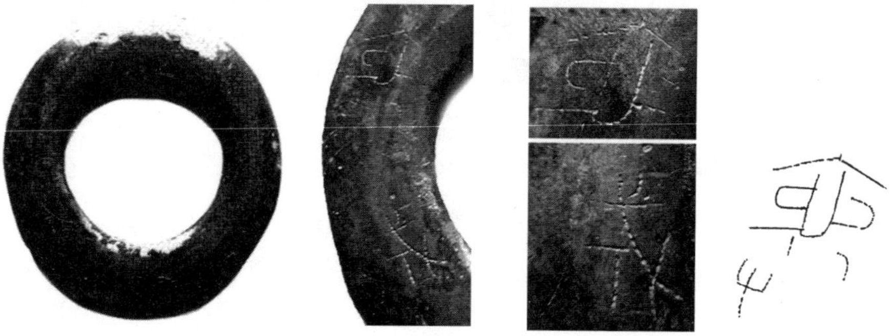

襄成（城）

按:《銘圖》稱該器“2005 年 8 月見於中華青銅器網”，銘文或釋爲“衣成”、或釋爲“黽成”。拙文《戰國襄成環權銘文校釋》改釋爲“襄成”[②]，即文獻所見之“襄城”，應即《漢書・地理志》潁川郡襄城縣，治今河南今縣。

（350—351）咸陽閆家寨戰國秦遺址出土車器　戰國晚期至秦代（下限前 206 年）

【藏】陝考古院 【圖】考古與文物 2018 年 4 期 38—40 頁圖 【文】同上。共 3 條。

1.“公”字銅車軎 1 件。標本 K4：3，轂端近平，轄孔長方，素面，衡面有凸棱一周。轄作長條形，首端飾獸頭，首尾各有一圓孔（圖五九，5）。轂身鑄“公”字。長 7.5 厘米、轂長 6.6 厘米、衡徑 3.6 厘米、轄長 7 厘米（圖六〇、

---

① 許雄志編:《秦印文字彙編》，河南美術出版社，2001 年，第 76 頁。

② 王偉:《戰國襄成環權銘文校釋》，《出土文獻》第十四輯，中西書局，2019 年。

六一）；此車軎又見《銘三》1683。

2. 銀車器 2 件，形制相同。圓筒形，上部有兩道凸棱，下部有對穿方孔。第一道凸棱上有鏨刻銘文。標本 K1：2，通高 3.4 厘米、最大徑 4.2 厘米、上口内徑 1.7 厘米、下口徑 3.3 厘米。銘文爲“乙二”（圖五九，13；圖六二、六三）；又見《銘三》1734。標本 K1：4，銘文爲“乙一巳盤十一兩一朱（銖）半”（圖六四）；又見《銘三》1737。

K1：2

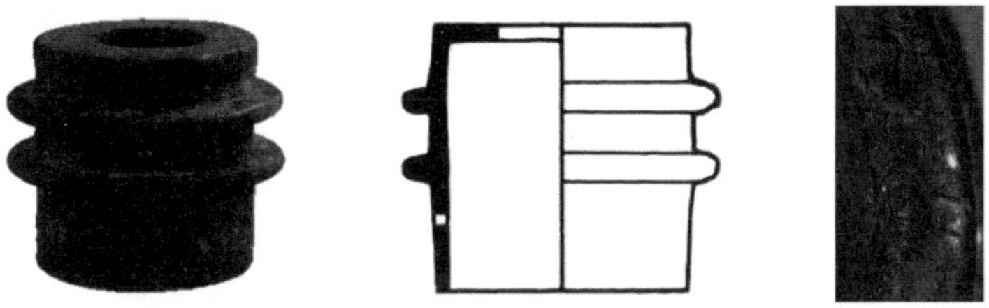

K1：4

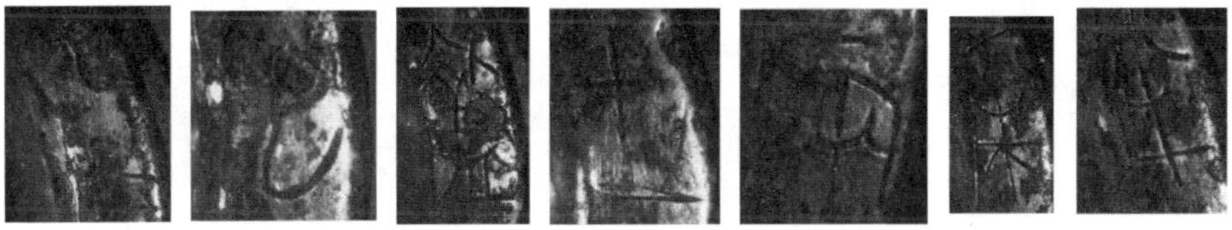

（352）“永齊里乙”半斗陶量　約戰國晚期至秦代（下限前 206 年）

灰陶質。傳出陝西咸陽。筒形，侈口，外壁爲直壁，外底平，内底略鼓。上外口徑爲 15.9 厘米、上内口徑 13.0 厘米、底徑 13.5 厘米、高 7.8 厘米、内深 6.5 厘米。容量約 1000 毫升，重 635.5 克。

【藏】私人 【圖】新見秦漢度量衡器集存 3—5 頁 【文】同上。内底田字格戳印 4 字，口沿戳印 3 字。

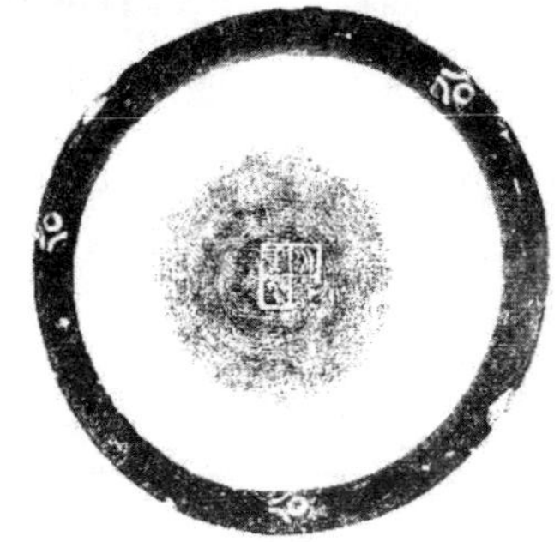

永齊里乙

公 公 公

按：“永齊”應爲里名，“乙”爲陶工名。“公”或表明器物屬性是官府之物。

（353—357）咸陽花楊戰國秦墓出土帶字陶鼎　約戰國晚期至秦代（下限前 206 年）

陶質。

【藏】咸陽所 【圖】文博 2017 年 1 期 10—18 頁 【文】同上。共 5 條。

陶鼎 M25：11（鼎外底）	鼎 M63：2（鼎外底、鼎蓋内）
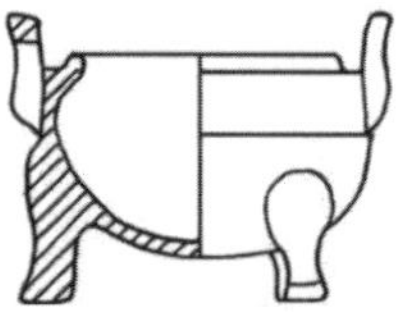	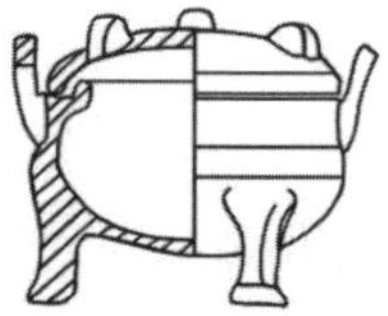

續表

咸陽巨巻（圖 7.2）	咸陽巨巻（圖 7.9）	咸陽巨巻（圖 7.10）
陶盒 M63：6（内底）	小陶盒 M63：8（内底）	陶罐 M3：6（下腹近底）
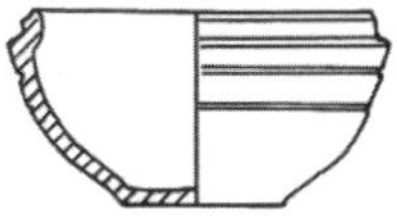	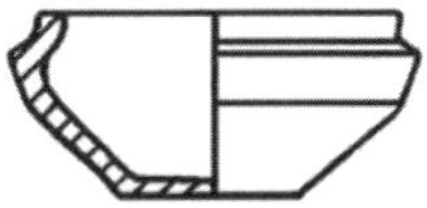	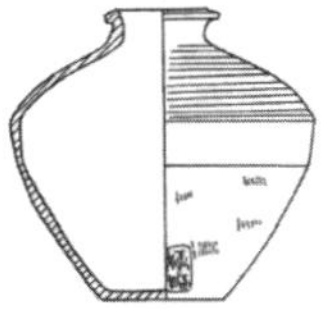

咸□里□（圖 10.7）	咸□里□（圖 10.8）	咸郘里□（圖 12.2）

按：咸陽市文物考古研究所《咸陽花楊戰國秦墓群發掘簡報》[①] 通過對比已發掘的咸陽塔兒坡秦墓及關中監獄戰國秦墓群，認爲該墓群應與上述兩墓群時代相同，即戰國晚期至秦。

（358）咸陽閆家寨戰國秦遺址出土陶文　約戰國晚期至秦代（下限前 206 年）

【藏】陝考古院 【圖】考古與文物 2018 年 4 期 38—40 頁圖 【文】同上。共 7 條。出土板瓦戳印文字 5 件，僅公布了 3 件，均爲“去”字，共 1 條。

圖四三 2，T1418 ③：6	圖四二、四三 5，T1618 ③：2	圖四三 6，T1618 ③：3
	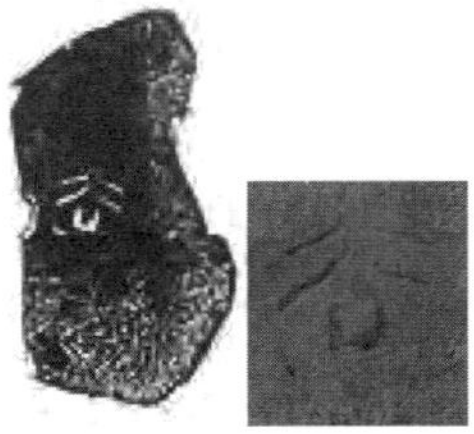	

① 咸陽市文物考古研究所：《咸陽花楊戰國秦墓群發掘簡報》，《文博》2017 年第 2 期，第 10—18 頁。

（359—371）西安徐家灣等地出土秦陶文　約戰國晚期至秦代（下限前 206 年）

陶質。

【藏】陝歷博 【圖】陝西古代磚瓦圖典圖版（頁碼及拓片號見下表）【文】同上。共 13 條。

左甄王瓦①	左宫	宫戊	右宫	右
109 頁圖 160	109 頁圖 162	126 頁圖 195	131 頁圖 207	137 頁圖 220
		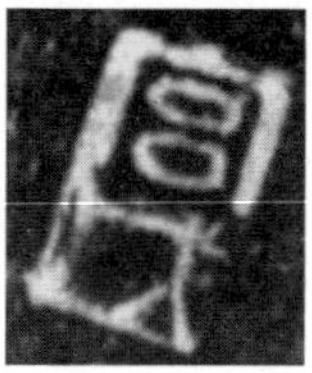		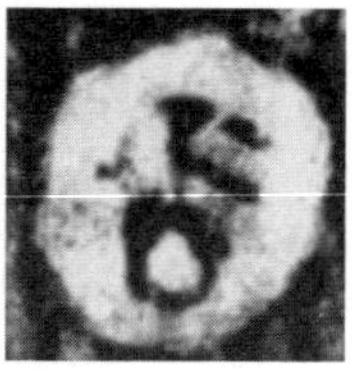
右	北司	□（）	子	宫戊
138 頁圖 221	138 頁圖 222	138 頁圖 223	139 頁圖 224	139 頁圖 225
	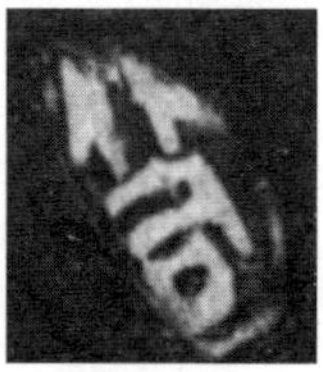			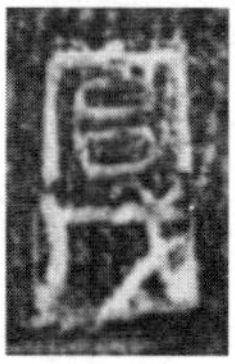
大匠	中右	大左		
139 頁圖 226	149 頁圖 243	150 頁圖 246		

按：除後兩件为小土門工地出土外，其餘十一件均爲徐家灣工地出土。

---

① 《新出古陶文圖録》釋文作“王□左𤭯”，張小東《戎壹軒藏秦系陶文專題展·後記》改釋“左甄王瓦”，應是。參張小東編著：《戎壹軒藏秦系陶文專題展》，西泠印社，2019 年，第 204 頁。

（372—391）臨潼馬額秦墓出土陶文　約戰國晚期至秦代（下限前206年）

陶質。

【藏】陝考古院 【圖】文博2017年1期26—35頁 【文】同上，共20條。

序號	器物號	位置	内容	原插圖號	備注
1	壺 M20：4	下腹部	戲	圖 1.1	方形戳記，陽文篆書
2	鼎 M32：1	蓋内頂中心	戲	圖 1.2	方形戳記，陽文篆書。鼎身内底中心字有一字“戲”，與之相同
3	壺 M32：2	下腹部	戲	圖 1.3	另有一處陶文，字形不可辨
4	壺 M39：2	下腹部	戲	圖 1.4	方形戳記，陽文篆書
5	罐 M39：3	内底中心	戲	圖 1.5	方形戳記，陽文篆書
6	盆 M41：4	内底中心	戲	圖 1.6	方形戳記，陽文篆書
7	盂 M41：5	内底中心	戲	圖 1.7	方形戳記，陽文篆書
8	鼎 M46：1	蓋内頂中心	戲	圖 1.8	方形戳記，陽文篆書
9	鼎 M46：1	鼎身内底中心	戲	圖 1.9	方形戳記，陽文篆書
10	壺 M46：2	下腹部	戲	圖 1.10	方形戳記，陽文篆書
11	罐 M46：5	肩部	戲	圖 1.11	方形戳記，陽文篆書
12	盆 M46：6	内底中心	戲	圖 1.12	方形戳記，陽文篆書
13	盆 M47：5	内底中心	戲	圖 1.13	方形戳記，陽文篆書
14	盆 M47：6	内底中心	戲	圖 1.14	方形戳記，陽文篆書
15	盆 M47：7	内側下腹	戲	圖 1.15	方形戳記，陽文篆書
16	釜 M49：5	肩部	□	圖 1.20	圓形戳記，陽文篆書，不識
17	鼎 M50：1	蓋内頂中心	麗亭	圖 1.16	長方形戳記，陽文篆書
18	鼎 M50：1	鼎身内底中心	麗亭	圖 1.17	長方形戳記，陽文篆書
19	壺 M50：2	上腹部	麗亭	圖 1.18	長方形戳記，陽文篆書
20	盆 M50：6	内底中心	麗亭	圖 1.19	長方形戳記，陽文篆書

按：馮鍇、馬川《臨潼馬額秦墓新出陶文及其初步研究》[①]根據墓葬形制、藏具藏式、出土器物等判斷這批秦墓的時代爲戰國晚期至秦代。陶文“戲”“麗亭”等爲秦國市亭的官營製陶作坊的標志。

① 馮鍇、馬川:《臨潼馬額秦墓新出陶文及其初步研究》,《文博》2017年第1期，第26—35頁。

（392）秦始皇陵園“擊鼓坪”遺址出土陶文　約戰國晚期至秦代（下限前206年）

【藏】秦陵博物院 【圖】考古與文物2013年2期112頁圖1，1 【文】同上。

（393）黄陵史家河墓地出土陶缶　約戰國晚期至秦代（下限前206年）

泥質灰陶。標本M8∶2，小口方唇，矮直領，圓肩鼓腹，平底，整體較高，肩面及腹部飾弦斷繩紋。高29.3厘米、口徑10.2厘米、底徑13厘米。

【藏】不明 【圖】考古與文物2015年3期5、6頁 【文】同上。肩面有戳印陶文2字。

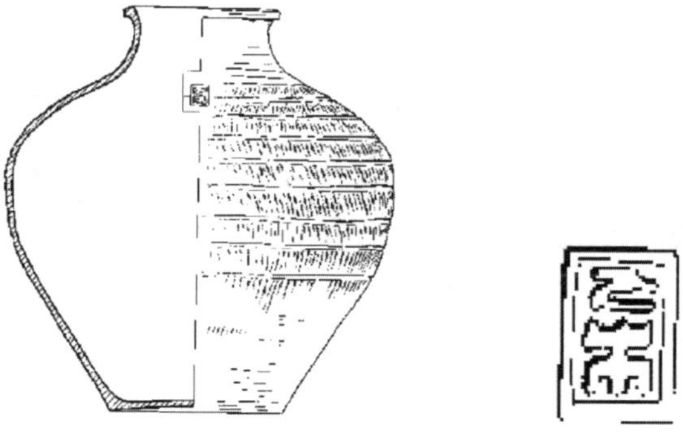

上（？）市

按：陝西省考古研究院等《陝西黄陵縣史家河墓地發掘簡報》[1]認爲該墓群亦應爲戰國晚期秦人墓葬。

① 陝西省考古研究院、延安市文物研究所、黄陵縣旅游文物局：《陝西黄陵縣史家河墓地發掘簡報》，《考古與文物》2015年第3期，第3—13頁。

（394—395）“公斗”銘陶量　約戰國晚期至秦代（下限前 206 年）

陶質。

【藏】鳳翔縣博物館 【圖】考古與文物 2011 年 4 期 28 頁圖四三、四六；新出古陶文圖録 740 頁 193 號、741 頁 194 號 【文】同上。共 2 條。

1. 標本 5FDAH71：2，外壁接近口沿處飾有繩紋，并有刻劃文字“公斗”。直徑 16 厘米—17.5 厘米、高 12 厘米（圖四三，1；圖四六，2）。

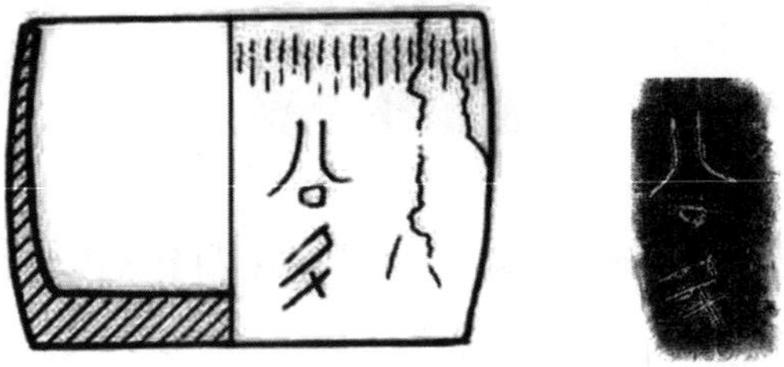

2. 標本 05FDAG1：147 略有變形，局部飾有繩紋，腹下部有竪向刻劃文字“公斗”。直徑 16 厘米—18 厘米、高 10.5 厘米（圖四三，8；圖四六，1）。

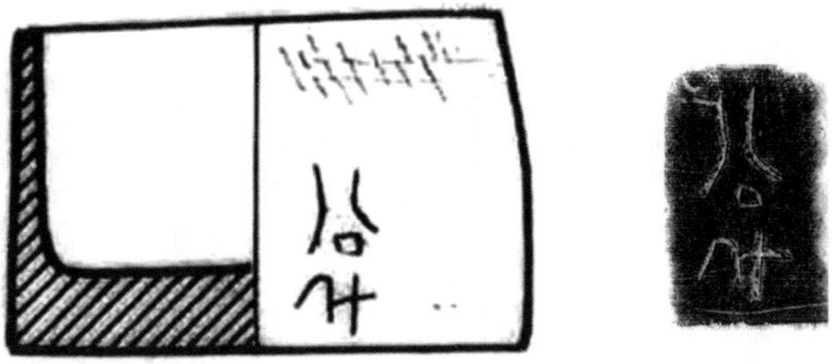

按：《秦雍城豆腐村製陶作坊遺址發掘簡報》稱爲“桶形陶杯”，[①] 據器形判斷應爲小型陶量。

（396—401）鳳翔八旗屯西溝道秦墓出土陶文和半兩錢　約戰國晚期至秦代（下限前 206 年）

陶質。

① 陝西省考古研究院、寶雞市考古研究所、鳳翔縣博物館：《秦雍城豆腐村製陶作坊遺址發掘簡報》，《考古與文物》2011 年第 4 期。

【藏】不明 【圖】文博 1986 年 3 期 18 頁圖一八、一九，19 頁圖二○ 【文】同上。共 6 條。

1. 陶鼎戳印文字。標本 M6∶6（圖版三：5）蓋上有“亭”和“卌”二字（18 頁圖一八：1、2），兩蹄足膝上及器外底也有“亭”印文（未附圖版和拓本）。

2. 四個廣口陶罐。標本 M7∶5（14 頁圖一四：5），肩部戳印陶文“亭”字（18 頁圖一八：4）。標本 M7∶4（15 頁圖一五：7）和 M7∶1 肩部各有戳印陶文“亭”一處（未附拓片）。標本 M6∶4 戳印“亭”字（圖一八：5）。

3. 大口罐。標本 M6∶1（14 頁圖一四：7，15 頁圖一五：10）肩部有戳印陶文“亭”（未附拓片）；標本 M6∶2（15 頁圖一五：13）戳印陶文“亭”字（18 頁圖一八：6）。

4. 陶鉢。標本 M7∶7（圖一七：3）腹內戳印“亭”字（圖一八：3）。此外，標本 M7∶03（兩件）和 M7∶04（三件）腹內各有一戳印“亭”字（未附圖版和拓片）。

5. 陶缶。標本 M10∶1（圖版肆：9）肩部刻“楊氏缶容十斗”和兩處“”（18 頁圖一九）。標本 M19∶8（11 頁圖一一：20）肩部有“大”“”。

以上 5 條陶文資料中，簡報僅給出其中 7 件標本的陶文拓片，詳如下表：

<table>
<tr><td>陶鼎標本 M6∶6
圖一八：1、2</td><td>廣口罐標本 M7∶5
圖一八：4</td><td>廣口罐標本 M6∶4
圖一八：5</td><td>大口罐 M6∶2
圖一八：6</td></tr>
<tr><td></td><td>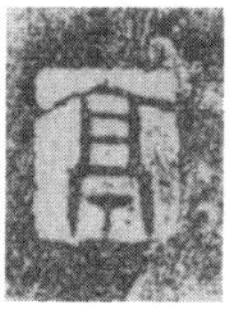</td><td></td><td></td></tr>
<tr><td>陶鉢標本 M7∶7
圖一八：3</td><td colspan="2">陶缶標本 M10∶1
圖一九</td><td>陶缶標本 M19∶8
圖二○</td></tr>
<tr><td></td><td colspan="2"></td><td>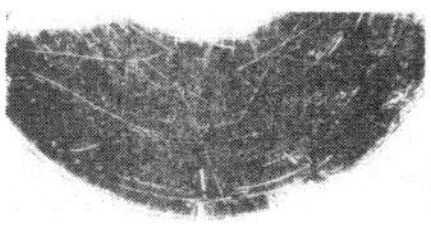</td></tr>
</table>

6. M10 出土 10 枚半兩錢，出土編號爲 M10∶6（23 頁圖 24），平幕無廓，

大小、薄厚、輕重不一，其中 9 枚直徑在 2.3 厘米—2.5 厘米、孔徑約 0.6 厘米—0.8 厘米之間，另 1 枚直徑達 3.6 厘米、孔徑 1.5 厘米。

按：尚志儒、趙叢蒼《陝西鳳翔八旗屯西溝道秦墓發掘簡報》① 認爲這批墓葬分屬五期，其中 M6、M7 爲第四期，時代爲戰國晚期；M10、M19 爲第五期，時代爲秦代。

（402）咸陽岩村墓地出土十二斗陶罐　約戰國晚期至秦代（下限前 206 年）

陶質。陶罐 M41：4，侈口尖唇，寬肩束頸，圓腹平底。口徑 17.2 厘米、腹徑 37.2 厘米、底徑 15.6 厘米，通高 38.2 厘米。

【藏】陝考古院 【圖】中原文物 2020 年 1 期 33 頁圖四，7 【文】同上。肩部刻劃 3 字。

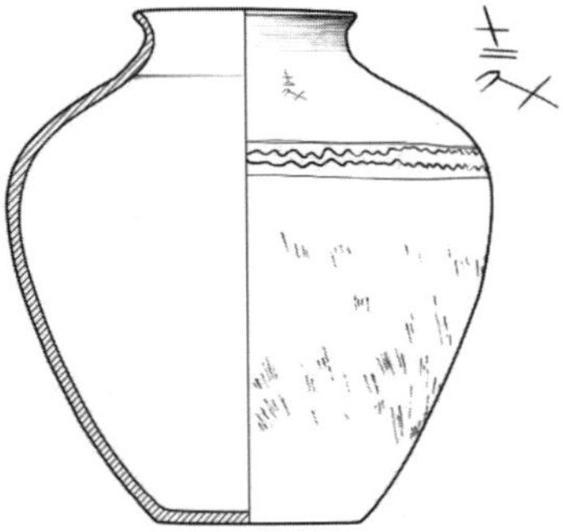

十二斗

按：《陝西咸陽岩村墓地 M41 發掘簡報》還提及一件同墓所出陶豆（M41：1），盤底戳印，文字不識。② 附記於此。

（403—404）陝西商州孝義村出土陶文　約戰國晚期至秦代（下限前 206 年）

陶質。

【藏】商洛市博物館 【圖】秦陵秦俑研究動態 2000 年 2 期 21 頁；秦陶文新編下編 588 頁 3303、3304 【文】同上。肩部有戳印 2 處，共 2 條。

① 尚志儒、趙叢蒼：《陝西鳳翔八旗屯西溝道秦墓發掘簡報》，《文博》1986 年第 3 期，第 1—31、95—98 頁。

② 陝西省考古研究院：《陝西咸陽岩村墓地 M41 發掘簡報》，《中原文物》2020 年第 1 期。

雒亭

楚里孫

按：王昌富、呼林貴有專文討論，可參看。[①]

（405—406）安康一里坡戰國墓出土陶文　約戰國晚期至秦代（下限前206年）

陶質。

【藏】安康文管會 【圖】文物1992年1期69頁圖一四；新出古陶文圖録774頁253號—780頁265號 【文】同上。共2條。

1. 壇（M3：19），高17厘米、腹徑25厘米，肩部有白堊粉篆書“漿膚”二字（圖版陸：1）。

2. 盒形器多件，由上下兩個對稱的淺腹盤扣合而成，盤爲平底敞口，平折沿。上、下盤内側刻劃相同的文字，内容主要爲天干和數字，簡報圖一四列舉了13個刻劃陶文。[②]兩個淺盤中有一個在内側數字、天干旁隸書一朱色“上”字（簡報未附圖）。

壇（M3：19），陶文“漿膚”			一
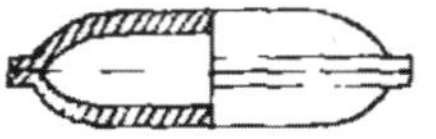		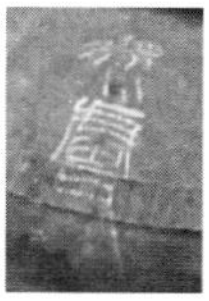	

① 王昌富：《商州孝義發現秦代陶文》，《秦陵秦俑研究動態》2000年第2期；呼林貴：《商州首次發現秦陶文的歷史地理問題》，《秦陵秦俑研究動態》2000年第2期。

② 李啟良：《陝西安康一里坡戰國墓清理簡報》，《文物》1992年第1期，第64—71頁。

續表

二	三	四	五	六	八

九	十一	甲	乙	丙	巳
					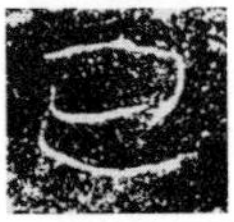

（407—416）甘肅崇信出土陶文　約戰國晚期至秦代（下限前206年）

陶質。

【藏】崇信縣文化館 【圖】文物1991年5期92頁圖一：1—15；93頁圖二:1—23，94頁圖三：1—21）；秦陶文新編下編591—592頁圖版3327—3347【文】同上。共10條。以下陶文圖版分别为《甘肅崇信出土的秦戳記陶器》一文的“圖二”和“圖三”。

序號	器形	數量	陶文内容	著録號	備注
1	陶鼎	1	鹵市　鹵市	圖一：1；圖二：1、2	蓋内、腹下陽文
2	陶囷	2	鹵市	圖一：2；圖二：3	頂部陰文戳印
				圖一：3；圖二：4	倉門處陽文戳印
3	陶釜	4	鹵市	圖一：4；圖二：5	肩部陰文
				圖一：5；圖二：6—8	肩部陰文或陽文
4	陶盆	10	亭	圖一：6；圖二：9	Ⅰ式1件，陽文戳記
			鹵市	圖一：7；圖二：10—12	Ⅱ式3件，陰文戳記
			鹵市市亭	圖一：8；圖二：13—18	Ⅲ式6件
5	陶罐	18	市亭	圖一：9；圖二：19、20	Ⅰ式2件，陽文戳記
			鹵市市亭	圖一：10；圖二：21—23	Ⅱ式16件，肩部陰文或陽文戳記
				圖二：1—13	
6	陶缶	3	鹵市市亭	圖一：11；圖三：14—16	陽文戳記
7	陶甑	1	鹵市	圖一：12；圖三：17	腹内壁陽文戳記
8	陶盂	1	鹵市	圖一：13；圖三：18	内底陰文戳記
9	陶鉢	1	鹵市	圖一：14；圖三：19	内底陰文戳記

續表

序號	器形	數量	陶文內容	著録號	備注
10	陶繭形壺	1	卤	圖一：15；圖三：20	圈足内陽文戳記
			⋈⋈二斗	圖三：21	口沿刻文

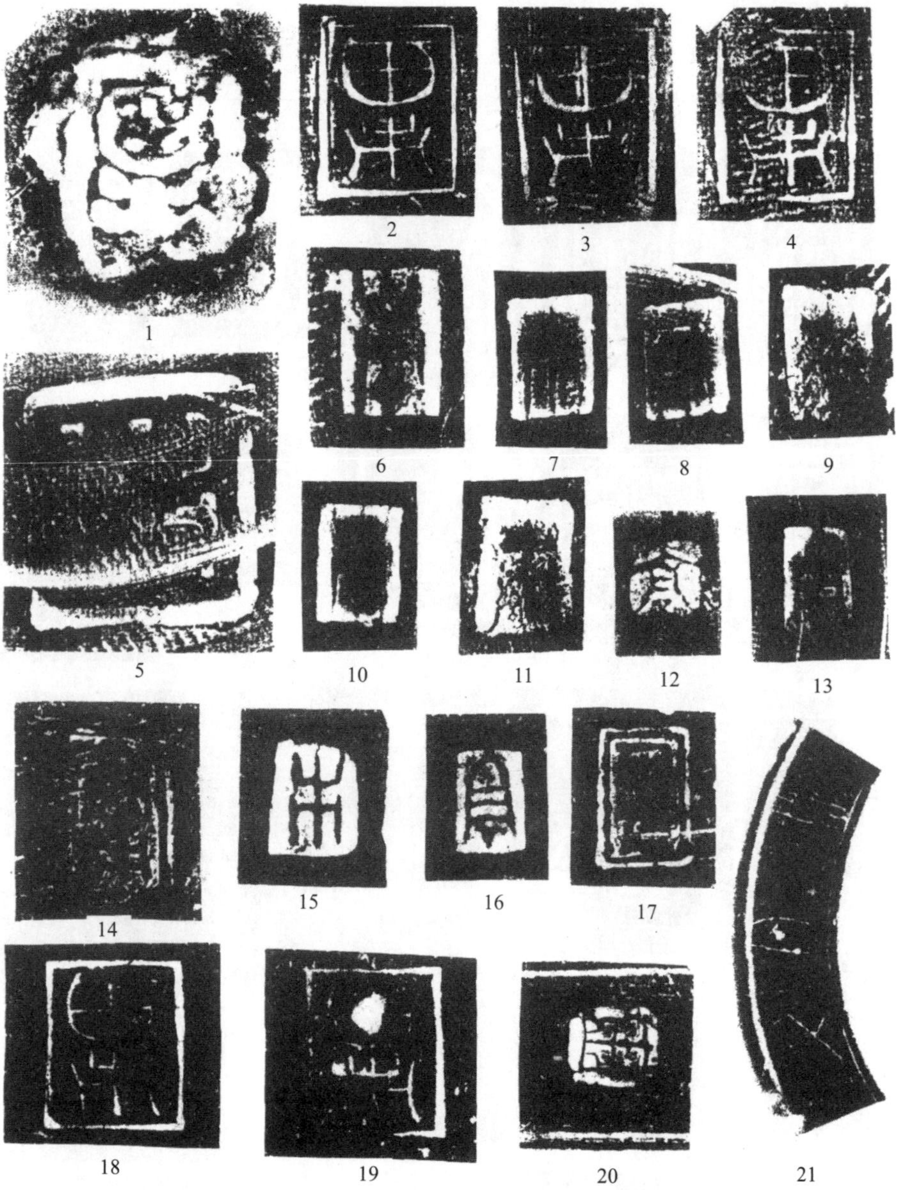

按：《甘肅崇信出土的秦戳記陶器》一文公布了10種42件陶器上的44處戳印和刻劃陶文。①《秦陶文新編》收録了其中的21件陶文，包含14件“鹵市”

① 陶榮：《甘肅崇信出土的秦戳記陶器》，《文物》1991年第5期，第90—95頁。

（3327—3338、3346—3347）、3 件“亭”（3340—3342）、2 件“市”（3339、3343）、1 件“鹵”（3344）和 1 件“⋈⋈二斗”（3345）。[①]

（417）山西侯馬喬村出土“降亭”秦陶文　約戰國晚期至秦代（下限前 206 年）

陶質。

【藏】山西省考古研究所　【圖】新出古陶文圖録 666 頁 072 號—717 頁 148 號　【文】同上。“降亭”陶文共 77 件，今按 1 條計，并將戳印風格有差異者且文字清晰者列示如下。[②]

073 號	080 號	083 號	094 號	095 號

117 號	128 號	132 號	134 號	140 號

按:《新出古陶文圖録》收録山西侯馬喬村出土“降亭”陶文 77 件，數字“六”陶文 1 件，共計 78 件。

（418—427）三門峽市司法局、剛玉砂廠秦人墓出土陶文　約戰國晚期至秦代（下限前 206 年）

陶質。

【藏】三門峽市文物工作隊　【圖】華夏考古 1993 年 4 期 12—34 頁圖二三、

① 袁仲一、劉鈺編著:《秦陶文新編》下編，文物出版社，2009 年，第 591—592 頁。

② 參山西考古研究所編著:《侯馬喬村墓地：1959—1996》，科學出版社，2004 年。

圖二四 【文】同上。共10條。

剛10：1	剛35：1		剛M48：2
圖23.1，圖24.4	圖23.2	圖24.1	圖23.3

陜亭	陜亭	陜亭	陜亭
剛M40：2	剛M10：2	M20：2	M10：3
圖23.5，圖24.3	圖23.4	圖23.6	圖23.7

M25：3	陜亭	陜亭	
圖23.8，圖24.2	圖23.9	圖23.10	
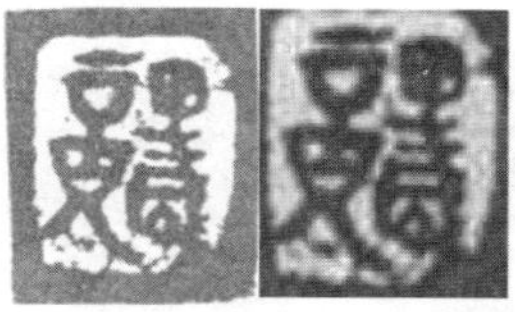			
□（或非秦陶文）	陜亭	陜市	

按：這批出土陶文資料中，陶罐（剛M24：5）、陶缶（剛M45：4）和陶缶（剛M46：5）三枚陶文簡報未列相關圖片，暫不收録。

（428—429）三門峽大嶺糧庫圍溝墓出土秦陶文　約戰國晚期至秦代（下限前206年）

陶質。

【藏】三門峽市文物考古研究所 【圖】中原文物2004年6期8頁圖九，1—2；新出古陶文圖録735頁182號、721頁155號 【文】同上。共2條。

新出古陶文圖録 735 頁 182 號	新出古陶文圖録 721 頁 155 號
圖九，1“陜市”（M198.9）	圖九，2“夾（陜）亭”（M198.2）
 陶罐肩部	 陶盆内底

（430—432）洛陽于家營秦墓出土陶文　約戰國晚期至秦代（下限前 206 年）

陶質。

【藏】不明 【圖】文物 1998 年 12 期 14—16 頁；中原文物 1998 年 2 期 71—73 頁 【文】同上。戳印陶文均在陶罐肩部，共 3 條。

陶罐（GM480 ∶ 1，圖 4.3）	陶罐（GM481 ∶ 4，圖 4.1）	陶罐（GM481 ∶ 3，圖 4.2）
河亭	河亭	河市

按：洛陽市第二文物工作隊《洛陽于家營秦墓發掘簡報》[①] 判定此次發掘的六座墓葬的時代應在秦始皇統一六國前後或稍晚。黄吉軍、黄吉博《談“河市”、“河亭”和秦墓斷代》[②] 認爲“河”即“河南”之省稱，屬秦三川郡，墓葬年代爲戰國晚期。

（433—438）武當山柳樹溝墓群出土秦陶文　約戰國晚期至秦代（下限前 206 年）

陶質。

① 洛陽市第二文物工作隊：《洛陽于家營秦墓發掘簡報》，《文物》1998 年第 12 期，第 14—16 頁。

② 黄吉軍、黄吉博：《談“河市”、“河亭”和秦墓斷代》，《中原文物》1998 年第 2 期，第 71—73 頁。

【藏】湖北省文物考古研究所 【圖】江漢考古2013年2期49頁圖一三、50頁圖一四；新出古陶文圖録781—784頁267—272號 【文】同上。出土陶鉢9件，其中6件有刻劃陶文。[1]M7：2内壁刻“杯”字（圖一三，5、圖一四，3）；M7：3内壁刻“杯”字（圖一三，4、圖一四，4）；M7：4内壁刻“杯”字（圖一三，7、圖一四，5）；M5：1腹外壁刻“小”字（圖一三，1、圖一四，6）；M5：4内壁刻“八”字（圖一三，8、圖一四，2）；M8：2内壁刻“斗亭”二字（圖一三，3、圖一四，2）。共6條。

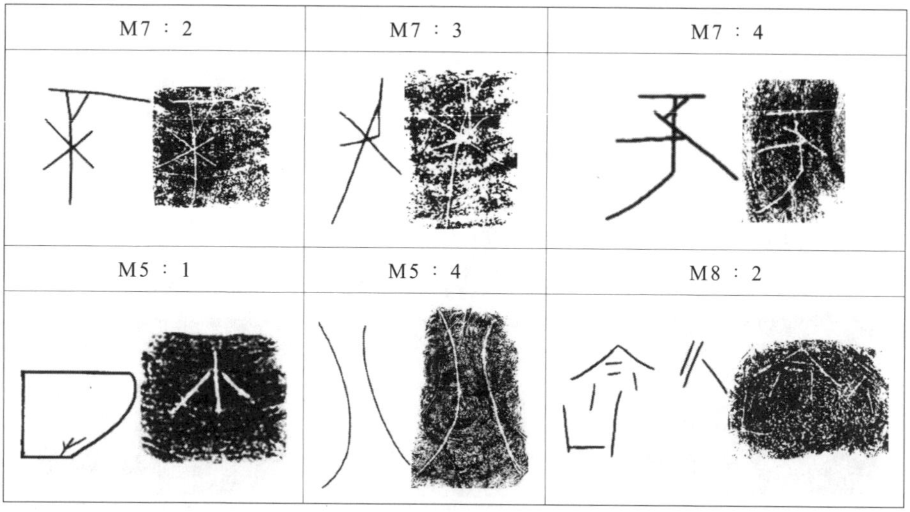

（439—455）秦皇島金山咀秦代建築遺址出土陶文　約戰國晚期至秦代（下限前206年）

陶質。

【藏】不明 【圖】文物春秋1992年增刊282頁圖一九，1—16、圖二十，1—16、283頁圖二十三；新出古陶文圖録877頁459號——885頁475號 【文】同上。據簡報，發現帶戳記的板瓦和筒瓦73件，其中58件有文字者均爲單字陽文，字迹模糊的38件。簡報公布了其餘20件陶文的内容，其中有

[1] 湖北省文物考古研究所：《湖北武當山柳樹溝墓群2010年發掘簡報》，《江漢考古》2013年第2期，第42—53頁。

“閔”“啄”兩種4件陶文因字迹模糊而未附拓片，故共16件陶文拓片。[①] 另有T1007③：22陶鑒唇下刻“建陽”2字。共17條。

T601③：2	B1③：57	T903③：1	T903③：2	B1③：1	B1③：52

同	同	同	同	同	八
B1③：14	B1③：31	B1③：16	B1③：69	B1③：29	B1③：40

閔	閔	閔	啄	啄	啄
B1③：66	B1③：3	B1③：67	B1③：64	T1007③：22	
				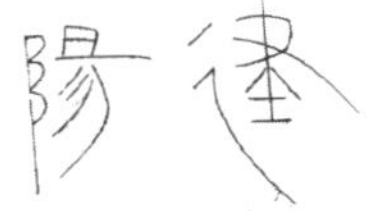	

（456—466）遼寧綏中姜女墳秦漢建築遺址出土秦陶文　約戰國晚期至秦代（下限前206年）

陶質。

【藏】遼寧省文物考古研究所 【圖】文物1986年第8期30頁圖一〇：1—6、圖一一：1—6；新出古陶文圖録886—888頁476—480號（收5件）【文】同上。據簡報，共發現單字陽文戳印瓦片20餘片，但僅有11件陶文附有拓片和摹本。[②]

① 河北省文物研究所、秦皇島市文物管理處、北戴河區文物保管所：《金山咀秦代建築遺址發掘報告》，《文物春秋》1992年A1期，第267—300、310—312頁。

② 遼寧省文物考古研究所：《遼寧綏中縣“姜女墳”秦漢建築遺址發掘簡報》，《文物》1986年第8期，第25—40頁。

配	就	京（？）	其

直	□	同	釗（？）

樂	登	木	

（467—468）成都市小南街古遺址出土秦陶文　約戰國晚期至秦代（下限前206年）

陶質。

【藏】成都市文物考古研究所 【圖】考古學集刊14集5頁圖六：1—2，圖七：1、3；新出古陶文圖録737頁186號 【文】同上。

圈足豆T1④：661	圈足豆T1④：665
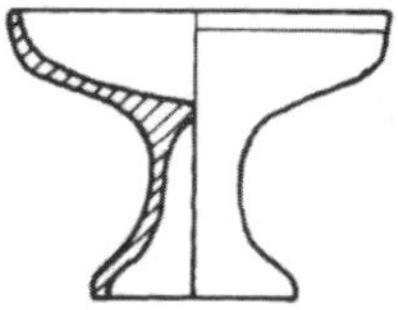 	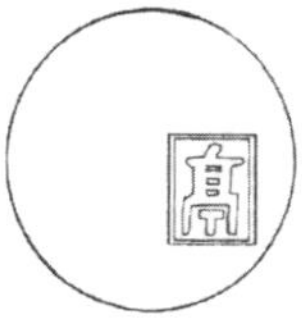 

（469—471）邯鄲市東莊遺址出土秦陶文　約戰國晚期至秦代（下限前206年）

陶質。

【藏】邯鄲市文物保護研究所 【圖】文物春秋2006年6期35頁圖八、圖一〇，1—3；新出古陶文圖録718頁149號—719頁151號 【文】同上。共3條。

1. 陶量 J3 ： 18 口沿两側沿面上及内底各有长方形戳印“邯鄲亭”。

2. 陶量 J3 ： 29 殘口沿上有长方形戳印“邯鄲亭”。

3. 陶碗 J3 ： 9 底部有圓形戳印“邯亭”。

陶量 J3 ： 18-1	陶量 J3 ： 18-2	陶碗 J3 ： 19
新出古陶文圖録 149 號	新出古陶文圖録 150 號	新出古陶文圖録 151 號
	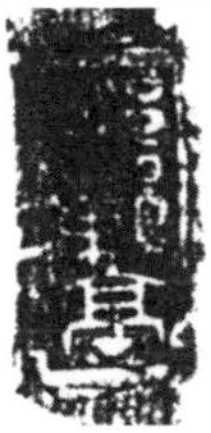	
邯鄲亭	邯鄲亭	邯亭

按：簡報僅公布了陶量 J3 ： 18 和陶碗 J3 ： 9 的戳印拓片，共 3 件。①

（472—474）邯鄲故城出土秦陶文　約戰國晚期至秦代（下限前 206 年）

陶質。

【藏】邯鄲市博物館 【圖】考古學集刊 4 集 189 頁圖一七：3、4、6；新出古陶文圖録 719 頁 152 號—720 頁 154 號 【文】同上。均爲圓形戳印“邯亭”，共 3 條。

圖一七 ： 6	圖一七 ： 4	圖一七 ： 3
新出古陶文圖録 152 號	新出古陶文圖録 153 號	新出古陶文圖録 154 號
		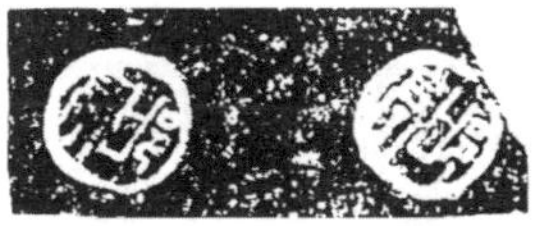

（475—477）國家博物館藏秦陶文　約戰國晚期至秦代（下限前 206 年）

陶質。

① 邯鄲市文物保護研究所：《邯鄲市東莊遺址試掘簡報》，《文物春秋》2006 年第 6 期，第 31—35 頁。

【藏】國博 【圖】法書大觀三・磚文 1—2、法書大觀三・陶文・秦 10；新出古陶文圖録 646—647 頁 041—042 號、661 頁 063 號【文】同上。共 8 件陶量殘片。

法書大觀三・磚文 1	法書大觀三・磚文 2	法書大觀三・陶文・秦 10
左司高瓦	左司高瓦	□□　胥（陶俑）

（478—495）酒餘亭周曉陸藏秦陶文　約戰國晚期至秦代（下限前 206 年）

陶質。

【藏】酒餘亭 【圖】酒餘亭陶泥合刊 22—24 頁 【文】同上。《酒餘亭陶泥合刊》一書爲周曉陸藏"古印陶"和"秦封泥"的合集，内容包括《酒餘亭印陶文小得》和《酒餘亭秦封泥小集》兩部分。此書所收秦封泥資料《訂補》已收録，今將其中可確認的秦陶文資料 175—192 號依次整理如下，共 18 條。

臨菑亭久	臨菑亭久	菑亭	菑亭	上	大廿五

大卅八	大卅三	大卅一	大一	大右	宫六

宫廿七	宫三	宫三	宫十五	宫卅四	宫戌

（496—508）《新出陶文封泥選編》收録秦陶文　約戰國晚期至秦代（下限前 206 年）

陶質。

【藏】文雅堂　【圖】新出陶文封泥選編 74—76 頁　【文】同上。《新出陶文封泥選編》一書 0416—0428 號爲秦陶文，共 13 條。

臨菑亭久	亭斗	亭久	菑亭	菑亭

菑亭	大丙	大六十	都市	工十四

宫辰	宫癸	亭		

按：《新出陶文封泥選編》[1] 所收秦封泥資料《訂補》已收，此補收秦陶文資料。

（509—608）西泠印社博物館藏秦系陶文　約戰國晚期至秦代（下限前 206 年）

陶質。

【藏】西泠印社博物館　【圖】戎壹軒藏秦系陶文專題展[2] ○○一——一○（圖闕）【文】同上，共 100 條。

① 楊廣泰編：《新出陶文封泥選編》，文雅堂稿本，2015 年 7 月。

② 張小東編著：《戎壹軒藏秦系陶文專題展》，西泠印社，2019 年。

1咸 郿里苐	2 咸郿里遬	3 咸郿里𩫖	4咸 郿里道	5 咸郿里賀

6 咸郿里小買	7 咸郿里宣	8 咸郚里夸	9 咸郚里□	10 咸郚里牨

11 咸郚里□	12 咸郚里夫	13 咸郚里高	14 咸郚里卯	15 咸郚里眛

16 咸郚里眛	17 咸郚里眛	18 咸郚里眛	19 咸郚里奢	20 咸卜里戎

21 咸陳里恐	22 咸當里□	23 咸當里禹	24 咸東辟陰	25 咸東辟若

26 咸蟄期逨	27 咸蟄期寧	28 咸蟄期有	29 咸蒲里奇	30 咸橋里免

續表

31 咸如邑趞	32 咸如邑周	33 咸如邑周	34 咸芮里免	35 咸芮里臣
		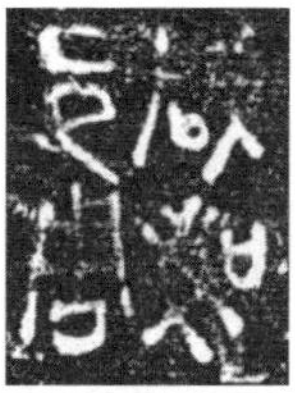		
36 咸芮里臣	37 咸芮里免	38 咸芮里免	39 咸芮里免	40 咸芮里免

41 咸芮里喜	42 咸芮里喜	43 咸芮里喜	44 咸沙里差	45 咸沙里疢

46 咸沙里牤 咸沙里牤	47 咸沙里壯	48 咸商里若	49 咸商里宣	50 咸少原□

51 咸少原瘳	52 咸少原疾	53 咸少原角	54 咸少原恐	55 咸少原枚

續表

56 咸少原申	57 咸少原穡	58 咸少原穡	59 咸少原洩	60 咸少原豫

61 咸亭郿里紊器	62 咸亭沙里□器	63 咸亭商里□□	64 咸沃里班	65咸陽 燹□[①]

66 咸陽處爽	67 咸陽巨巻	68 咸陽巨□	69 咸陽巨卯	70 咸陽巨卯

71 咸陽巨息	72 咸陽燹處	73 咸陽部習	74 咸闓里亥	75 咸隱里喜

76 咸淵里章	77 咸淵里章	78 咸淵里章 咸淵里章	79 咸允毐午	80 咸允毐午
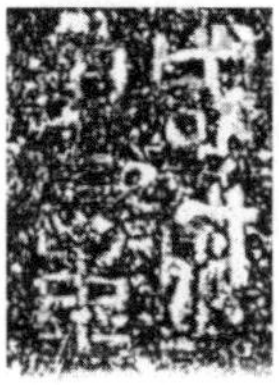				
81 咸允毐午	82 咸重成徽	83 咸重成得	84 咸□	85 咸□里□

① 袁仲一、劉鈺編著:《秦陶文新編》上編，文物出版社，2009 年，第 331 页。

續表

				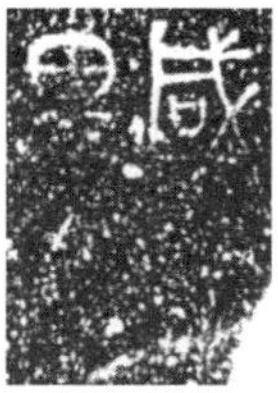
86 咸□里□	87 咸□里□	88 咸□里林	89 左甄卿瓦	90 大庚

91 大三	92 九右六	93 櫟市	94 瘳	95 還

96 疾	97 君	98 文	99 □	100 □□客□

按：釋文暫依原書目録。[①] 這批陶文資料均爲首次公布，在款識、字形、鄉里名等方面均有不少新信息，現略述如下：

1. 款識。4 號“咸郾里道”系陽文反字，則用於抑蓋的陶印應是陰文正字。與《匋鉨室藏古璽印選》[②] 017“蔓昜南裡鹿”相類似。094—096 是陽文單字，其中 94、95 號是反字，與秦系單字印可相呼應。

① 因版權問題，原書圖版不便引用。書中個別釋文或有可商，如 71 號“咸陽巨 ×” $\begin{smallmatrix}2&1\\4&3\end{smallmatrix}$，或可讀爲“咸巨陽 ×” $\begin{smallmatrix}3&1\\4&2\end{smallmatrix}$；72 號“咸陽𤔲處”，可讀爲“咸𤔲陽處”；73“咸陽部習”或可讀爲“咸部陽習”等。

② 〔日〕尾崎蒼石、和田廣幸編著：《匋鉨室藏古璽印選》，西泠印社，2019 年。

2. 字形。已知秦陶文中無論戳印抑或刻劃，其文字均較潦草，而這批資料中21號“咸陳里恐”之“恐”字是標準秦小篆，可與54號“恐”字對照。“恐”字似僅見于秦簡牘資料。60號“咸少原豫”之“豫”篆意濃厚，“豫”字《秦文字編》只收一個字形，《秦文字字形表》收4個字形，可豐富字形。64號“咸沃里班”之“班”《秦文字編》收1個字形，《秦文字字形表》收另1個，且二字均爲左中右結構；而此“班”字“刀”在玨下，僅見。

3. 鄉里名。24—25號的“東辟”、30號的“橋里”等似爲新見里名。89號“左甄卿瓦”爲田字格，形式較少見。“鄉”寫作“卿”，顯示其時代或是戰國秦。甄，同“鄄”，戰國衛地。

4. 人名。6號“咸郿里小買”，這種5字陶文少見，“小買”似合文。私名有“小”字者除作者《後序》列舉外，秦陶文尚有“小有”“小誇”“小穎”“小遬”等（參《秦陶文新編》136頁）。

（609—625）《夕惕藏陶》所見秦陶文　約戰國晚期至秦代（下限前206年）

陶質。

【藏】山東博 【圖】夕惕藏陶1023—1039頁圖版 【文】同上。共17條。

菑亭 薛賈	薛[1]	菑亭	菑亭	菑亭
XTCT Ⅲ 01-1-1	XTCT Ⅲ 01-1-2	XTCT Ⅲ 01-1-3	XTCT Ⅲ 01-1-4	XTCT Ⅲ 01-1-5

菑亭	亭久	亭久	亭久	亭久
XTCT Ⅲ 01-1-6	XTCT Ⅲ 01-2-1	XTCT Ⅲ 01-2-2	XTCT Ⅲ 01-2-3	XTCT Ⅲ 01-2-4

① 《夕惕藏陶》原釋“菑亭”，徐在國改釋“薛”，參見徐在國編著：《新出古陶文圖録》，安徽大學出版社，2018年，第727頁。

續表

亭	亭	都市	市	滿存
XTCT Ⅲ 01-3-1	XTCT Ⅲ 01-3-2	XTCT Ⅲ 01-4-1	XTCT Ⅲ 01-5-1	XTCT Ⅲ 01-6-1

砻疾	王襄（？）			
XTCT Ⅲ 01-7-1	XTCT Ⅲ 01-8-1			

按：《夕惕藏陶》所收陶文爲吕金成夕惕齋所藏，據《新出古陶文圖録》標注可知這批陶文資料現藏山東省博物館。XTCT Ⅲ 01-8-1《夕惕藏陶》釋文“王……”，徐在國改釋爲“王襄”。[1] 殆是。

（626—640）步黟堂藏秦陶文（部分） 約戰國晚期至秦代（下限前206年）

陶質。

【藏】步黟堂 【圖】步黟堂遺珍284—308頁圖版 【文】同上，共15條。

284—287頁	288—289頁	209—291頁	292頁	293頁
大匠	咸亭完里丹器	咸蒲里奇	咸郿里逋	咸郿里䝨

294—295頁	296頁	297頁	298—299頁	300—301頁
咸如邑戊	咸郿大夸	咸陽亭久	大匠得	四右六

① 徐在國編著：《新出古陶文圖録》，安徽大學出版社，2018年，第663頁。

續表

302—303 頁	304 頁	305 頁	306—307 頁	308 頁
左宫	北司	大五十五	大五 五	樂

按：這 15 件秦陶文亦見於《新出古陶文圖録》“新出秦陶文”部分。[①]

（641—682）二介山房藏秦陶文　約戰國晚期至秦代（下限前 206 年）

陶質。

【藏】二介山房 【圖】二介山房藏秦陶文五十品（圖闕）【文】同上。孔祥宇輯《二介山房藏秦陶文五十品》[②] 一書共收陶文拓片 50 張，其中第 38—40 號、42—44 號和 49—50 號暫無法辨認和隸定，今僅收録其餘的 42 條陶文。

序號	釋文	備注
1	咸亭完里丹器	首字殘
2	咸亭□□忿（？）器	第三字模糊；第四字不識
3	咸亭利□□器	第四、第五字不識
4	咸牧	
5	咸沙里□	末字不識
6	咸沙里□	第三字模糊；第四字不識
7	咸原少豫	見《秦陶文新編》1661—1662；或讀作“咸少原豫”
8	咸原少顛（愿）	
9	咸原少遇	
10	咸原少□	末字不識
11	咸（？）□里章	
12	咸淵里奭	

① 徐在國編著：《新出古陶文圖録》，安徽大學出版社，2018 年。

② 孔祥宇輯：《二介山房藏秦陶文五十品》（原拓一冊），二介山房 2020 年 6 月原器原拓。按：收録資料以戰國秦陶文为主，收六字陶文 3 品，四字陶文 32 品，三字陶文 1 品，兩字陶文 6 品，單字陶文 7 品，附不識文字 1 品。

續表

序號	釋文	備注
13	咸商里若	見《秦陶文新編》1711、2727
14	咸商里若	
15	咸商里容	
16	咸商里容	第二字模糊
17	咸商里容	
18	咸郱（完）里眛	見《秦陶文新編》1638、2108
19	咸郱（完）里奢（？）	見《秦陶文新編》1633、1634、1637
20	咸郱（完）里黽（？）	見《秦陶文新編》2482
21	咸郱（完）里夫	見《秦陶文新編》1834
22	咸完里□	
23	咸郱（完）里䟓	見《秦陶文新編》1621—1625；1627—1632；2636
24	咸完里䟓	
25	咸厘期□（彤？）	“厘”字見《秦陶文新編》1670、1672；四字或五字
26	咸厘期壯	
27	咸誾里陽	誾里，見《秦陶文新編》1838、2536、2632
28	咸□毋午	
29	咸戎里未	印文反字
30	咸郿（屈）里□	末字模糊
31	咸燓陽□	見《秦陶文新編》1680
32	咸陽巨□	“巨”類見《秦陶文新編》下編，第330—331頁
33	咸陽巨信（？）	
34	咸□里買	印文反字，竪曰字格
35	咸安（？）□□	
36	咸東辟□	
37	□陽	首字不識
38	□亭	或爲單字“就”
39	左宫	
40	北司	“司”僅存上部少許筆畫
41	北司	首字殘
42	宫甲	

按：近年來民間藏品文字資料拓印成書漸多，《二介山房藏秦陶文五十品》即爲其中之一。新刊資料且多爲新出、新見，間有新品。

（683—689）鑒印山房藏秦陶文　約戰國晚期至秦代（下限前 206 年）

陶質。

【藏】鑒印山房　【圖】鑒印山房藏璽印陶文①54—60 號（圖闕）【文】同上。共 7 件。

序號	釋文	著録號
1	咸郊（完）里真	《鑒印山房藏璽印陶文》054 號
2	咸亭商里羅器	《鑒印山房藏璽印陶文》055 號
3	咸芮里喜	《鑒印山房藏璽印陶文》056 號
4	咸□里章	《鑒印山房藏璽印陶文》057 號
5	咸亭商里羅器	《鑒印山房藏璽印陶文》058 號
6	咸陽	《鑒印山房藏璽印陶文》059 號
7	市亭	《鑒印山房藏璽印陶文》060 號

（690—727）鑒印山房藏秦封泥（部分）　約戰國晚期至秦代（下限前206 年）

泥質。

【藏】鑒印山房　【圖】鑒印山房藏古封泥選粹②第二册 1—38 號　【文】同上。共 38 條。

九江侯印	長竿金丞	長竿左金丞	左采（？）銀印	臨晉□□

① 許雄志編輯：《鑒印山房藏璽印陶文》（原拓本），鑒印山房，2018 年。

② 許雄志編輯：《鑒印山房金石文存・鑒印山房藏古封泥選粹》（原拓本），鑒印山房，2019 年。

續表

河□鐵□	騶印	安邑	安邑丞印	安邑丞印
			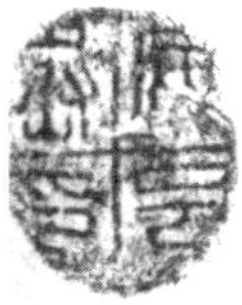	
蒲反丞印	蒲反丞印	□陵丞印	長武丞印	猗氏丞印

滎陽丞印	東陵丞印	新蔡丞印	魏丞之印	下相丞印

魯陽丞印	晦鹽	菀陵之丞	西丞之印	降丞之印

降丞之印	降丞之印	新鞏丞印	犨□之印	長陵卿印

鼓卿之印	□陽□倉	灢□□□	市印	無盧

熷	孔長	渣耳		

按：《鑒印山房藏古封泥選粹》第二册所收“河東郡”封泥 54 枚，其中 1—38 號爲秦封泥，且 1—34 號爲官印，35 號“無盧”性質不明，36 號“𢡾”37 號“孔長”38“渣耳”應爲私印。這批封泥有多枚新見的職官和地名品類，學術研究價值較大。

（728—737）冰齋魏傑藏秦封泥　約戰國晚期至秦代（下限前 206 年）

泥質。

【藏】冰齋　【圖】金石研究 137—141 頁　【文】同上。共計 10 條。

高章宦丞	都水丞印	騎馬丞印	内官丞印	少府工丞

郡左邸印	御羞丞印	祝印	咸陽丞印	中尉之印

按：此次所公布的 10 枚秦封泥資料或僅爲其部分藏品，但這 10 枚秦封泥系首次著録的資料，不僅有印面拓本，還提供了精美的封泥正面和背面彩色照片。①

（738）咸陽閆家寨戰國秦遺址出土玉印　約戰國晚期至秦代（下限前 206 年）

玉質。標本 M3 ：1，覆斗形，半環鈕，印面長 2 厘米、寬 1.7 厘米、通高 2 厘米。印面四周陰刻邊框，内陰刻兩字。

【藏】陝考古院　【圖】考古與文物 2018 年 4 期 38—40 頁圖六六，5；圖六八、六九　【文】同上。

① 魏傑：《冰齋魏傑藏秦封泥》，陳建貢主編：《金石研究》第一輯，世界圖書出版公司，2017 年 8 月。

千秋

（739）寺工印模　約戰國晚期至秦代（下限前206年）

銅質。鈕殘或無鈕，印體呈長方斗形，上大下小。印面長1.8厘米、寬0.8厘米，印頂面長2.1厘米、寬1.1厘米、厚0.4厘米。

【藏】敦仁堂 【圖】新見秦“寺工”印讀劄[1] 【文】同上。

按：朱棒：“此印與珍秦齋所藏秦丞相吕不韋戈内部‘寺工’戳記尺寸大小正合，字形亦同，當爲鑄造銅戈前戳印陶模所用。當然，戳印珍秦齋銅戈陶模的未必就是此印。又印體作上大下小，以便於戳印後拔出和制範時脱模。”所論殆是。

（740）高樂漆盤　約戰國晚期至秦代（下限前206年）

陶質。

【藏】不明 【圖】考古通訊1958年4期圖版捌，1 【文】同上。共有5件漆盤底部有朱漆出土有書“高樂”二字，其中彩繪花紋的漆盤3件，素面漆盤2件。[2]

---

[1] 朱棒：《新見秦“寺工”印讀劄》，微信公衆號“平湖璽印篆刻博物館”2019年6月13日文（https://mp.weixin.qq.com/s/4B8A21huM1eFor9CwajmaQ）。

[2] 廣州市文物管理委員會：《廣州黄花岡003號西漢木槨墓發掘簡報》，《考古通訊》1958年第4期，第32—41頁。

高樂

按：吴良寶認爲“高樂”是秦縣名[①]，應是。《漢書·地理志》勃海郡有高樂縣，治今河北南皮。漆盤漆書“高樂”爲器物製造地或置用地。

（741）蒜頭銅壺　秦代（前221—前207年）

銅質。1981年出土於淅川縣馬川秦墓。口作蒜頭狀，細長頸，頸下端有一道凸箍，腹近扁圓形，高圈足，底部飾一小鈕。通高29.6厘米、口徑1.6厘米、腹徑18厘米。

【藏】淅川縣文管會 【圖】中原文物1982年1期47頁圖二 【文】同上。壺底刻銘文3字。

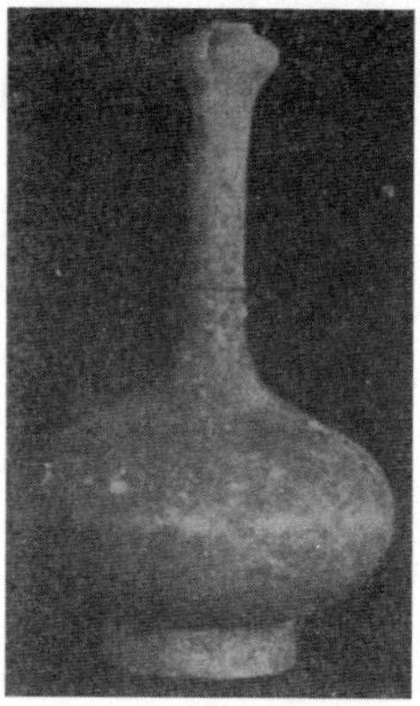

一千斤

按：淅川縣文管會《淅川縣馬川秦墓發掘簡報》[②]對比雲夢秦墓出土的蒜頭

① 吴良寶：《談戰國時期齊國的置縣問題》，《戰國文字研究的回顧與展望國際學術研討會論文集》，中西書局，2017年，第189頁；此文後收入氏著《出土文獻史地論集》，中西書局，2020年。

② 淅川縣文管會：《淅川縣馬川秦墓發掘簡報》，《中原文物》1982年第1期，第47頁。

壺、銅缶等器，指出馬川秦墓出土的該器與雲夢秦墓所出器物形制相同，該墓葬的年代應爲秦統一後。

（742）南門外閣殘版　秦代（前221—前207年）

銅質。臨潼縣（今西安市臨潼區）秦東陵遺址出土。整體形制不明，殘銅板較平展，略有弧度。

【藏】臨潼博物館 【圖】陝集1485；銘三1723 【文】同上。一面有刻銘1行12字。

徒唯曹南門外閣中屏北面癸（？）

按：首字原釋作“徒”，實應爲“徒”字。“徒唯”又見於咸陽出土的秦印[①]，以往多以爲是私印。王輝師認爲“徒”或爲姓氏，或指身份，與“徒府”之“徒”義同。[②]劉樂賢《咸陽出土“徒唯”印考略》一文引張家山漢簡《奏讞書》中“尉徒唯”證明“徒唯”當爲人名。[③]郭永秉將前三字連讀爲“徒唯曹”，認爲“徒唯”似應是該府曹官署的名稱，“徒唯”與歲陽名“徒維”“屠維”有

① 陝西省博物館、文管會勘察小組：《秦都咸陽故城遺址發現的窰址和銅器》，《考古》1974年第1期，第16—26頁。

② 王輝、程學華：《秦文字集證》，臺北藝文印書館，1999年，第281頁。

③ 劉樂賢：《咸陽出土“徒唯”印考略》，《出土文獻與古文字研究》第六輯，上海古籍出版社，2015年，第511—518頁。

關，“徒唯曹”作爲縣級曹署機構也許就得名於這種四方或五方分曹的制度。① 此“徒唯”尚有繼續討論的餘地。

刻銘中倒數第二字“”或爲“面”字，睡虎地秦簡《日書》甲種的簡 72 背的“面”字作“”，② 但“面癸”是否連讀及含義暫不可解。

（743）司工權　秦代（前 221—前 207 年）

銅質。2001 年 4 月西安市閻良區塬頭村出土。半球形，平底，橋形鈕。高 10.9 厘米、直徑 14.9 厘米，重 7.7 公斤。

【藏】陝歷博 【圖】陝博新粹 103；陝集 1611 【文】同上。器表刻銘 3 行 5 字。

① 郭永秉：《〈陝西金文集成〉識小録》之“四、關於‘徒唯’的新資料”，《古今論衡》第 32 期，臺北“中央研究院”歷史語言研究所，2019 年，第 115—132 頁。

② 張守中：《睡虎地秦簡文字編》，文物出版社，1994 年，第 142 頁。

司工

重

卅（三十）斤

（744）私府鼎　約戰國晚期至秦漢之際

銅質。扁圓體，子口内斂，一對附耳微向外侈，三條矮蹄足，蓋面弧起，上有三個環鈕，鈕上有乳狀凸起。通體光素。通高 18.5 厘米、口徑 19.9 厘米，重 2.78 公斤。

【藏】私人 【圖】銘圖 02100 【文】同上。蓋面鏨刻銘文 5 處，共 16 字。

私府

今建文

工大人一斗半

橮（栒）邑

安成郈（郭）

按：《銘圖》02100 下注“銘文從戰國晚期到秦漢各代均有刻鑿”，其中“私府”“橮邑”和“工大人一斗半”均應爲秦刻。

“私府”又見於北私府銅橢量（《訂補》558），其與該器“私府”寫法相近。私府，官名。《漢書·百官公卿表》：“詹事，秦官，掌皇后、太子家，有丞。屬官有太子率更、家令丞，僕、中盾、衛率、厨厩長丞，又中長秋、私府、永巷、倉、廐、祠祀、食官令長丞。諸宦官皆屬焉。”

橮（栒）邑，《銘圖》釋爲“楊（陽）邑”，拙文《秦銅器銘文補釋三則》[1] 改釋爲“橮（栒）邑”，爲鼎在秦時的置用地，應是。

（745）栒邑鼎　約戰國晚期至秦漢之際

銅質。2010 年 4 月見於西安。失蓋，子口内斂，鼓腹圜底，一對附耳微向外張，三條蹄足，子口下出棱，腹部有一道箍。通體光素。通高 19.5 厘米、口徑 18.9 厘米。

【藏】私人 【圖】銘圖 02243 【文】同上。上腹刻銘文 4 處，戰國秦刻銘文 1 處 2 字，漢代銘文 3 處 22 字。

① 王偉：《秦銅器銘文補釋三則》，《出土文獻》第四輯，中西書局，2013 年，第 143—148 頁。

戰國銘文：槨（栒）邑

西漢銘文：一斗七升大（太）官一斗七升十二斤四兩建文十六斤四［兩］

按：槨（栒）邑，參本編 744 私府鼎。該器戰國銘文部分，《銘圖》釋文作“旟邑”，拙文《秦文字零釋（三則）》[①] 改釋爲“槨（栒）邑”。

大官，即太官，又見於大官盉（《訂補》1508）、大官鼎（本編 248）和大官盉（本編 256）等。秦封泥有“大官丞印”“泰官丞印”。《漢書・百官公卿表》：“少府，秦官，掌山海池澤之税，以給共養，有六丞。屬官有尚書、符節、太醫、太官、湯官、導官……”顔師古注：“太官主膳食，湯官主餅餌，導官主擇米。”

（746）夏陽邦工鼎　約戰國晚期至秦漢之際

銅質。1978 年秋出土。鼓腹圜底，有兩附耳、三蹄足，腹中部飾一道凸弦紋，蓋上飾三環形鈕。高 19.5 厘米、腹徑 21 厘米。

【藏】合陽縣博物館 【圖】文物古迹 87 頁；三聖故里 70 頁 【文】耳外鏨刻 11 字，蓋上刻 2 字。

① 王偉：《秦文字零釋（三則）》，《古文字研究》第三十二輯，中華書局，2018 年，第 497—499 頁。

耳外：夏陽容一斗半斗重十一斤

蓋上：邦工

按：該器未見銘文拓片。夏陽，地名，又見於秦封泥“夏陽丞印”。《史記·秦本紀》：“（惠文君）五年，更名少梁曰夏陽。”《史記·魏世家》：“（惠王）九年……與秦戰少梁……十七年，與秦戰元里，秦取我少梁。”《漢書·地理志》言左馮翊有夏陽縣，班固自注：“故少梁，秦惠文王十一年更名。《禹貢》梁山在西北，龍門山在北。有鐵官。莽曰冀亭。”治今陝西韓城市南。[①]

（747—852）臨潼新豐秦墓出土陶文　約戰國晚期至秦漢之際

陶質。

【藏】陝考古院　【圖】臨潼新豐中册 1484—1498 頁　【文】同上。詳見下表。共 106 條。

① 周振鶴編著：《〈漢書·地理志〉彙釋》，安徽教育出版社，2006 年，第 37、38 頁。

1

2

3

4

5

6

7

8

9

10

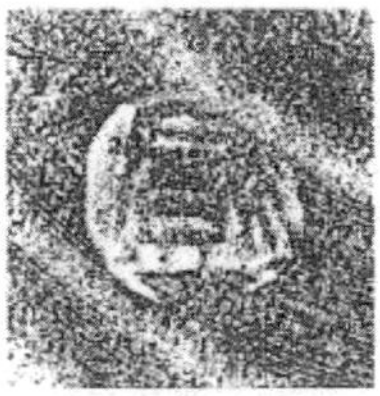
11

12

13

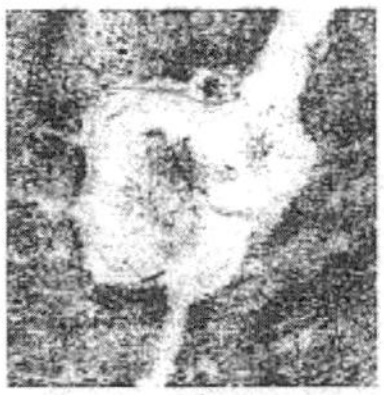
14

15

16

17

18

19

20

1

2

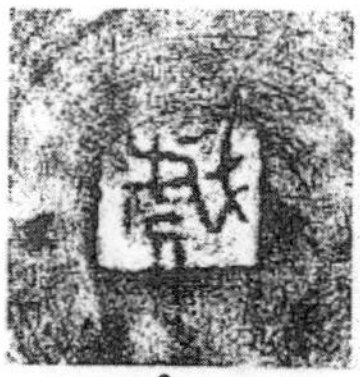
3

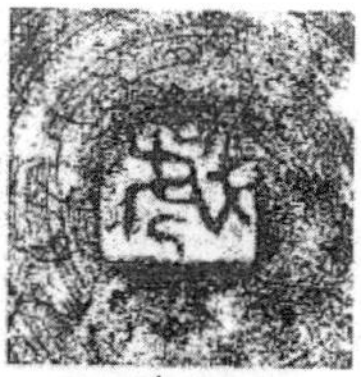
4

5

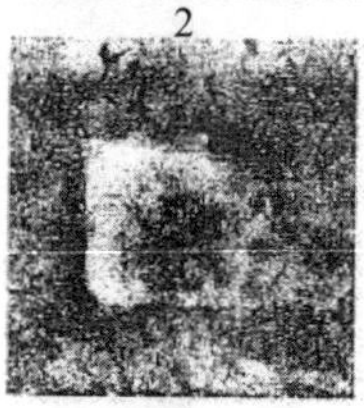
6

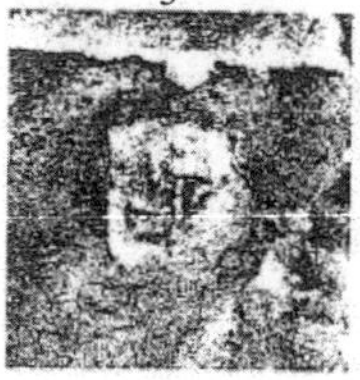
7

8

9

10

11

12

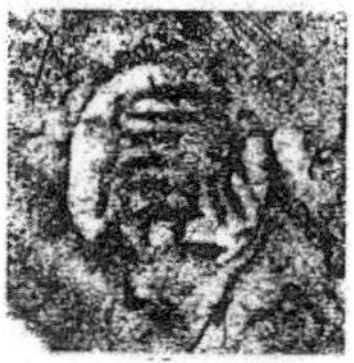
13

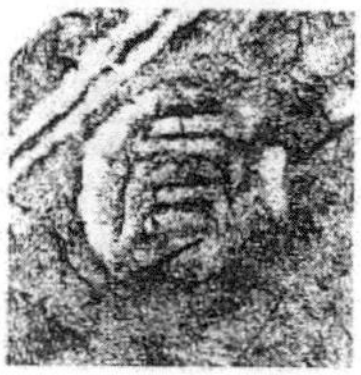
14

15

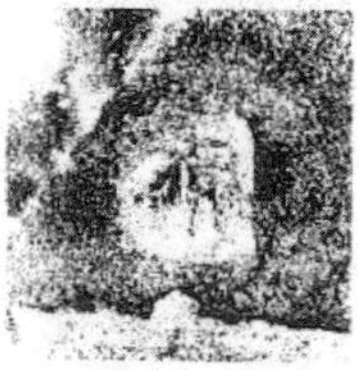
16

17

18

19

20

1
2
3
4
5
6
7
8
9
10
11
12
13
14
15
16
17
18
19
20

1

2

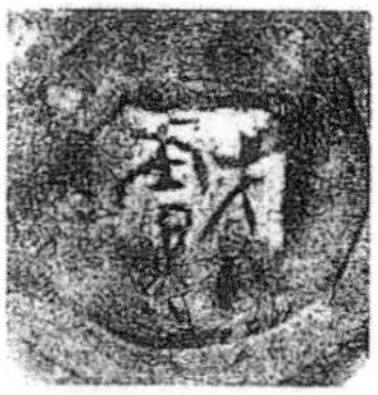
3

4

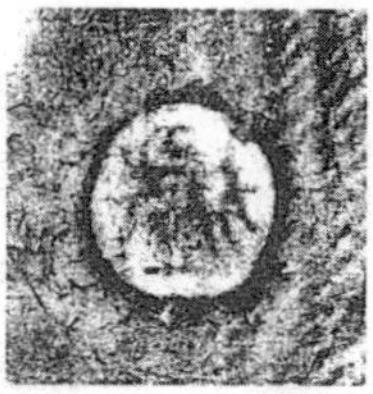
5

6

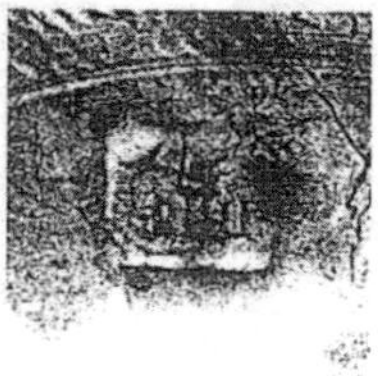
7

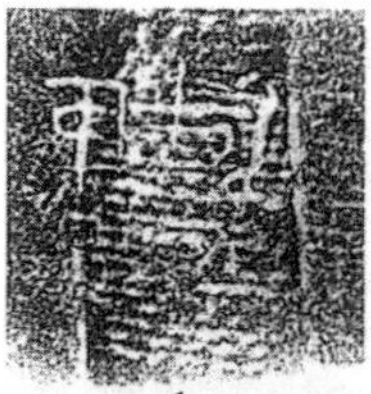
1

2

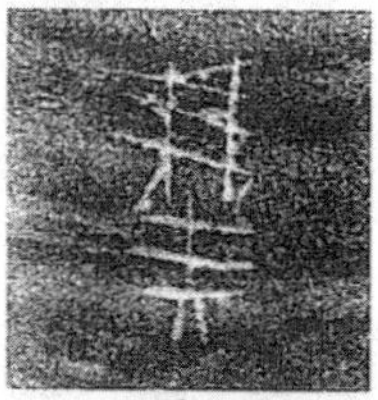
3

4

5

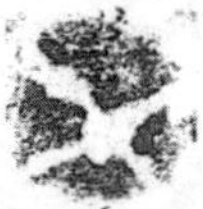
6

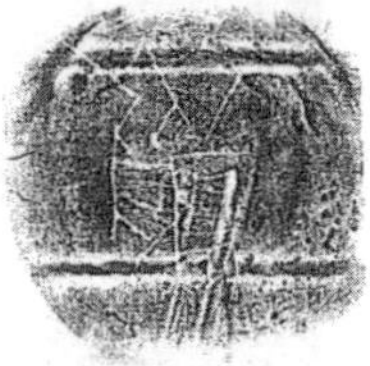
7

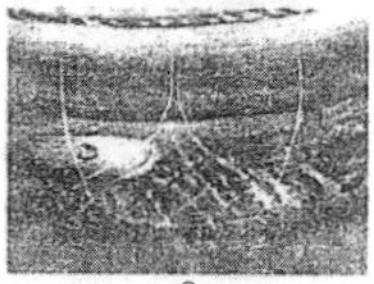
8

9

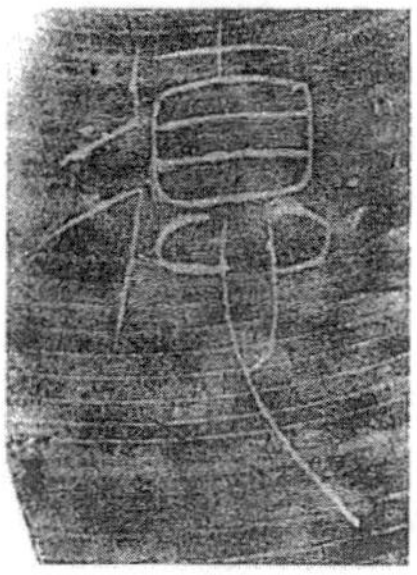
10

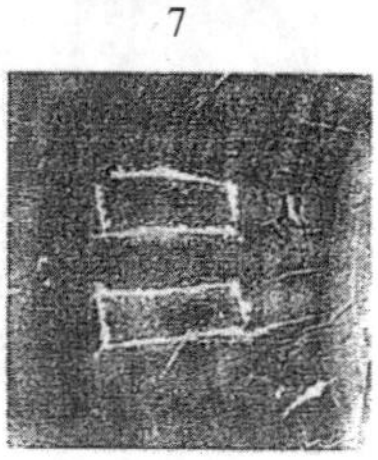
11

12

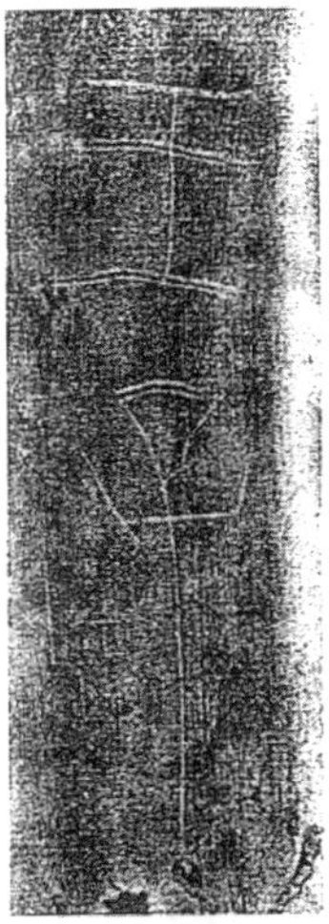

1

2

3

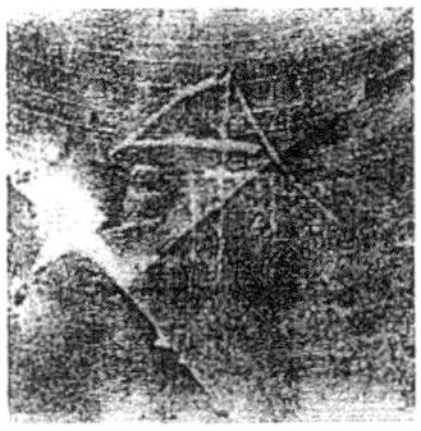

4

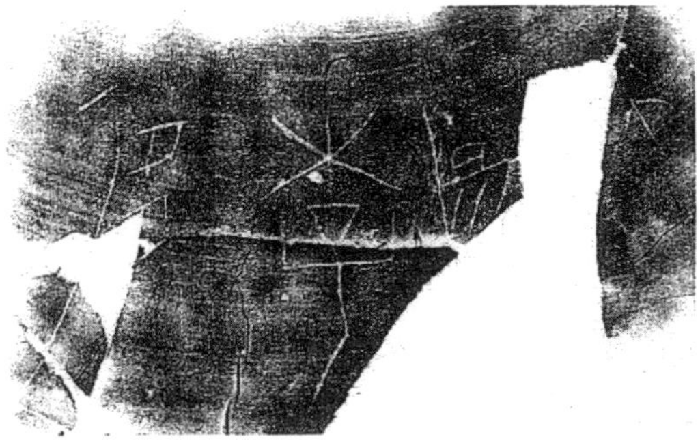

5

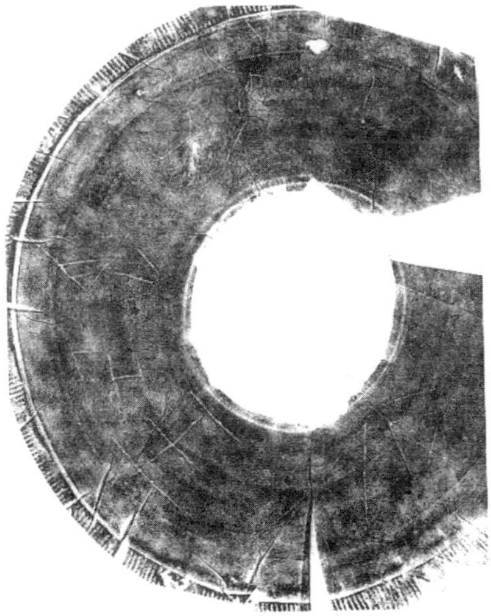

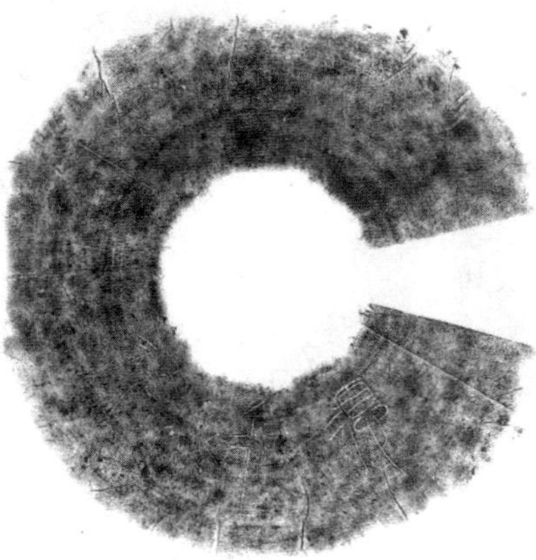

序號	器物號	位置	内容	《臨潼新豐》插圖號	備注
1	M4 ：1	陶鼎内底	戲	圖 1097.1	戳印
2	M4 ：1	陶鼎蓋内	戲	圖 1097.2	戳印
3	M4 ：2	陶大口罐底	戲	圖 1097.3	戳印
4	M4 ：3	陶盆内底	戲	圖 1097.4	戳印
5	M4 ：5	陶釜肩部	戲	圖 1097.5	戳印
6	M21 ：1	陶鼎蓋内	櫟市	圖 1097.6	戳印
7	M21 ：2	陶細頸壺下腹	戲	圖 1097.7	戳印
8	M21 ：3	陶大口罐内底	戲	圖 1097.8	戳印
9	M21 ：5	陶盆内底	戲	圖 1097.9	戳印
10	M21 ：6	陶盆内底	戲市	圖 1097.10	戳印
11	M21 ：7	陶盆内底	戲市	圖 1097.11	戳印
12	M21 ：8	陶盆内底	戲市	圖 1097.12	戳印
13	M21 ：9	陶盂形甑内底	戲市	圖 1097.13	戳印
14	M21 ：10	陶釜肩部	戲市	圖 1097.14	戳印
15	M26 ：1	陶鼎蓋内	戲	圖 1097.15	戳印
16	M26 ：4	陶盆内底	戲	圖 1097.16	戳印
17	M28 ：1	陶鼎蓋内	戲	圖 1097.17	戳印
18	M28 ：1	陶鼎内底	戲	圖 1097.18	戳印
19	M28 ：3	陶大口罐腹部	戲	圖 1097.19	戳印

續表

序號	器物號	位置	内容	《臨潼新豐》插圖號	備注
20	M28 ∶ 7	陶盆内底	戱	圖 1097.20	戳印
21	M28 ∶ 8	陶盂形甑腹底	戱	圖 1097.21	戳印
22	M48 ∶ 1	陶敞口罐腹部	右司	圖 1098.1	戳印
23	M52 ∶ 1	陶鼎蓋内	麗市	圖 1098.2	戳印
24	M52 ∶ 1	陶鼎内底	麗市	圖 1098.3	戳印
25	M52 ∶ 4	陶鼎蓋内	麗市	圖 1098.4	戳印，應为圖 1098.5
26	M52 ∶ 4	陶鼎内底	芷	圖 1098.5	戳印，應为圖 1098.4
27	M119 ∶ 1	陶大口罐内底	戱、戱	圖 1098.6、7	戳印
28	M119 ∶ 5	陶盆内底	戱	圖 1098.8	戳印
29	M119 ∶ 6	陶盆下腹	戱	圖 1098.9	戳印
30	M119 ∶ 9	陶釜上腹底	戱	圖 1098.10	戳印
31	M146 ∶ 1	陶鼎蓋内	戱	圖 1098.11	戳印
32	M153 ∶ 5	陶盆内底	戱	圖 1098.12	戳印
33	M153 ∶ 6	陶盂形甑腹下	戱	圖 1098.13	戳印
34	M179 ∶ 1	陶鼎内底	戱	圖 1098.15	戳印
35	M179 ∶ 1	陶鼎蓋内	戱	圖 1098.16	戳印
36	M179 ∶ 2	陶鼎内底	戱	圖 1098.17	戳印
37	M179 ∶ 2	陶鼎蓋内	戱	圖 1098.18	戳印
38	M179 ∶ 3	陶細頸壺下腹	戱	圖 1098.19	戳印
39	M179 ∶ 4	陶細頸壺下腹	戱	圖 1098.20	戳印
40	M179 ∶ 6	陶盆内底	戱	圖 1099.1	戳印
41	M179 ∶ 7	陶盂形甑腹内	戱	圖 1099.2	戳印
42	M213 ∶ 1	陶鼎内	戱	圖 1099.3	戳印
43	M213 ∶ 1	陶鼎蓋内	戱	圖 1099.4	戳印
44	M213 ∶ 2	陶細頸壺腹下	戱	圖 1099.5	戳印
45	M213 ∶ 4	陶大口罐腹部	戱	圖 1099.6	戳印
46	M213 ∶ 6	陶盆内底	戱	圖 1099.7	戳印
47	M213 ∶ 7	陶盂形甑底	戱	圖 1099.8	戳印
48	M214 ∶ 1	陶鼎内底	戱	圖 1099.9	戳印
49	M214 ∶ 2	陶細頸壺腹部	戱	圖 1099.10	戳印
50	M214 ∶ 6	陶盂形甑底	戱	圖 1099.11	戳印

續表

序號	器物號	位置	内容	《臨潼新豐》插圖號	備注
51	M229 ：4	陶缶腹底	櫟市	圖 1099.12	戳印
52	M257 ：1	陶鼎腹部	戲	圖 1099.13	戳印
53	M257 ：2	陶細頸壺腹部	戲	圖 1099.14	戳印
54	M267 ：5	陶缶腹部	麗市	圖 1099.15	戳印，原隸作“戲亭”
55	M276 ：5	陶盆内底	戲	圖 1099.16	戳印
56	M277 ：1	陶鼎蓋内	戲	圖 1099.17	戳印
57	M277 ：4	陶細頸壺腹部	櫟市	圖 1099.18	戳印
58	M358 ：1	陶鼎蓋内底	戲	圖 1099.19	戳印
59	M358 ：2	陶細頸壺腹下	戲	圖 1099.20	戳印
60	M394 ：1	陶鼎内底	戲	圖 1100.1	戳印
61	M400 ：1	陶鼎内底	戲	圖 1100.2	戳印
62	M400 ：2	陶細頸壺腹下	戲	圖 1100.3	戳印
63	M400 ：3	陶大口罐腹部	戲	圖 1100.4	戳印
64	M404 ：1	陶繭形壺底部	戲市	圖 1100.5	戳印
65	M415 ：2	陶盂形甑腹内	皷漆田□	圖 1100.6	戳印，原書不識
66	M430 ：1	陶鼎内底	戲	圖 1100.7	戳印
67	M618 ：1	陶鼎蓋内	戲	圖 1100.9	戳印
68	M618 ：1	陶鼎内底	戲	圖 1100.10	戳印
69	M618 ：2	陶鼎蓋内	戲	圖 1100.11	戳印
70	M618 ：2	陶鼎内底	戲	圖 1100.12	戳印
71	M618 ：5	陶小口罐肩部	戲	圖 1100.13	戳印
72	M618 ：6	陶盆内底	戲	圖 1100.14	戳印
73	M650 ：1	陶鼎蓋内	戲	圖 1100.15	戳印
74	M650 ：1	陶鼎内底	戲	圖 1100.16	戳印
75	M678 ：3	陶小口罐肩部	戲	圖 1100.17	戳印
76	M678 ：4	陶小口罐肩部	櫟市	圖 1100.18	戳印
77	M678 ：6	陶缶腹部	戲	圖 1100.19	戳印
78	M678 ：12	陶盆内底	戲市	圖 1100.20	戳印
79	M691 ：3	陶盆内底	戲	圖 1101.1	戳印
80	M691 ：4	陶盆内底	麗亭	圖 1101.2	戳印

續表

序號	器物號	位置	内容	《臨潼新豐》插圖號	備注
81	M697 ：1	陶鼎蓋内	戲	圖 1101.3	戳印
82	M697 ：1	陶鼎内底	戲	圖 1101.4	戳印
83	M697 ：4	陶小口罐肩部	戲	圖 1101.5	戳印
84	M719 ：1	陶大口罐上腹	戲	圖 1101.6	戳印
85	M719 ：2	陶小口罐肩部	戲	圖 1101.7	戳印
86	M718 ：3	陶鍪肩部	杜市	圖 1102.2	戳印
87	M28 ：5	陶缶口沿上	八	圖 1102.5	刻畫
88	M28 ：5	陶缶上腹	宣	圖 1102.9	刻畫
89	M105 ：4	陶細頸壺上腹	義	圖 1102.3	刻畫
90	M119 ：3	陶小口罐腹部	山	圖 1102.8	刻畫
91	M119 ：4	陶缶肩部	秦王己肖?	圖 1104	刻畫
92	M142 ：5	陶小口罐上腹	吕	圖 1102.11	刻畫
93	M177 ：7	陶缶肩部	任	圖 1102.4	刻畫
94	M178 ：8	陶豆底部	十	圖 1102.6	刻畫
95	M259 ：5	陶盆形甑上腹内	王子	圖 1103.1	刻畫，原隸作“王平”
96	M277 ：7	陶缶肩部	戲且，霸陽人，廣莊耳	圖 1105	刻畫，原隸作“戲?霸陽廣莊”
97	M386 ：1	陶缶口沿	王	圖 1103.2	刻畫
98	M386 ：2	陶缶口沿	王	圖 1103.3	刻畫
99	M390 ：1	陶繭形壺底	顛?	圖 1102.7	刻畫
100	M509 ：1	陶繭形壺肩部	□臣□辟	圖 1102.1	刻畫，原書未隸定
101	M678 ：10	陶缶肩部	德	圖 1102.10	刻畫
102	M678 ：9	陶缶肩部	德己德中□□	圖 1106	刻畫
103	M678 ：11	陶缶肩部	浩	圖 1103.4	刻畫，原隸作“大羣”
104	M678 ：11	陶缶肩部	午□陽李侈	圖 1103.5	刻畫
105	M700 ：3	陶小口罐肩部	吉	圖 1102.12	刻畫
106	M718 ：1	陶小口罐肩部	□	圖 1107	刻畫，不識

按：《臨潼新豐——戰國秦漢墓葬考古發掘報告》[①]（以下簡稱《臨潼新豐》）説出土的戳印陶文共90個（按：書中所列計89個），其中3個字迹不清，分别是M178：1（陶鼎蓋上，圖1098.14）、M415：2（陶盂形甑腹内，圖1100.6）和M586：3（陶釜肩部，圖1100.8）。其中，M415：2能看出筆畫痕迹，但内容不識，故暫列於此，另外兩處模糊難辨，暫未收録。剩餘的87個戳印陶文中，"戲"陶文68個，"戲市"7個，"櫟市"4個，"麗市"3個，"戲亭"1個，"麗亭"1個，"杜市"1個，"右司"1個，"芷"1個。

《臨潼新豐》説發掘出土的刻畫陶文符號共有20處，分别刻畫於14座墓葬的18件器物上。其中M509：1與M718：1内容不識，其餘内容皆爲人名、地名。M678：11陶缶肩部的"大羞"，又見於秦始皇帝陵一號兵馬俑坑西端門道的鋪地磚上。《秦始皇陵兵馬俑坑一號坑發掘報告（1974—1984）》[②]認爲"大"爲"大匠"的省文，是秦始皇時代主造磚瓦的官署之一。"羞"爲人名，是製陶作坊内的工匠名。

徐在國《新出秦、燕陶文補釋》指出《臨潼新豐》6處陶文釋讀問題：一是將M509：1不識陶文釋爲"□臣□辟"；二是將M415：2不識陶文隸作"鼓漆田□"，文義待考；三是將M259：5原隸作"王平"改釋爲"王子"；四是將M277：7釋爲"戲且，霸陽人，廣莊耳"；五是將釋爲"戲亭"的M267：5陶缶腹部陶文改釋爲"麗市"；六是將M678：11陶缶肩部陶文"大羞"改釋爲單字"浩"。[③]

（853—861）臨潼新豐秦墓出土印章　約戰國晚期至秦漢之際

銅質、玉質。

【藏】陜考古院 【圖】臨潼新豐中册1498—1499頁圖一一〇八 【文】同上。表中所列11條印章資料中，"宜志（？）"和"趙被"恐非秦印，故暫按9條計。

---

① 陜西省考古研究院編：《臨潼新豐——戰國秦漢墓葬考古發掘報告》，科學出版社，2016年，第1484頁。

② 陜西省考古研究所、始皇陵秦俑坑考古發掘隊編著：《秦始皇陵兵馬俑坑一號坑發掘報告（1974—1984）》，文物出版社，1988年，第204頁。

③ 徐在國：《新出秦、燕陶文補釋》，《北華大學學報（社會科學版）》2018年第4期，第43—48頁。

序號	器物號	内容	材質	圖版號	備注
1	M82 ： 11	董（？）徵	銅質	圖 1108.1	原文不識，右邊一字或爲“董”字
2	M295 ： 4	公孫丑	銅質	圖 1108.2	
3	M295 ： 5	宜志（？）	銅質	圖 1108.3	陽文，應非秦印
4	M624 ： 8	趙被	銅質	圖 1108.4	陽文，應非秦印
5	M395 ： 7	趙緒	銅質	圖 1108.5	
6	M697 ： 10	任定	銅質	圖 1108.6	
7	M706 ： 8	□□	銅質	圖 1108.7	不識
8	M56 ： 5	千（？）千（？）	銅質	圖 1108.8	
9	M50 ： 3	羌章	銅質	圖 1108.9	圖片倒置
10	M343 ： 3	甘士	玉質	圖 1108.10	
11	M630 ： 8	姚覃	銅質	圖 1108.11	原隸作“姚甘覃”。圖版倒置

按：《臨潼新豐》注此次發掘的秦墓共發現銅印 10 枚，玉印 1 枚，其中個别恐非秦印，詳上表備注説明。①

① 陝西省考古研究院編：《臨潼新豐——戰國秦漢墓葬考古發掘報告》，科學出版社，2016 年，第 1484 頁。

（862）臨潼新豐秦墓出土半兩錢　約戰國晚期至秦漢之際

銅質。

【藏】陝考古院 【圖】臨潼新豐中册 1475、1476 頁 【文】同上。出土半兩錢 390 餘枚，今按 1 條計。以下表中分别列舉各型式半兩錢圖片和拓本。

M408 ： 8-2 Aa 型		M395 ： 8-4 Ab 型	M395 ： 8-5 Ab 型	M62 ： 15-7 Ac 型	

M399 ： 8-1 Ad 型		M104 ： 6-1 B 型		M177 ： 14-2 Ca 型	

M437 ： 5-1 Cb 型					

按：《臨潼新豐》説發掘共出土半兩錢 392 枚。① 根據錢徑不同可分爲四類：

序號	類型		標本號	插圖號	備注
1	A 型	Aa 型	M391 ： 42-1	無	無圖
			M408 ： 8-2	圖 1089.1，圖版 72.1	
		Ab 型	M395 ： 8-4	圖版 72.2	
			M395 ： 8-5	圖 1089.2	
		Ac 型	M62 ： 15-7	圖 1089.3，圖版 72.3	
		Ad 型	M399 ： 8-1	圖 1089.4，圖版 72.4	

① 陝西省考古研究院編：《臨潼新豐——戰國秦漢墓葬考古發掘報告》，科學出版社，2016 年，第 1475 頁。

續表

序號	類型		標本號	插圖號	備注
2	B 型		M104 ： 6-1	圖 1089.5，圖版 72.5	
			M375 ： 9-1	無	無圖
3	C 型	Ca 型	M177 ： 14-2	圖 1089.6，圖版 72.6	
		Cb 型	M437 ： 5-1	圖 1089.7，圖版 72.7	
4	D 型		M177 ： 14-6	無	無圖

1.A 型，249 枚。直徑爲 2.81 厘米—3.62 厘米，穿徑爲 0.73 厘米—1.14 厘米。圓形方穿，無廓，錢體稍大厚重。“半兩”錢文方正。“半”字上大下小，上部方折或呈“八”字形，下横長短不一。“兩”字上横較短或無上横。根據字體的不同可再分爲四個子類。Aa 型，241 枚。“兩”字内呈“人”形，即“雙人兩”。Ab 型，6 枚。“兩”字内呈“一”形，即“十字兩”。Ac 型，1 枚。“半兩”面文傳形反文，“兩”字内呈“人”形。Ad 型，1 枚。“半兩”面文異書，“兩”字上横較短，内呈“一”形，并有一道短竪。

2.B 型，83 枚。直徑爲 2.50 厘米—2.80 厘米，穿徑爲 0.78 厘米—0.92 厘米。圓形方穿，無廓。“半兩”錢文瘦長。“半”字上大下小，上部方折或呈“八”字形，下横長短不一。“兩”字上横較短或無上横，内呈“人”形。

3.C 型，45 枚。直徑小於 2.50 厘米，穿徑爲 0.68 厘米—0.97 厘米。圓形方穿，無廓，錢體較小輕薄。“半兩”錢文瘦長。“半”字上大下小，上部方折，下横長短不一。“兩”字上横長短不一。根據字體的不同可再分爲兩個子類。Ca 型，33 枚。“兩”字内呈“人”型，即“雙人兩”。Cb 型，12 枚。“兩”字内呈“一”形，即“十字兩”。

4.D 型，15 枚。“剪輪（五分）半兩”。

（863）沙羨矛　約戰國時期至秦漢之際

銅質。

【藏】私人【圖】中國國家博物館館刊 2011 年 5 期 12—14 頁；銘續 1275

【文】同上。骹部刻銘文 2 字。

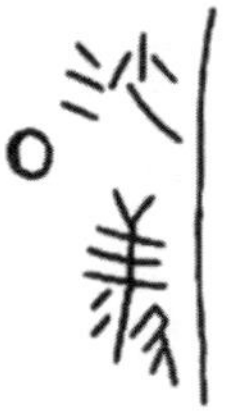

沙羨

按："沙羨"二字又見於加拿大蘇氏藏七年丞相奐殳戈（《訂補》121）。沙羨爲置用地名，石繼承《加拿大蘇氏藏秦戈銘文補釋》① 引《漢書·地理志》等文獻材料，認爲沙羨至漢時屬江夏郡，在今湖北武漢武昌區西金口。應是。

（864）瀘丘鼎　約戰國時期至秦漢之際

【藏】未知 【圖】未見 【文】貞松 13.9

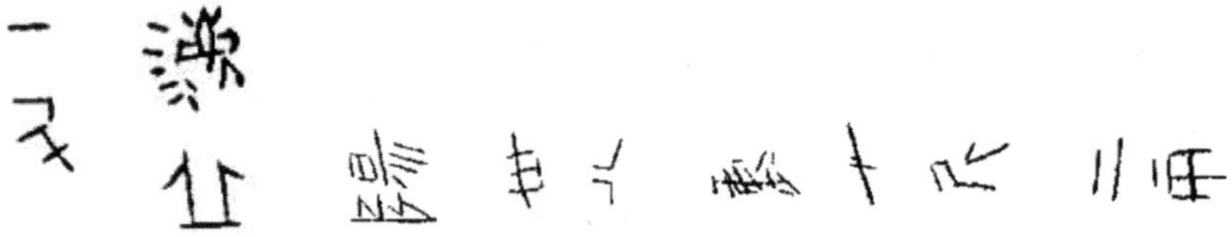

瀘丘

一斗

陽 卅八重十〈七〉斤二兩

按：《貞松堂集古遺文》釋爲"十斤"②，僅就摹本文字來看，似應爲"七斤"。

（865）析鼎一　秦漢之際

銅質。1976 年出土於廣西貴縣羅泊灣一號墓，標本 M1：31。半圓形蓋上有三環鈕，字口內斂，圓腹圜底，附耳蹄足，鼎腹凸棱一周；鼎身光潔，顏色蠟黄。實測容量 4000 毫升。

---

① 石繼承：《加拿大蘇氏藏秦戈銘文補釋》，《中國國家博物館館刊》2011 年第 5 期，第 12—14 頁。

② 羅振玉編纂：《貞松堂集古遺文》（下册），北京圖書館出版社，2003 年，第 167 頁。

【藏】廣西壯族自治區博物館 【圖】廣西貴縣羅泊灣漢墓圖三〇，3—5、圖版一二，4 【文】同上。蓋刻銘 1 處，鼎腹刻銘 4 處，共计 13 字。

蓋銘：布

腹銘：布 析 析二斗一升 二斗大半升

按：發掘報告已指出“布”“析”和容量數字不似同時刻，“析”較模糊，似經磨過。“布”“析”爲置用地名，“析”當爲“析縣”，在今河南西峽縣。“布”當是“布山”的省文，即今廣西貴縣。“析二斗一升”應該是鼎在析縣使用時的容量，“二斗大半升”可能後刻，應是在布山時的容量。[①] 應是。

（866）析鼎二　秦漢之際

銅質。1976 年出土於廣西貴縣羅泊灣一號墓，標本 M1 ∶ 32。半圓形蓋上有三環鈕，字口内斂，圓腹圜底，附耳蹄足，鼎腹凸棱一周；鼎身光潔，顏色蠟黄。通高 20 厘米、口徑 18 厘米，實測容量 4000 毫升。

【藏】廣西壯族自治區博物館 【圖】廣西貴縣羅泊灣漢墓圖二九，2、圖三〇，6—10、圖版一二,五；中國出土青銅器全集 19 卷 232 頁 269 號 【文】

① 廣西壯族自治區博物館編:《廣西貴縣羅泊灣漢墓》，文物出版社，1988 年，第 33 頁。

同上。蓋刻銘 2 處，鼎腹刻銘 4 處，共计 18 字。

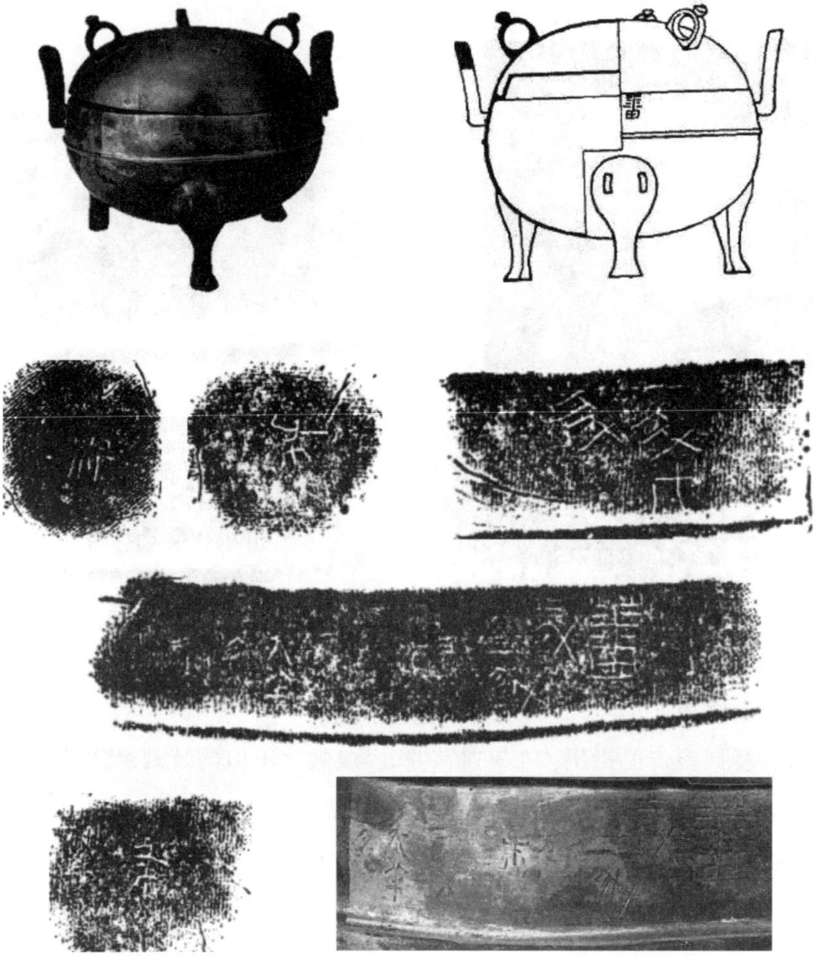

蓋銘：析 布

腹銘：析 二斗大半升 蕃 二斗二升 布 一斗九升

按：“析”見於本編 281 析戈，應是鼎曾經的置用地。我們推測鼎銘“析”和“二斗大半升”是置用於“析”地時的第一次刻銘。“蕃 二斗二升”是鼎在“蕃”地置用時對容量重加校訂後所刻，這是第二次刻銘。“布”和“一斗九升”是鼎置用於“布”地時的第三次刻銘，“布”也就是鼎的出土地。

（867）旬陽壺　秦漢之際

銅質。20 世紀 90 年代出土於陝西旬陽縣漢墓。直口長頸，溜肩圓腹，高圈足微外侈，肩上有一對銜環鋪首。頸部飾蟠虺紋組成的蕉葉紋，肩部、腹部和圈足均飾蟠虺紋帶，間以寬帶。通高 24 厘米、口徑 8.3 厘米、腹圍 52.5 厘米，重 1.75 公斤。

【藏】陝歷博 【圖】考古與文物 1987 年 2 期 109 頁圖 1.2；秦文字圖版 57；銘圖 12210；陝集 1787 【文】同上。口沿下刻銘文 5 字。

旬陽 重

七斤

按：《陝西旬陽縣出土的漢代銅尺和銅鐘》[①] 一文認爲時代是漢，王輝先生《秦文字集證》據《漢書・地理志》漢中郡有旬陽縣，漢中歸秦在秦惠文王後元十三年（前312 年），且文字風格屬秦，定其時間上限爲秦惠文王後元十三年。[②] 另，此壺與咸陽博物館藏秦莊襄王二年的二年寺工壺（《訂補》188）器形相近。

（868）𦐁鈁　秦漢之際

銅質。標本 M1 ： 9，器蓋四鳳鳥形鈕，器身平唇直口，方頸鼓腹，鋪首銜

① 旬陽縣博物館：《陝西旬陽縣出土的漢代銅尺和銅鐘》，《考古與文物》1987 年第 2 期，第 109—110 頁。

② 王輝、程學華：《秦文字集證》，臺北藝文印書館，1999 年，第 78—79 頁。

環，平底方足。通高 49.5 厘米、口徑 12.2 厘米、底徑 13 厘米。

【藏】廣西壯族自治區博物館 【圖】廣西貴縣羅泊灣漢墓圖三一，圖版一三，1 【文】同上。足部刻 1 字。

斄

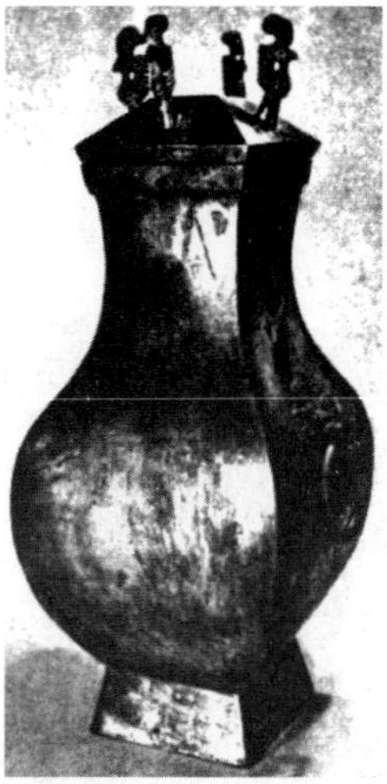
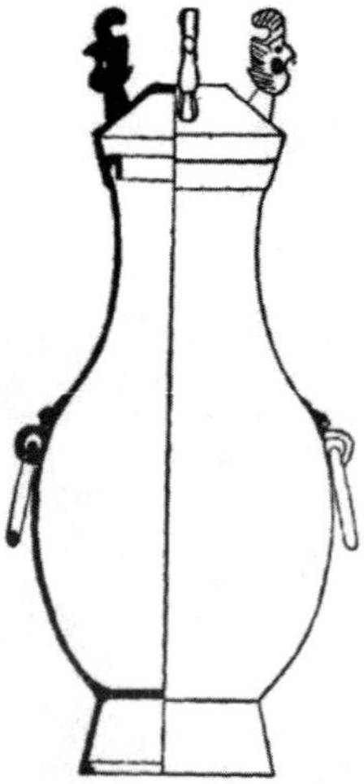

按：斄，或作“鏊”，讀與“郃”同，秦時應爲内史轄縣，舊説治今陝西武功縣。“斄”見於秦封泥“斄丞之印”和秦陶文“斄亭”等，參袁仲一《關於“斄亭”及“霸陵過氏瓴”陶文的詮釋》文。[①]

（869）北食右鼎　秦漢之際

銅質。子口内斂，扁圓形腹，一對附耳向外曲張，蓋面隆起，頂部有三個環形鈕，鈕上有乳突，三條蹄足。通體光素。通高 18.5 厘米、口徑 16.5 厘米、兩耳相距 24.7 厘米，重 3.525 公斤。

【藏】洛陽文物收藏學會 【圖】洛陽考古 2013 年 1 期 87—89 頁圖 1-3；銘續 0167 【文】同上。腹部刻銘文 2 處，共 16 字。

---

① 袁仲一：《關於“斄亭”及“霸陵過氏瓴”陶文的詮釋》，梁安和、徐衛民主編：《秦漢研究》第 8 輯，陝西人民出版社，2014 年。

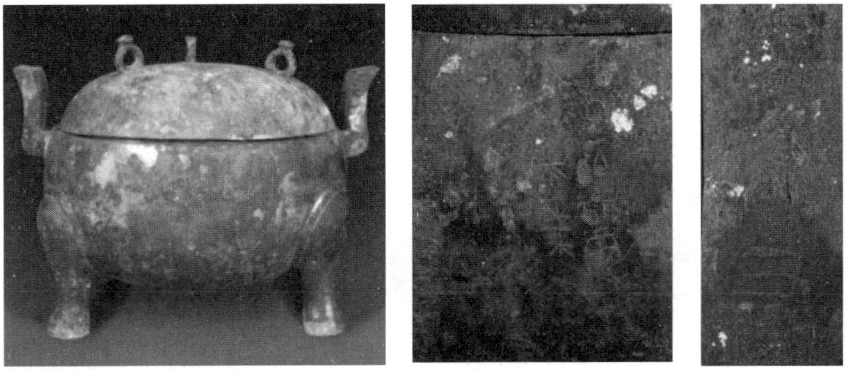

北食右

按：鼎銘共兩處，一爲“十四斤六兩，朱朱（廚）。下官，一斗。北禾（私）”，或爲三晉魏刻銘；但“下官，一斗。北禾（私）”等銘文看不清楚。第二處爲“北食右”，或爲秦漢之際刻銘。

蔡夢珂、蔡運章《北食銅鼎銘文考略》認爲“北”當是“北宫”的簡稱，“食”字與西漢樂未央壺“食”字相近，爲食官的簡稱。并據秦北私府銅橢量（《訂補》558）、“北私庫印”銅印、“北宫私丞”和“北宫工丞”等資料，認爲鼎銘“北食右”爲秦漢時期皇室北宫食官右庫的省稱。①我們認爲，“北食右”或是“北宫食官右盤”的省稱。

（870）平都量　秦漢之際

銅質。瓢狀，器口呈橢圓形，短柄中空，柄上有相對的四個小穿孔。高 6.5 厘米、口内徑 18.5 厘米 × 9 厘米。

【藏】天津博物館 【圖】文物 1977 年 3 期 59—60 頁中國古代度量衡圖集 75 頁一一七號；秦漢金文 217 頁圖 317 號；秦始皇帝陵 2012 年總 2 輯 345 頁【文】同上。器外壁一側有銘文 2 字，另一側有大字銘文 3 行 17 字、小字銘文 1 行 12 字。

① 蔡夢珂、蔡運章：《北食銅鼎銘文考略》，《洛陽考古》2013 年第 1 期，第 87—89 頁。

平都

元年十月甲午

平都戌、丞糾、倉

亥、佐葵、犁斛

容三升少半升，重二斤十五兩

按：此銅量最先見於云希正《西漢平都犁斛》[①]一文，該文及裘錫圭、孫慰祖、徐正考等均定其時代爲漢代。陳曉捷指出該器“丞”字“上端平直、中間的竪筆底端左右分叉，這種寫法只在秦代出現”，此外，作者根據“元年十月甲子”這種干支紀年方式，結合傳世文獻，推定該器時代爲秦王子嬰元年。[②]殆是。

（871）元年鄜弩機　秦漢之際

銅質。僅存望山、懸刀、鉤心、牙、雙鍵、無郭。

【藏】私人 【圖】西泠藝林75頁 【文】同上。懸刀一面自上而下刻銘12字。

① 云希正:《西漢平都犁斛》,《文物》1977年第3期，第59—60頁。

② 陳曉捷:《平都量再考》,《秦始皇帝陵博物院》2012年總貳輯，三秦出版社，2012年，第345—351頁。

元年，鄜相如丞□庫奴工□造

按：石峰認爲該器年代爲秦晚期或漢初[①]，應是；但刻銘不甚清晰，釋文有待勘正。鄜，《漢書·地理志》屬左馮翊，在今陝西富縣境内。

（872）陵里車飾一　秦漢之際

銅質。圓筒形，一頭封頂，中部有一道箍棱，裝飾錯金銀流雲紋。高約 5 厘米、口徑 3.9 厘米，重 155 克。

【藏】私人 【圖】銘續 1374 【銘文】同上。頂面有錯銀銘文 2 字。

陵里

① 石峰：《秦漢吉金遺珍》，《西泠·藝林》第四輯，西泠印社，2013 年，第 75—81 頁。

按：《訂補》323 收録的同銘車軎，又見於李學勤《海外訪古續記（三）》[①]，其形制、紋飾與該器相似，皆錯金銀，李文推測其應是宫廷用具，“陵里”系秦文字字體。

《史記·萬石張叔列傳》：“萬石君徙居陵里。”《索隱》引顔師古云：“陵里，里名，在茂陵，非長安之戚里也。”陳直《漢書新證》“萬石衛直周張傳第十六”條按曰：“石慶官於長安，下文有慶及諸子入里門趨至家之句，萬石君無徙居茂陵之理。證之《居延漢簡釋文》卷三、四十九頁，有‘長安梁陵里田勝’之名籍簡文，萬石君所居之陵里，當即長安梁陵里之省文。”[②] 漢代“陵里”或是沿用秦時里閭名。

（873）陵里車飾二　秦漢之際

銅質。圓筒形，一頭封頂，中部有一道箍棱，裝飾錯金銀流雲紋。

【藏】私人 【圖】銘三 1685 【銘文】同上。頂面有錯銀銘文 2 字。同出 4 件，形制、紋飾、大小和銘文均相同，今按 1 條計。

陵里

① 李學勤：《海外訪古續記（三）》，《文物天地》1993 年第 1 期，第 21—24 頁。

② 陳直：《漢書新證》，中華書局，2008 年，第 273 頁。

（874）陵里車飾三　秦漢之際

銅質。U形，表面飾錯金銀流雲紋和綫條紋。

【藏】私人 【圖】銘三 1686 【銘文】同上。中部紋飾間有錯銀銘文 2 字。同出 4 件，形制、紋飾、大小和銘文均相同，今按 1 條計。

陵里

（875）陵里車飾四　秦漢之際

銅質。圓筒形，一頭封頂，中部有一道箍棱，裝飾錯金銀流雲紋。

【藏】私人 【圖】銘三 1687 【銘文】同上。頂面有錯銀銘文 2 字。同出 4 件，形制、紋飾、大小和銘文均相同，今按 1 條計。

陵里

（876—877）陵里車飾五（兩件） 秦漢之際

銅質。圓筒形，近封頂一端有五道箍棱，花紋錯銀，下部飾雲朵紋，箍棱飾竪綫紋和 S 綫紋。通高 7.1 厘米。

【藏】私人 【圖】銘三 1688—1689 【銘文】同上。體中部有錯銀銘文 2 字，共 2 件。

陵里

按：以上幾件“陵里”車飾銘文字體均不完全相同，或非同批次製作，或有時代先後之别。

（878）九年詔事琴組件 秦漢之際

銅質，通體鎏金。下端呈正方筒形，上有圓平臺，平臺上有圓雕卧獸。通高 2.4 厘米，方孔邊長 0.9 厘米。

【藏】陝西淳化縣公安局 【圖】銘三 1710 【銘文】同上。方筒形鍵銷較寬一面刻 4 字。共 6 件，未知每件均有刻銘，今按 1 條計。

九年
詔事

（879）右工琴組件　秦漢之際

銅質，通體鎏金。下端呈正方筒形，方筒側有一圓孔；另一端圓平臺上有圓雕卧獸。通高 2.4 厘米，方孔邊長 0.9 厘米。

【藏】陝西淳化縣公安局 【圖】銘三 1711 【銘文】同上。方筒形鍵銷一面刻 2 字。

右工

（880）九年詔事左工琴組件　秦漢之際

銅質，通體鎏金。下端呈正方筒形，方筒側有一圓孔；另一端圓平臺上有圓雕卧獸。通高 2.4 厘米，方孔邊長 0.9 厘米。

【藏】陝西淳化縣公安局 【圖】銘三 1712 【銘文】同上。方筒形鍵銷一面刻 2 字。

九年詔事

左工

按：此與本編 879 右工琴組件原應爲一組。

（881）樂府鐘府調琴器　秦漢之際

銅質。圓柱形，上粗下細，下端有方銎，上部爲卷體龍，龍頭向下，張口露齒，龍體卷成圓形，龍爪在圓内。通長 16 厘米、上寬 4.5 厘米、下徑 1.5 厘米。

【藏】陝西淳化縣公安局 【圖】銘三 1713 【銘文】同上。龍尾刻銘 4 字。

樂府鐘府

按：《銘三》云刻銘 5 字，將第三字釋为“車”，但“樂府車鐘府”不詞；頗疑第三字爲壞字的殘劃。秦封泥有“樂府金童官”“左樂雍金童”等可資參照。

近年新見有銘樂器及樂器組件有如下4組33件：

1. 鐘6件，即《銘續》收録私人藏十三年右工室鐘四件（1009—1012）、十三年詔事鐘一件（1013），《銘三》收録十三年詔事鐘一件（1273，淳化公安局破案繳獲）。

2. 鐘虡柱2件（二年右工1708、公字1709）。

3. 琴組件4件（套），即詔事琴組件（1710）、右工琴組件（1711）、九年詔事左工琴組件（1712）和樂府鐘府調琴器（1713）。

4. 刻銘石磬21件。陝西淳化縣公安局破案繳獲石磬刻銘與之相關者有《銘三》1738—1758號，共計21件，其中7件（1748—1749、1754—1758）刻銘有“十三年右工室×丞×祕府守×工……第×”，1件（1750）刻“×年丞静，祕府守□，五行左，苐（第）一”，1件（1751）刻“［五］行左六”，2件（1752—1753）刻銘有“十三年寺工×丞×祕府×工……第×”，1件（1738）刻“左四徵”，1件（1739）刻“左五”，1件（1740）刻“右工”，1件（1741）刻“黄左四”，1件（1742）刻“黄左七”，1件（1743）刻“九年樂府”，1件（1744）刻“右五 中吕反衆”，1件（1745）刻“右九 欽□□筭”，1件（1746）刻“五行右六”，1件（1747）刻“甲反衆 甲反”。

以上器物均屬樂器或樂器組件，紀年有二年、九年、十三年，機構有樂府、詔事、寺工、左工（室）、右工室和祕府等。《銘續》《銘三》標示爲“戰國晚期·秦”或“戰國晚期·秦—西漢初”。

董珊認爲幾件有“祕府”銘文的鐘乃漢文帝十三年製品①，所論有一定道理。由於器銘中的三個紀年數字不能論定器物年代，“祕府”機構暫不能確定是否秦時已經設立，而“樂府”“詔事”“寺工”和“左/右工室”等機構雖常見於秦文字資料，然亦見於漢初的張家山漢簡《秩律》，亦不能有效區分器物年代；加之刻銘文字風格不甚統一，如鐘刻銘過於潦草，“年”字寫法極爲草率，與目前所見秦文字字形有一定距離，而“樂府鐘府”和十三年詔事鐘的“驩”（《銘三》

① 董珊：《談十三年編鐘銘文中的秘府》，《出土文獻研究》第十八輯，中西書局2019年，第64—72頁；該文後收入氏著《秦漢銘刻叢考》，上海古籍出版社，2020年。

1273）等文字風格與秦刻銘風格相似，故這組器物釋文和年代仍有討論餘地。

（882）内官棒形器　秦漢之際

銅質。1979 年西安市文物商店移交。器爲圓棒形，兩端略收。長 27 厘米、最大直徑 3 厘米，重 0.94 公斤。

【藏】西安博物院 【圖】考古與文物 1994 年 4 期 4 頁圖图六，5；秦封泥與官制研究 299 頁圖 158 【文】同上。器身中部刻銘文 2 行 11 字。

廿一年内官 三斤十兩

居室

按：王長啟指出該器可能爲器物的插銷[①]，今暫難以確認。

（883）私府鎏金勺　秦漢之際

銅質，鎏金。1997 年西安北郊棗園南嶺西漢墓出土（M1 ∶ 24）。勺柄扁平狀，上部有二節紋和對稱的雲紋圖案，器身口沿鎏金，弧腹平底。殘長 23.6 厘米、口徑 9 厘米、底徑 6 厘米，殘重 195 克。

【藏】陝考古院 【圖】考古與文物 2017 年 6 期 19 頁圖六，5、20 頁圖一三、21 頁一四；文博 2010 年 1 期 9 頁圖 1 【文】同上。柄背面有陰綫刻銘，從右往左、竪 2 行 11 字。

---

① 王長啟：《西安市文物中心藏戰國秦漢時期的青銅器》，《考古與文物》1994 年第 4 期，第 1—7、14 頁。

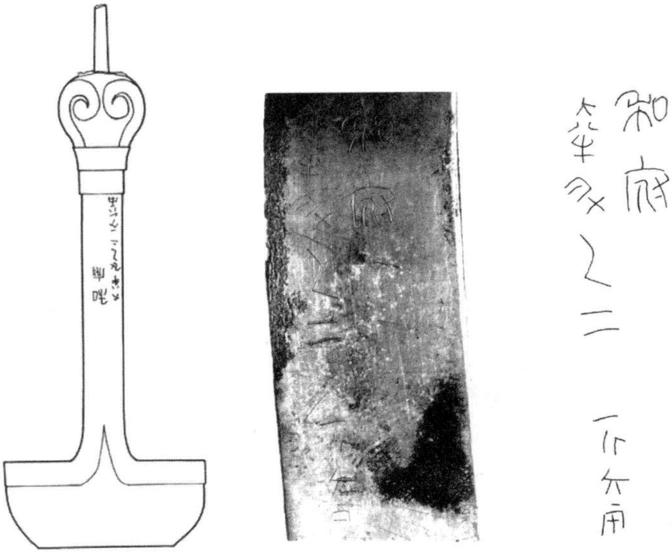

私府

大半升　乙二　一斤六兩

按：此器出土時柄彎曲變形，後復原。勺柄上端原應有把手，發掘清理時未見。王望生較早撰文討論此器銘文，指出“私府”是皇后系統的職官，“大半升”是器物的容量，“乙”是器物的編號，器物本身重量是“二斤六兩”[①]。後刊出的簡報認爲：“私府”是後宫官職之一，“大半升”應是該器的容量，“乙二”是同類器的編號，“一斤六兩”是器物的重量。[②]今據銘文照片和摹本，“乙

① 王望生：《西安北郊棗園南嶺 M1 西漢墓銅器上的銘文》，《文博》2010 年第 1 期。

② 陝西省考古研究院：《西安北郊棗園南嶺西漢墓發掘簡報》，《考古與文物》2017 年第 6 期。

二”2字大小協調且位置緊鄰，應連讀，咸陽閆家寨戰國秦遺址出土的銀車器刻銘（標本K1 ：2）正好亦有“乙二”的編號（本編349—351）。

此勺重量刻銘應是“一斤六兩”，王望生文認爲是“二斤六兩”，顯誤；簡報未將“斤”字上清晰的一横筆當作“一”字，亦誤。

（884）當陽銅勺　秦漢之際

銅質。1979年陝西省武功縣游鳳鄉浮沱村墓葬出土。勺首呈箕形，勺柄和勺首垂直相連，筒形銎，可裝木柄。通高13.1厘米、柄長12.4厘米、勺口寬9.4厘米、勺口深8.4厘米，重264克。

【藏】陝歷博 【圖】考古與文物1981年2期19頁；文博2016年3期52頁圖4 【文】同上。長柄有刻銘4字。

當陽　七兩

按：此勺出土時放在平安君鼎内，羅昊指出“銘文字體和鳳翔高莊秦墓地出土的陶缶文字相似，當爲統一秦或漢初鏨刻的”[①]。韓建武對比《秦漢金文彙編》洛陽勺“洛陽，十兩”刻銘後認爲該器銘文應爲漢初所刻。[②] 我們據刻銘風

① 羅昊：《武功縣出土平安君鼎》，《考古與文物》1981年第2期，第19—21頁。

② 韓建武：《陝西歷史博物館藏東周秦漢有銘銅器叢考》，《文博》2016年第3期，第50—56頁。

格定爲秦漢之際。當陽，地名，《漢書·地理志》南郡有當陽縣，治今湖北荊門市南。[①]

（885）中府勺　秦漢之際

銅質。2004年徵集。勺首呈箕形，筒形銎，可裝木柄。長11.6厘米、口寬9.7厘米，重195克。

【藏】陝歷博 【圖】文博2016年3期52頁圖5 【文】同上。勺上有刻銘2字。

中府

按：韓建武認爲該器爲漢代遺物。[②]秦之“中府”機構見於秦封泥“中府”“中府丞印”和嶽麓秦簡。[③]秦漢時期的“中府”是管理君王錢物的機構。[④]

（886）汧勺　秦漢之際

銅質。1956年西安市郊區大白楊窰廠出土。勺呈箕形，邊沿弧形，後有管銎，有兩三圓穿。高12.1厘米、寬10.9厘米，重20克。

【藏】陝歷博 【圖】文博2016年3期53頁圖6 【文】同上。銎上有1字。

---

① 周振鶴編著：《〈漢書·地理志〉彙釋》，安徽教育出版社，2006年，第136頁。

② 韓建武：《陝西歷史博物館藏東周秦漢有銘銅器叢考》，《文博》2016年第3期，第50—56頁。

③ 陳松長主編：《嶽麓書院藏秦簡（肆）》，上海辭書出版社，2015年，第49頁。

④ 王偉：《秦璽印封泥職官地理研究》，中國社會科學出版社，2014年，第220頁。

汧

按:《史記・秦本紀》:“三年，文公以兵七百人東獵。四年，至汧渭之會”。秦始皇陵出土陶文亦有“汧取”“汧南”(《訂補》3499、3500)。汧，地名，治今陝西隴縣南。[1]

(887)平陶缶(棘里陶缶) 秦漢之際

泥質灰陶。出土於陝西省咸陽機場(陵照導航臺)基建工地秦漢墓葬(M6:8)。小口寬平沿，折肩折腹小平底，折肩至折腹處飾5道繩紋。高38.2厘米、口徑9.5厘米、肩寬46.5厘米、底徑20厘米。

【藏】陜考古院 【圖】考古與文物1992年2期22頁；23頁圖12.1；21頁圖11.1、11、17、19 【文】同上。肩上部有朱書陶文4字，朱書文旁刻1字，口沿刻1字。肩部刻2字。

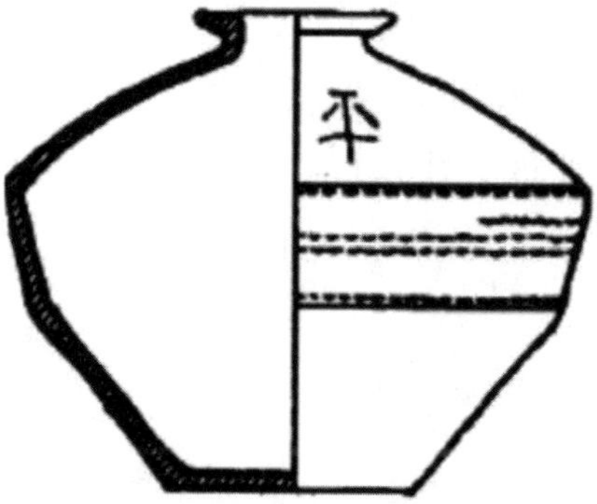

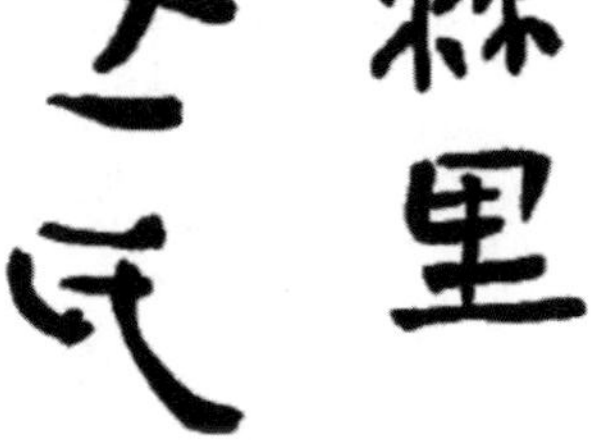

① 周振鶴編著:《〈漢書・地理志〉彙釋》，安徽教育出版社，2006年，第52—54頁。

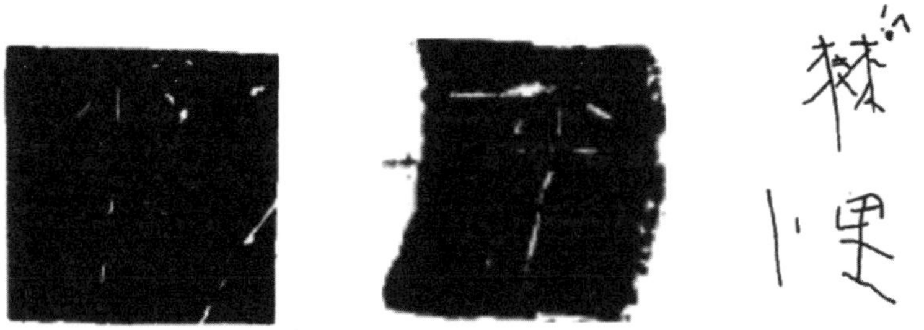

燒後刻寫：棘里王氏，平，平

燒前刻寫：棘里

按：簡報指出該器出土墓葬（M6）形制與鳳翔高莊秦墓基本相同，將其時代定爲統一秦，認爲“棘里”爲地名，在渭北十餘里，今陝西咸陽東北。[①] 陳直認爲“居延木簡有長安棘里名籍，當即《三輔黄圖》及潘岳《西征賦》所記黄棘里之省稱。”[②] 王子今指出“棘里”爲長安里名。[③] 秦漢里閭名稱或有沿襲。

（888）公字陶罐　秦漢之際

泥質灰陶。出土於陝西省咸陽機場（陵照導航臺）基建工地秦漢墓葬（M9 ∶ 6）。敞口圓肩，鼓腹平底，方唇下撇，肩部飾 6 道 3 組陰弦紋，上腹飾兩道凹弦紋。高 23 厘米、口徑 16.5 厘米、腹徑 29.8 厘米、底徑 15.2 厘米。

【藏】陝考古院 【圖】考古與文物 1992 年 2 期 19 頁、20 頁圖 10.8，21 頁圖 11.18 【文】同上。肩上部陰刻 1 字。

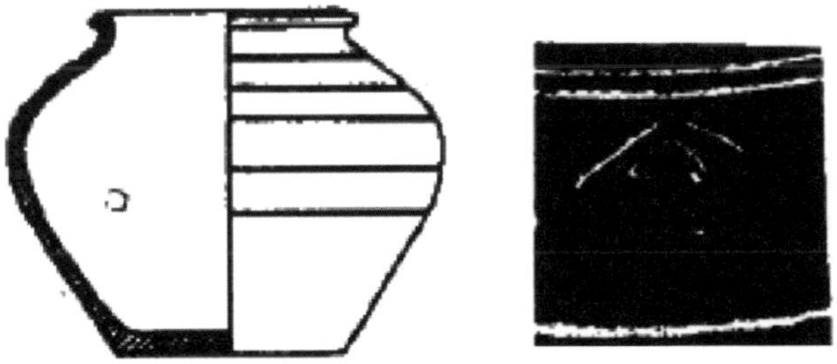

公

---

① 馬志軍、張鐵山：《咸陽機場陵照導航臺基建工地秦漢墓葬清理簡報》，《考古與文物》1992 年第 2 期，第 15—25 頁。

② 陳直：《漢書新證》之“萬石衛直周張傳第十六”，中華書局，2008 年，第 273 頁。

③ 王子今：《漢代長安鄉里考》，《人文雜志》1992 年第 6 期，第 83—86 頁。

附　録

一、收藏單位名稱

A

安康文管會

安陽博物館

安徽某氏

B

寶雞青銅器博物院

北京故宫：北京故宫博物院

北京賽克勒：北京大學賽克勒考古與藝術博物館

北京息見堂

北京安峰堂

冰齋：西安冰齋魏傑

步黟堂：步黟堂唐存才

C

長安馬氏

赤壁市博物館

赤峰市博物館

成都市文物考古研究所

崇信縣文化館

D

達觀齋：徐佔勇達觀齋

得賢精舍：得賢精舍郭賢

敦仁堂：敦仁堂周海斌

東海縣博物館

E

二介山房：二介山房孔祥宇

F

鳳翔縣博物館

扶風縣博物館

飛諾藝術品工作室

G

甘博：甘肅省博物館

甘肅所：甘肅省文物考古研究所

固原市博物館

國博：中國國家博物館

廣西壯族自治區博物館

廣西壯族自治區博物館

H

海豐吴氏

合陽縣博物館

河北大學博物館

河北省臨城縣文物管理所

河北省文物研究所

邯鄲市博物館

邯鄲市文物保護研究所

衡量齋：西安衡量齋閻秉初

衡陽市博物館

湖北省文物考古研究所

湖北隨州公安局

湖南博：湖南省博物館

J

吉林大學文物室

九如園：香港九如園朱昌言

酒餘亭：酒餘亭周曉陸

鑒印山房：河南許雄志鑒印山房

金鱗軒

荆州博物館

L

遼寧博：遼寧省博物館

遼寧省文物考古研究所

遼陽博物館

臨潼博物館

臨泉縣博物館：安徽臨泉縣博物館

靈臺縣博物館

禮縣某氏

禮縣田永明

魯九喜

洛泉軒

洛陽文物收藏學會

隆化縣博物館

旅順博物館

M

美國堪薩斯市納爾遜美術陳列館

N

南京大學考古與藝術博物館

南山博物館：深圳南山博物館

Q

求古齋：日本求古齋橋本開

秦陵博物院：秦始皇帝陵博物院

S

四川省文物考古研究院

三門峽市文物工作隊

三門峽市文物考古研究所

宿遷市博物館

陝歷博：陝西歷史博物館

陝考古院：陝西省考古研究院

陝西漢唐石刻博物館

陝西淳化縣公安局

陝西漢陰縣博物館

山東博：山東省博物館

山西博：山西省博物館

山西省考古研究所

山西省文物工作委員會

商洛市博物館

上博：上海博物館

社科院考古所：中國社會科學院考古研究所

書道博物館：日本臺東區立書道博物館

T

臺北震榮堂

臺北故宮：臺北故宮博物院

天津博物館

銅川市博物館

銅川市耀州區博物館

W

文雅堂：北京楊廣泰文雅堂

武漢九州藝術博物館

X

西泠印社博物館

西安柯莘農

西安博物院

西安市公安局

西安市文物保護考古研究院

淅川縣文管會

咸陽博：咸陽市博物館

咸陽所：咸陽市文物考古研究所

襄樊市博物館

Y

益陽市博物館

儀徵市博物館

延安市文物管理委員會

于恩和

Z

珍秦齋：澳門蕭春源珍秦齋

正定縣文物保管所

駐馬店市文物考古管理所

二、圖文徵引論著目録

A

安徽彙編——孫合肥：《安徽商周金文彙編》，安徽大學出版社，2016 年。

安徽金文——崔恒昇：《安徽出土金文訂補》，黃山書社，1998 年。

B

百年——呂章申：《中國國家博物館百年收藏集粹》，安徽美術出版社，2014 年。

步黟堂遺珍——唐存才：《步黟堂藏戰國陶文遺珍》，上海書畫出版社，2013 年。

C

出土文獻——清華大學出土文獻研究與保護中心主辦：《出土文獻》，期刊。

出土文獻研究——中國文化遺産研究院：《出土文獻研究》，集刊。

出土文獻史地論集——吴良寶：《出土文獻史地論集》，中西書局，2020 年。

辭典——國家文物局:《中國文物精華大辭典》(青銅卷),上海辭書出版社、香港商務印書館,1995年。

D

大衆考古——江蘇人民出版社主辦:《大衆考古》,期刊。

訂補——王輝、王偉:《秦出土文獻編年訂補》,三秦出版社,2014年。

東南文化——南京博物院主辦:《東南文化》,期刊。

東方收藏——石獅日報社主辦:《東方收藏》,期刊。

讀書——生活·讀書·新知三聯書店有限公司主辦:《讀書》雜志。

得賢精舍藏金石器物拓片二十品

E

二介山房藏秦陶文五十品——孔祥宇輯:《二介山房藏秦陶文五十品》(原拓本),二介山房,2020年6月。

F

法書大觀三——史樹青:《中國歷史博物館藏法書大觀第三卷·陶文磚文瓦文》,上海教育出版社,2000年。

飛諾——宛鵬飛:《飛諾藏金》(春秋戰國篇),中州古籍出版社,2012年。

扶風文物志——陝西省文物志編纂委員會、扶風縣文物志編纂委員會等:《扶風縣文物志》,陝西人民教育出版社,1993年。

G

甘肅精品——甘肅省博物館、俄軍:《甘肅省博物館文物精品圖集》,三秦出版社,2006年。

古文字研究——中華書局主辦:《古文字研究》,不定期刊物。

古文字論集(一)——《考古與文物》叢刊第二號《古文字論集》(一),1983年。

故宫文物月刊——臺北故宫博物院主辦:《故宫文物月刊》,期刊。

故圖——臺灣故宫博物院編輯委員會:《故宫青銅兵器圖録》,臺灣故宫博物院,1995年。

固原文物精品圖録——寧夏固原博物館:《固原文物精品圖録》(中册),寧夏人民出版社,2012年。

光明日報——中共中央主辦:《光明日報》,報紙。

廣西貴縣羅泊灣漢墓——廣西壯族自治區博物館:《廣西貴縣羅泊灣漢墓》,文物出版社,1988年。

國史金——王獻唐:《國史金石志稿》,青島出版社,2004年。

國學研究——袁行霈主編:《國學研究》第35卷,北京大學出版社,2015年。

H

漢金——容庚:《漢金文録》,中央研究院歷史語言研究所專刊(五),北平,1931年。

恒軒——吴大澂:《恒軒吉金録》(1卷),光緒十一年(1885年)吴氏刻本。

湖南考古輯刊——湖南省文物考古研究所主辦:《湖南考古輯刊》,輯刊。

湖南省博物館館刊——湖南省博物館主辦:《湖南省博物館館刊》,輯刊。

湖北出土商周文字輯證——黄錫全:《湖北出土商周文字輯證》(增補本),武漢大學出版社,2019年。

華夏考古——河南省文物考古研究所、河南省文物考古學會主辦:《華夏考古》,期刊。

韓自强文物考古集——韓自强:《韓自强文物考古集》,合肥工業大學出版社,2018年。

J

集成——中國社會科學院考古研究所:《殷周金文集成》(修訂增補本),中華書局,2007年。

集録二——劉雨、嚴志斌:《近出殷周金文集録二編》,中華書局,2010年。

吉大——吴振武、于閏儀、劉爽:《吉林大學文物室藏古陶文》,《史學集刊》2004年第4期。

簡帛——武漢大學簡帛研究中心主辦:《簡帛》,集刊。

鑒印山房藏璽印陶文——許雄志:《鑒印山房藏璽印陶文》(原拓本),鑒印山房,2018年9月。

鑒印山房藏古封泥選粹——許雄志:《鑒印山房金石文存·鑒印山房藏古封泥選粹》,鑒印山房,2019年9月。

金銅器——震榮堂:《中國夏商周三代金銅器》,臺灣震榮堂,2011年。

金石書學——谷川雅夫:《金石書學》第19號,日本藝文書院,2015年。

金石研究——陳建貢:《金石研究》第一輯,世界圖書出版公司,2017年8月。

近出——劉雨、盧岩:《近出殷周金文集録》(4册),中華書局,2002年。

江漢考古——湖北省文物考古研究所主辦:《江漢考古》,期刊。

九如園吉金——彭適凡:《九如園吉金——朱昌言藏古代青銅器》,上海辭書出版社,2018年。

酒餘亭陶泥合刊——周曉陸:《酒餘亭陶泥合刊》(宣紙本,一函一册),日本藝文書院,2012年4月。

K

考古——中國社會科學院考古研究所主辦:《考古》,期刊。

考古學報——中國社會科學院考古研究所主辦:《考古學報》,期刊。

考古通訊——《考古通訊》編輯委員會,科學出版社,期刊。

考古學集刊——中國社會科學院考古研究所主辦:《考古學集刊》,集刊。

考古與文物——陝西省考古研究院主辦:《考古與文物》,期刊。

愙齋——吴大澂:《愙齋集古録》(26卷),1918年涵芬樓影印本。

L

臨潼新豐——陝西省考古研究院:《臨潼新豐——戰國秦漢墓葬考古發掘報告》,科學出版社,2016年。

靈臺史話——田志義:《靈臺史話》,甘肅文化出版社,2007年。

洛陽考古——洛陽市文物考古研究院主辦:《洛陽考古》,輯刊。

遼陽圖集——邢愛文:《遼陽博物館館藏精品圖集》,遼寧大學出版社,2009年。

録遺——于省吾:《于省吾著作集·商周金文録遺》,中華書局,2009年。

M

馬王堆二三號漢墓——湖南省博物館、湖南省文物考古研究所:《長沙馬王堆二三號漢墓:第一卷田野考古發掘報告》,文物出版社,2004年。

美集——中國科學院考古研究所:《美帝國主義劫掠的我國殷周青銅器集録》,科學出版社,1963年。

美術全集・陶瓷（上）——中國美術全集編輯委員會編:《中國美術全集・工藝美術編 1 陶瓷》(上)，上海人民美術出版社，1988 年。

銘圖 ——吴鎮烽:《商周青銅器銘文暨圖像集成》，上海古籍出版社，2012 年。

銘續 ——吴鎮烽:《商周青銅器銘文暨圖像集成續編》，上海古籍出版社，2016 年。

銘三 ——吴鎮烽:《商周青銅器銘文暨圖像集成三編》，上海古籍出版社，2020 年。

N

南大文物 ——洪銀興、蔣贊初:《南京大學文物珍品圖録》，科學出版社，2002 年。

弩機 ——徐佔勇:《弩機》，河北美術出版社，2007 年。

Q

秦金 ——容庚:《秦金文録》，中央研究院歷史語言研究所專刊五，北平，1931 年。

秦漢金文録 ——容庚:《容庚學術著作全集・秦漢金文録》，中華書局，2011 年。

秦銘文 ——王輝:《秦銅器銘文編年》，三秦出版社，1990 年。

秦俑學研究 ——秦始皇兵馬俑博物館:《秦俑學研究》，陝西人民教育出版社，1996 年。

秦漢金文 ——孫慰祖、徐谷富:《秦漢金文彙編》，上海書店，1997 年。

秦文字 ——王輝、程學華:《秦文字集證》，臺北藝文印書館，1999 年。

秦始皇陵考古發現與研究 ——袁仲一:《秦始皇陵考古發現與研究》，陝西人民出版社，2002 年。

秦都 ——陝西省考古研究所:《秦都咸陽考古報告》，科學出版社，2004 年。

秦西垂陵區 ——禮縣博物館、禮縣秦西垂文化研究會:《秦西垂陵區》，文物出版社，2004 年。

秦陶文新編 ——袁仲一、劉鈺編著:《秦陶文新編》，文物出版社，2009 年。

秦漢魏唐 ——許雄志、崔學順:《新見秦漢魏唐銘刻精選》，河南美術出版社，2010 年。

秦西垂史地——馬建營:《秦西垂史地考述》，敦煌文藝出版社，2010年。

秦兵器銘文編年集釋——陳林:《秦兵器銘文編年集釋》，復旦大學碩士學位論文，2012年。

秦三晉紀年兵器研究——蘇輝:《秦三晉紀年兵器研究》，上海古籍出版社，2013年。

秦韻——國家文物局編:《秦韻——大堡子山出土文物精粹》，文物出版社，2015年。

秦漢銘刻叢考——董珊:《秦漢銘刻叢考》，上海古籍出版社，2020年。

秦封泥與官制研究——李超:《秦封泥與官制研究》，陝西師範大學出版總社，2021年。

秦陵秦俑研究動態——秦始皇帝陵博物院主辦:《秦陵秦俑研究動態》，內部刊物。

秦始皇帝陵——秦始皇帝陵博物院主辦:《秦始皇帝陵博物院》，期刊。

秦始皇帝陵一號兵馬俑陪葬坑發掘報告（2009—2011年）——秦始皇帝陵博物院編著:《秦始皇帝陵一號兵馬俑陪葬坑發掘報告（2009—2011年）》，文物出版社，2018年。

青少年書法——《青少年書法》雜誌社主辦:《青少年書法》（青年版），期刊。

R

戎壹軒藏秦系陶文專題展——張小東編著:《戎壹軒藏秦系陶文專題展》，西泠印社，2019年。

S

三聖故里——陝西省文物局:《三聖故里·人物風流·渭南博物館漫步》，陝西旅遊出版社，2013年。

三苗與南土——湖北省文物考古研究所編:《三苗與南土——湖北省文物考古研究所“十二五”期間重要考古收穫》，《江漢考古》編輯部，2016年。

山西精——山西省博物館:《山西省博物館館藏文物精華》，山西人民出版社，1992年。

山西文——山西省文物工作委員會:《山西出土文物》，1989年。

山西珍——山西文物全書編委會:《山西文物館藏珍品·青銅器》，山西人民出版社，1992年。

山東省博物館藏品選——山東省博物館編:《山東省博物館藏品選》，山東友誼書社，1991年。

善圖——容庚:《善齋彝器圖録》(3冊)，燕京大學哈佛燕京學社，1936年。又《容庚學術著作全集·善齋彝器圖録·西清彝器拾遺》，中華書局，2011年。

陝博新粹——陝西歷史博物館:《陝西歷史博物館新入藏文物精粹》，三秦出版社，2011年。

陝西古代文明——陝西歷史博物館:《陝西古代文明》，陝西人民出版社，2008年。

陝西古代磚瓦圖典——王世昌:《陝西古代磚瓦圖典》，三秦出版社，2004年。

陝集——張天恩:《陝西金文集成》(16冊)，三秦出版社，2016年。

陝西書法——陝西省書法家協會主辦:《陝西書法》，陝西人民出版社。

史地考古文選——吴鎮烽:《史地考古文選》，陝西科學技術出版社，2014年。

頌齋——容庚:《頌齋吉金圖録》，考古學社，1933年。又《容庚學術著作全集·頌齋吉金圖録·頌齋吉金續録·海外吉金圖録》，中華書局，2011年。

雙吉——于省吾:《于省吾著作集·雙劍誃吉金圖錄》，中華書局，2009年。

T

陶齋——端方:《陶齋吉金録》(8卷)，宣统元年(1909年)石印本。

臺東區立書道博物館圖録——臺東區立書道博物館編集:《臺東區立書道博物館圖録》，臺東區藝術文化財團，2015年。

聽風樓金石文字——魯九喜、趙大谿編著:《聽風樓金石文字》(敦堂書畫金石叢刊)，敦堂，2017年。

W

王坡墓——湖北省文物考古研究所、襄樊市考古隊、襄陽區文物管理處:《襄陽王坡東周秦漢墓》，科學出版社，2005年。

文博——陝西省文物局主辦:《文博》，期刊。

文物——文物出版社主辦:《文物》，期刊。

文物春秋——河北省文物局主辦:《文物春秋》，期刊。

文物古迹——成江海、李東平、雷珺：《文物古迹》，陕西人民出版社，2012年。

文物資料叢刊——文物出版社主辦：《文物資料叢刊》，不定期刊物。

文物研究——安徽省文物考古研究所、安徽省考古學會主辦：《文物研究》，期刊。

X

西泠·藝林——《西泠·藝林》（第四輯），西泠印社，2013年。

西部史學——西南大學歷史文化學院、民族學院主辦：《西部史學》，輯刊。

夕惕藏陶——吕金成：《夕惕藏陶》，山東畫報出版社，2014年。

夏商周——陳佩芬：《夏商周青銅器研究》（上海博物館藏品）（6册），上海古籍出版社，2004年。

夏商周文明——李學勤：《夏商周文明研究》，商務印書館，2015年。

小校——劉體智：《小校經閣金文拓本》（18卷），1935年。

新收——鍾柏生、陳昭容、黄銘崇、袁國華：《新收殷周青銅器銘文暨器影彙編》，臺北藝文印書館，2006年。

新出陶文封泥選編——楊廣泰編：《新出陶文封泥選編》，文雅堂稿本，2015年7月。

新出古陶文圖録——徐在國編著：《新出古陶文圖録》，安徽大學出版社，2018年。

新見秦漢度量衡器集存——熊長雲：《新見秦漢度量衡器集存》，中華書局，2018年。

新見秦"寺工"印讀劄——朱棒：《新見秦"寺工"印讀劄》，微信公衆號"平湖璽印篆刻博物館"2019年6月13日文（https://mp.weixin.qq.com/s/4B8A21huM1eFor9CwajmaQ）。

雪齋——張光裕：《雪齋學術論文二集》，臺北藝文印書館，2004年。

Y

亞洲文明——黄盛璋：《亞洲文明》（第四集），三秦出版社，2008年。

燕園聚珍——北京大學考古文博學院：《燕園聚珍——北京大學賽克勒考古與藝術博物館展品選粹》，文物出版社，1992年。

燕下都 —— 河北省文物研究所:《燕下都》(上、下),文物出版社,1996 年。

儀徵文物 —— 儀徵博物館:《儀徵出土文物集粹》,文物出版社,2008 年。

益陽楚墓 —— 益陽市文物管理處、益陽市博物館:《益陽楚墓》,文物出版社,2008 年。

嬴秦西垂 —— 雍際春、田佐、南玄子:《嬴秦西垂文化 —— 甘肅秦文化研究會首屆學術研討會論文集》,甘肅人民出版社,2013 年。

有銘青銅兵器圖録 —— 徐佔勇:《有銘青銅兵器圖録》,河北美術出版社,2016 年。

于恩和藏"西都"銘文青銅弩機考 —— 于恩和:《顧清:〈于恩和藏"西都"銘文青銅弩機考〉》,http://blog.sina.com.cn/yuenhe(2010-07-09)。

Z

戰國題銘 —— 董珊:《戰國題銘與工官制度》,北京大學博士學位論文,2002 年。

戰國文字研究 —— 安徽大學漢字發展與應用研究中心編、徐在國主編:《戰國文字研究》第一輯,安徽大學出版社,2019 年。

珍秦琳琅 —— 蕭春源:《珍秦琳琅 —— 秦青銅文明》,澳門特別行政區民政總署文化康體部,2009 年。

珍秦齋秦 —— 蕭春源:《珍秦齋藏金·秦銅器篇》,澳門基金會,2006 年。

珍秦齋吴 —— 蕭春源:《珍秦齋藏金·吴越三晉篇》,澳門基金會,2008 年。

貞松 —— 羅振玉編纂:《貞松堂集古遺文》(16 卷,1930 年),北京圖書館出版社,2003 年。

貞松堂藏吉金墨本 —— 羅振玉:《貞松堂藏吉金墨本》(拓本)。

貞松堂藏吉金圖 —— 羅振玉:《貞松堂藏吉金圖》,1935 年,墨緣堂珂羅版綫裝三册。

中國古代度量衡圖集 —— 國家計量總局、中國歷史博物館、故宫博物院主編:《中國古代度量衡圖集》,文物出版社,1984 年。

中國陶瓷全集 3·秦漢 —— 朱伯謙:《中國陶瓷全集 3·秦漢》,上海人民美術出版社,2000 年。

中國國家博物館館刊 —— 中國國家博物館主辦:《中國國家博物館館刊》,

期刊。

中國文物報——中國文物報社主辦:《中國文物報》，報紙。

中國歷史地理論叢——《中國歷史地理論叢》編輯部:《中國歷史地理論叢》，期刊。

中國文字研究——華東師範大學中國文字研究與應用中心主辦:《中國文字研究》，期刊。

中銅器——朱鳳瀚:《中國青銅器綜論》(全3册)，上海古籍出版社，2009年。

中原文物——河南博物院主辦:《中原文物》，期刊。

中國東北與東北亞古代交通史——王綿厚、朴文英:《中國東北與東北亞古代交通史》，遼寧人民出版社，2016年。

中國出土青銅器全集——李伯謙:《中國出土青銅器全集》，科學出版社、龍門書局，2018年。

總集——嚴一萍:《金文總集》(10册)，臺北藝文印書館，1983年。

尊古——黄濬:《尊古齋所見吉金圖》(4卷)，北平尊古齋，1936年。

尊古齋古兵精拓——黄濬:《尊古齋古兵精拓》，上海古籍出版社，1990年。

後記

這是我寫的第二篇後記。

本書源起。跟隨王輝老師學習的這些年，我接觸較多的是秦文字資料。《秦出土文獻編年訂補》出版後，仍一直在留心搜集散見的秦文字資料。雖然積累有一定數量，但年來瑣事羈纏，怠惰因循，遲遲未能動筆進行整理。恰逢友生孟憲斌君有學位論文選題之需，遂命以《近年新見秦出土文獻編年輯證》爲題。2019 年初本書稿基本完成，收録秦文字資料 415 條。

成書與修訂。在《近年新見秦出土文獻編年輯證》的基礎上，本書在以下幾個方面有修改：第一，收録秦文字資料由 415 條增至 888 條。其中刪去原文 7 條，即重出的 14 號“秦子戈丙”、168 號“少府戈一”（見《訂補》32、1509 號）和斷代有争議的 47—51 號“十三年鐘”5 件。新增的 480 條資料中，銅器（主要是兵器）、詔版和陶文所占比例較大。第二，更换了原文 408 條資料的全部圖版。原文圖版采自各種著録和書籍，圖像質量參差；修改時盡量采用舊著録中清晰的圖片，或新出著作中質量更好的器物圖像和銘文照片。另外，大部分陶文圖版也重新做了裁剪編排。第三，原各條資料的釋文、文字説明和按語等項均有不同程度增刪和修改。

關於書名題字。王輝老師曾請饒宗頤先生爲《秦文字編》《秦文字通論》和《秦出土文獻編年訂補》三部書題寫書名。由於編輯疏忽，《秦出土文獻編年訂補》出版時并未使用饒先生題寫的封面書名，令人遺憾而無奈。此書成稿以後，徵得王輝老師同意，仍取饒宗頤先生“秦出土文獻編年訂補”題字，另集“續”字配補。所集“續”字來源於饒先生題寫的書名《永續之夢——文化局三十周年紀念特刊》，在此特别感謝孔夫子舊書網臨川書屋店主的熱心幫助。集字雖無奈之舉，但也可當作是對饒宗頤先生的紀念。

修訂書稿工作由我一人完成，因能力有限，在資料選取、編排、圖版、釋文、資料徵引和按語等方面肯定存在很多問題，歡迎學界前輩和師友批評指正。

感謝王輝老師對書稿提出的修改意見；感謝陝西師範大學文學院、社科處和中國秦文研究會爲本書出版提供資助；感謝商務印書館編輯鮑海燕女士、贺茹女士和校對人員的辛苦工作，使本書避免了許多錯誤。

王偉

2021 年夏至日于不終卷齋